よくわかる！
教職エクササイズ

森田健宏・田爪宏二 ●監修

8

学校保健

柳園順子 ●編著

ミネルヴァ書房

監修者のことば

　今、学校を取り巻く状況が大きく変化し続けています。たとえば、「グローバル化」という言葉がよく聞かれますが、確かに、世界中のさまざまな国の人々が、ビジネスや観光で日本を訪れるようになり、日常生活の中で外国の人々と関わる機会が増えています。

　また、世界のさまざまな国で活躍する日本人も増えてきています。そのため、比較的世界で多く使用されている英語を中心に、小学校3年生から外国語活動の授業が行われるようになり、小学校5年生からは教科「外国語」が導入されるようになりました。もちろん、言葉だけでなく、文化や風習についても世界のさまざまな国の人々が、お互いに理解し合えることが大切です。他方で、日本に移住しても日本語を十分に理解できない子どもたちも多く、学校ではそのような子どもたちをどのように指導すればよいか、さまざまな試みが行われています。

　このように、新たな時代に教職を目指すみなさんには、これまで学校教育の世界を支えてきた先生方の教育活動に学びつつ、新しい時代の教育ニーズに応えるべく、自ら考え、開拓していく力が求められています。

　これからの時代の教育を担う教師に大切な教育課題は、たくさんあります。たとえば、これまで、わが国で進められてきた「知識を多く獲得することを重視した教育」だけでなく、「知識や技能を活用する能力」や、「読解力」、「課題を解決する能力」、さらには社会性、意欲、自己調整能力といった社会の中で適応的に生きていくための情緒面の力を育むことにも積極的に取り組むことが求められています。そのため、「主体的・対話的で深い学び」を促進する教育実践力を身につける必要があります。また、電子黒板やタブレット端末など、ICTの効果的な活用、小学生からのプログラミング教育などへの対応も求められています。

　すなわち、教職につく前の学生時代から教師となった後もなお、常に新たな知見を習得しながら、生涯、「教師として学び続ける」姿勢が求められているのだと思ってください。

　この「教職エクササイズシリーズ」では、新しい時代のニーズに対応し、学びながら教師としての資質を育むとともに、教師になる夢を実現し、さらに教師になっても、常に振り返りながら新たな知見を生み出し、自身の能力として加えていけるよう、さまざまな工夫を取り入れています。たとえば、教育場面の事例を題材に「ディスカッション課題」を多く取り入れ、実際の教育現場を想定したアクティブラーニング形式の学習が行いやすいように配慮しています。また、教育実践に関わる最新の知見や資料を豊富に掲載し、初学者から現職教員まで参考にできる内容構成にしました。さらに、MEMO欄やノートテイキングページを用意し、先生の発言や板書、自分の気づきなどを十分に書き込めるようにしています。そして、各講の復習問題には、実際に出題された各都道府県等の教員採用試験の過去問題を掲載し、教師になる夢を叶える準備ができるようにしています。

　これらを積極的に活用し、「教師として一生涯使えるテキスト」となることを願って、みなさんにお届けしたいと思います。

　　　　　　　　　　　　　　　　　　監修者　森田健宏（関西外国語大学）
　　　　　　　　　　　　　　　　　　　　　　田爪宏二（京都教育大学）

はじめに

　健やかな成長と自己実現を目指して日々学習活動が展開されている学校は、心身ともに成長・発達段階にある子どもたちが集い、人と人との触れ合いを通して、人格の形成を行う場でもあります。子どもたちが毎日生き生きと笑顔で元気に学校生活を過ごし、心身の健康の保持増進を図り健康で安全な環境を確保するために、学校ではどのような保健活動が実施され、また一方でどのような課題を抱えているのでしょうか。

　近年、子どもを取り巻く生活環境の急激な変化を背景に、メンタルヘルスに関する問題（いじめ、不登校等）やアレルギー疾患、性に関する問題行動や喫煙、飲酒、薬物乱用、感染症、長期に渡り継続的な医療を受けながら学校生活を送る子どもや過度な運動による運動器疾患・障害を抱える子どもの増加など、さまざまな健康課題が生じています。最近では、貧困や虐待などに起因する課題などもあり、複雑化・多様化していると指摘されています。一人の子どもがいくつもの課題を抱えるなど、多層化していることも少なくありません。欠食、偏食、孤食など食生活の課題から食育の推進や、学校内外において子どもが犠牲となる、あってはならない事件・事故への対策、交通事故や自然災害などに対する安全への取り組みも求められています。

　こうした子どもたちの健康上の問題の変化や医療技術の進歩、地域における保健医療等の状況の変化から、健康診断の内容や方法等、学校保健安全法施行規則も一部改正されました。文部科学省も①教員の資質能力の向上、②チーム学校、③学校と地域の連携・協働の３つの改革を掲げ、さまざまな制度を導入し続けています。学校だけでは解決できない複雑化・多様化した子どもの健康課題に向き合うために、スクールカウンセラー（ＳＣ）やスクールソーシャルワーカー（ＳＳＷ）等、教師とは異なる専門スタッフと連携し、学校全体で効果的に取り組むとしています。家庭や地域の関係機関等と連携を深めながら、「チーム学校」として一人ひとりの健康課題に即した保健管理や生きる力を育む保健教育を通じて、豊かな心と健やかな体を育むことが求められているのです。

　本書では、養護教諭を中心に医師、ＳＣ、ＳＳＷ、栄養教諭（養成含む）に精通した執筆者らが学校保健活動を理解するための基礎づくりに必要な内容を易しく解説しています。また、「知っておくと役に立つ話」で子どもの健康や安全に関する幅広いテーマの話題提供や 2020 年度から全面実施される新「学習指導要領」への移行期であることを踏まえて巻末に新旧対照表を掲載、保健教育の充実に向けた最新の動向も紹介しました。本書は、将来子どもたちの健康や安全を支える一員となるみなさんが、教師として学校保健を理解するために必要なバックボーン形成の一助となれるよう、まさにチームでさまざまな知見を集結した一冊となっています。これらの知見が、みなさんの夢に役立てることを、執筆者一同、心から願っています。

編者　柳園順子（姫路大学）

CONTENTS

はじめに……………………………………………………………………………………1

第1講
オリエンテーション　学校保健とは何か……………6
1　学校保健とは……………………………………………………………6
2　学校保健の推進者………………………………………………………12
3　学校保健の歴史…………………………………………………………12
【知っておくと役立つ話】学校保健の歴史　明治・大正・昭和・平成………18

第2講
学校保健行政と学校教育・学校保健組織活動……20
1　公衆衛生の一分野としての学校保健…………………………………20
2　学校保健とヘルスプロモーション……………………………………23
3　学校保健組織活動………………………………………………………25
【知っておくと役立つ話】・健康のとらえ方　・ヘルスプロモーティング スクール／ヘルシースクール………………………………………………28

第3講
学校保健・学校安全計画、保健室経営……………30
1　学校保健計画と学校安全計画…………………………………………30
2　保健室経営と計画………………………………………………………33
3　計画の実際（例）………………………………………………………34
【知っておくと役立つ話】PDCAサイクルの始まりと学校経営…………41

第4講
保健教育①　保健学習………………………………44
1　保健教育…………………………………………………………………44
2　保健学習…………………………………………………………………47
3　保健学習の指導方法と評価……………………………………………54
4　保健教育の今後の発展的方向性………………………………………54
【知っておくと役立つ話】新「学習指導要領」の方向性と基本方針………56

第5講
保健教育②　保健指導………………………………58
1　子どもたちの現状と学校保健における保健指導……………………58
2　保健指導の実際…………………………………………………………59

【知っておくと役立つ話】ハイリスクアプローチとポピュレーションアプローチ
....67

第6講
健康観察・保健調査・健康診断 ……70
1　健康観察 ……70
2　児童・生徒等の健康診断の概要 ……72
3　児童・生徒等定期健康診断の流れ ……75
4　就学時の健康診断 ……79
5　職員の健康診断 ……80
6　学校における健康診断 ……80
【知っておくと役立つ話】性的マイノリティを理解するために：生物学的性、性自認、性的指向 ……81

第7講
健康相談 ……84
1　学校における健康相談と法的根拠 ……84
2　学校における健康相談の基本的理解 ……85
3　健康相談の基本的な留意点 ……92
【知っておくと役立つ話】ネットによる子どもの性的搾取被害への支援 ……94

第8講
発育・発達／学校における感染症の予防と対応 ……96
1　発育・発達における現状と課題 ……96
2　学校における感染症の予防と対応 ……104
【知っておくと役立つ話】熊本地震から感染症予防対策を学ぶ ……111

第9講
学校生活で特に注意をすべき子どもの病気 ……114
1　消化器疾患 ……114
2　循環器疾患 ……115
3　内分泌・代謝疾患 ……118
4　泌尿器・腎疾患 ……120
5　アレルギー疾患 ……121

6　中枢神経疾患……………………………………………124
　　7　血液・腫瘍疾患…………………………………………125
　　8　耳鼻科疾患………………………………………………126
　　9　その他の疾患……………………………………………126
　　10　これからの課題と対策…………………………………127
　　【知っておくと役立つ話】アナフィラキシーについての理解と対応………129

第10講
こころの健康問題……………………………………………132
　　1　こころの健康問題とは…………………………………132
　　2　子どもに起こるこころの健康問題……………………134
　　3　こころの健康問題における教職員の対応……………138
　　【知っておくと役立つ話】思春期の友だち関係とスクールカースト………143

第11講
特別支援教育と学校保健……………………………………146
　　1　特別支援教育の理念と動向……………………………146
　　2　発達障害について………………………………………151
　　3　特別支援教育を行うための体制の整備と取り組み…153
　　4　障害のある児童・生徒に対する健康に関する支援…156
　　【知っておくと役立つ話】医療的ケア児……………………159

第12講
学校環境衛生…………………………………………………162
　　1　学校環境衛生とは………………………………………162
　　2　学校環境衛生活動………………………………………165
　　【知っておくと役立つ話】スポーツにおける頭部外傷のリスクマネジメント
　　　……………………………………………………………172

第13講
学校安全と学校危機管理……………………………………174
　　1　学校安全とは……………………………………………174
　　2　学校危機管理……………………………………………178
　　【知っておくと役立つ話】セーフティプロモーションと学校安全………187

第14講
給食・食育 ... 190
  1 学童期の成長・発達と栄養 ... 190
  2 学校における給食とその歩み ... 193
  3 食育 ... 198
  【知っておくと役立つ話】海外の学校給食事情 ... 203

第15講
講義のまとめ──これからの学校保健 ... 206
  1 学校保健の充実を図るために ... 206
  2 「チームとしての学校」の実現をめざして ... 212
  【知っておくと役立つ話】子どもの貧困の現状とその困難 ... 216

  復習問題の解答 ... 218
  巻末資料 ... 223
  索引 ... 236

第1講 オリエンテーション 学校保健とは何か

> **理解のポイント**
>
> 学校保健は「学校における保健教育及び保健管理をいう」と法規上はされています（「文部科学省設置法」第4条第12号）。第1講では学校保健の法的根拠、しくみ、教職員の役割と責任、歴史について学んでいきましょう。

1 学校保健とは

1 学校教育と学校保健

　近年、情報化、グローバル化が急速に進展し、社会が大きく変化しつづける中で、子どもたちの現代的な健康課題*も複雑化、多様化していることが指摘されています。「子どもの健康課題をみればその時代の課題を知ることができる」といわれるように、子どもの健康は社会と直結しており、児童・生徒の健康の保持増進を図る学校における保健活動もまた、社会の変化にともない常に新たな課題に直面しながら推移してきました。

　学校は心身の成長発達段階にある子どもが集い、人と人との触れ合いにより人格の形成をしていく場であり、子どもが生き生きと学び、運動等の活動を行うためには、学校という場において、子どもの健康や安全の確保が保障されることが不可欠です。また、生涯にわたり自他の心身の健康を育み、安全を確保することのできる基礎的な素養の育成もめざされます。学校保健は、これらを遂行する「学校」における「保健」活動であり、その活動は、保健教育と保健管理、そして両者の活動を円滑に推進する保健組織活動から構成されています（後出の図表1-4を参照）。

　学校保健は、児童・生徒等の心身の健康を保持増進する公衆衛生的機能と、集団の健康を保持増進する過程を通じて自己（あるいは集団）が自立的存在として主体（または集団）形成していく教育保健的機能の両面をあわせもっています。生涯保健としてのヘルスプロモーション（→第2講）の基盤となる活動、教育の場（保健教育、保健管理）としての機能が内在しているのです。

2 学校保健の法的根拠

　それでは、学校保健はどのような法的根拠により説明づけられ、その目的の達成がめざされているのでしょうか。図表1-1に、「教育基本法」*や「学校教育法」*など、関連する法規の概念図を示しました。以下で、主

重要語句

子どもたちの現代的な健康課題

①生活習慣の乱れ、②メンタルヘルスに関する課題（いじめ・不登校・児童虐待等）、③アレルギー疾患、④性に関する健康問題、⑤薬物乱用、⑥感染症、⑦長期にわたり継続的な医療を受けながら学校生活を送る子どもの増加、⑧過度な運動による運動器疾患・障害を抱える子ども、などがあげられる。
→第15講参照

学校保健には公衆衛生的機能と教育保健的機能の2つの機能があるのですね。

図表1-1　学校保健に関する法規の概念図

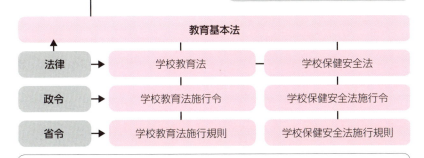

学校保健に関連するその他の法規：「教育職員免許法」「文部科学省設置法」「独立行政法人日本スポーツ振興センター法」「学校給食法」「食育基本法」「発達障害者支援法」「障害者差別解消法」「いじめ防止対策推進法」「児童福祉法」「二十歳未満の者の喫煙の禁止に関する法律」「二十歳未満の者の飲酒の禁止に関する法律」「あへん法」「覚せい剤取締法」「大麻取締法」「毒物及び劇物取締法」「麻薬及び向精神薬取締法」「健康増進法」「感染症の予防及び感染症の患者に対する医療に関する法律」「予防接種法」「アレルギー疾患対策基本法」「児童虐待の防止等に関する法律」「個人情報の保護に関する法律」「交通安全対策基本法」「環境基本法」「大気汚染防止法」「騒音規制法」「道路交通法」「労働安全衛生法」「生活保護法」等

東京教友会（編著）『教職教養ランナー』一ツ橋書店、2016年をもとに作成

重要語句

「教育基本法」
1947（昭和22）年制定の日本における教育の基本理念や原則を定めた基礎的法律。2006（平成18）年に全面改正。

「学校教育法」
教育基本法に基づき、各学校種ごとの目的、教育の目標等、学校制度の基本を定めた法律。

な法律等を例に確認していきましょう。

① 「日本国憲法」

「日本国憲法」には「教育を受ける権利」（第26条）が記されており、基本的人権である「生存権」として「健康で文化的な最低限度の生活を営む権利」（第25条）の保障が示されています。そして「国は、すべての生活部面について、社会福祉、社会保障及び公衆衛生の向上及び増進に努めなければならない」（第25条第2項）ことが規定されています。成長発達段階にある子どもが集い人格の形成をしていく場である学校は、公衆衛生の向上、国民の生存権の保障を実現するうえで重要な役割の一部を担い遂行しています。

学校保健に関連する「日本国憲法」の生命、自由およびその他の条文は、第11条（基本的人権の享有）、第13条（個人の尊重・幸福追求権・公共の福祉）、第27条第3項（児童酷使の禁止）などがあげられます。

② 「教育基本法」

円滑な学校教育の推進を図るには、まず児童生徒等*が健康であること

語句説明

児童生徒等
学校に在学する幼児、児童、生徒又は学生（「学校保健安全法」第2条）。

が最も重要で基本的な事項です。「教育基本法」の第1条（教育の目的）で、教育は「心身ともに健康な国民の育成を期して行われなければならない」とされ、第2条（教育の目標）でも「健やかな身体を養うこと」とされています。

学校保健の目的に関連する「教育基本法」の他の条文には、前文、第3条（生涯学習の理念）、第4条（教育の機会均等）、第5条（義務教育）、第6条（学校教育）、第10条（家庭教育）、第11条（幼児期の教育）、第12条（社会教育）、第13条（学校、家庭及び地域住民等の相互の連携協力）などがあげられます。

③「学校教育法」「学校教育法施行令」「学校教育法施行規則」

「学校教育法」の第21条第8号「健康、安全で幸福な生活のために必要な習慣を養うとともに、運動を通じて体力を養い、心身の調和的発達を図ること」は、保健が教科として存立する基盤となるものです。同法には健康診断（第12条）についても規定されています。

「学校教育法」の学校保健に関連してくる他の条文は、第1条（学校の種類）、第29・30条（小学校の目的・小学校教育の目標）、第37条（小学校の教職員）、附則第7条（養護教諭設置の特例）などがあります。

また、「学校教育法施行規則*」では、保健室の設置、学校三師（学校医・

プラスワン

「教育基本法」第1条（教育の目的）
「教育は、人格の完成を目指し、平和で民主的な国家及び社会の形成者として必要な資質を備えた心身ともに健康な国民の育成を期して行われなければならない」

同第2条（教育の目標）
第1号「幅広い知識と教養を身に付け、真理を求める態度を養い、豊かな情操と道徳心を培うとともに、健やかな身体を養うこと」、第4号「生命を尊び、自然を大切にし、環境の保全に寄与する態度を養うこと」

語句説明

「学校教育法施行令」
「学校教育法」に基づいて定められた政令。

「学校教育法施行規則」
「学校教育法施行令」の下位法として定められた文部科学省が所管する省令。

図表1-2 「学校保健安全法」

第1章　総則	**第4節　感染症の予防**
第1条（目的）	第19条（出席停止）
第2条（定義）	第20条（臨時休業）
第3条（国及び地方公共団体の責務）	第21条（文部科学省令への委任）
第2章　学校保健	**第5節　学校保健技師並びに学校医、学校歯科医及び学校薬剤師**
第1節　学校の管理運営等	第22条（学校保健技師）
第4条（学校保健に関する学校の設置者の責務）	第23条（学校医、学校歯科医及び学校薬剤師）
第5条（学校保健計画の策定等）	**第6節　地方公共団体の援助及び国の補助**
第6条（学校環境衛生基準）	第24条（地方公共団体の援助）
第7条（保健室）	第25条（国の補助）
第2節　健康相談等	**第3章　学校安全**
第8条（健康相談）	第26条（学校安全に関する学校の設置者の責務）
第9条（保健指導）	第27条（学校安全計画の策定等）
第10条（地域の医療機関等との連携）	第28条（学校環境の安全の確保）
第3節　健康診断	第29条（危険等発生時対処要領の作成等）
第11・12条（就学時の健康診断）	第30条（地域の関係機関等との連携）
第13・14条（児童生徒等の健康診断）	**第4章　雑則**
第15・16条（職員の健康診断）	第31条（学校の設置者の事務の委任）
第17条（健康診断の方法及び技術的基準等）	第32条（専修学校の保健管理等）
第18条（保健所との連絡）	

学校歯科医・学校薬剤師）の執務記録簿、健康診断に関する表簿や、保健主事などについて規定されています。

④「学校保健安全法」「学校保健安全法施行令」「学校保健安全法施行規則」

「学校保健安全法」は学校保健・学校安全の中核となる法律で図表1-2に示したとおりです。以下に、「学校保健安全法」のいくつかの重要な条文を紹介します。

【「学校保健安全法」】
（目的）
第1条　この法律は、学校*における児童生徒等及び職員の健康の保持増進を図るため、学校における保健管理に関し必要な事項を定めるとともに、学校における教育活動が安全な環境において実施され、児童生徒等の安全の確保が図られるよう、学校における安全管理に関し必要な事項を定め、もつて学校教育の円滑な実施とその成果の確保に資することを目的とする。
（学校保健に関する学校の設置者の責務）
第4条　学校の設置者は、その設置する学校の児童生徒等及び職員の心身の健康の保持増進を図るため、当該学校の施設及び設備並びに管理運営体制の整備充実その他の必要な措置を講ずるよう努めるものとする。
（学校保健計画の策定等）
第5条　学校においては、児童生徒等及び職員の心身の健康の保持増進を図るため、児童生徒等及び職員の健康診断、環境衛生検査、児童生徒等に対する指導その他保健に関する事項について計画を策定し、これを実施しなければならない。
（学校安全計画の策定等）
第27条　学校においては、児童生徒等の安全の確保を図るため、当該学校の施設及び設備の安全点検、児童生徒等に対する通学を含めた学校生活その他の日常生活における安全に関する指導、職員の研修その他学校における安全に関する事項について計画を策定し、これを実施しなければならない。

「学校保健安全法施行規則*」には環境衛生検査等、健康診断（→第6講）、感染症の予防（→第8講）、学校三師の執務執行の準則、国の補助、安全点検（→第13講）等について規定されています。

⑤　その他の法規

「文部科学省設置法」には「学校保健」の明記があり、「学習指導要領」の総則では体育・健康に関する指導の基本方針が示されています。

子どもの健康にかかわるものとして「児童憲章」「児童福祉法」「児童虐待の防止等に関する法律」「健康増進法」「発達障害者支援法」「食育基本法」「自殺対策基本法」「障害を理由とする差別の解消の推進に関する法律」「い

> **プラスワン**
> 「学校教育法」の学校保健関連条文
> その他に、第22・23条（幼稚園の目的・幼稚園教育の目標）、第27条（幼稚園の教職員）、第45・46条（中学校の目的・中学校教育の目標）、第50・51条（高等学校の目的・高等学校教育の目標）、第60条（高等学校の教職員）、第63・64条（中等教育学校の目的・中等教育学校教育の目標）、第72条（特別支援学校教育の目的）などがある。

> **語句説明**
> 「学校保健安全法施行令」
> 「学校保健安全法」に基づいて定められた政令。
>
> 「学校保健安全法施行規則」
> 「学校保健安全法施行令」の下位法として定められた文部科学省が所管する省令。

> **語句説明**
> 学校
> 「学校教育法」第1条に規定されている。幼稚園、小学校、中学校、義務教育学校、高等学校、中等教育学校、特別支援学校、大学及び高等専門学校をいう。

> **プラスワン**
>
> **「学校保健安全法」第3条第1項（国など地方公共団体の責務）**
> 「国及び地方公共団体は、相互に連携を図り（中略）財政上の措置その他の必要な施策を講ずるものとする」
>
> **同第7条（保健室）**「学校には、健康診断、健康相談、保健指導、救急処置その他の保健に関する措置を行うため、保健室を設けるものとする」
>
> **同第10条（地域の医療機関等との連携）**
> 「学校においては、救急処置、健康相談又は保健指導を行うに当たつては、必要に応じ、当該学校の所在する地域の医療機関その他の関係機関との連携を図るよう努めるものとする」

じめ防止対策推進法」などがあります。

3　学校保健のしくみ

　学校保健は保健教育と保健管理の2領域に大別され、それらが有機的に関連付けられ、その成果をあげるために組織活動を併置しています（図表1-4）。

　保健教育（→第4講、第5講）と保健管理（→第6講、第7講、第8講、第9講）を適切に行うことによって、児童生徒等の健康を保持増進し、心身ともに健康な国民の育成を図るという教育目的の達成に寄与することをめざして行われます。学校保健活動が円滑に進められその成果をあげるためには、教職員が役割を分担し、活動を組織的に推進する協力体制を確立するとともに、家庭や地域の関係機関と連携し、学校保健に関する組織活動の充実を図ることが大切です。

図表1-3　学校保健の考え方

学校保健（学校における保健教育及び保健管理をいう）	法的根拠	文部科学省設置法（第4号第12号）
	内容	①学校において児童生徒等の健康増進を図る
		②集団としての学校教育活動に必要な健康や安全への配慮を行う
		③自己や他社の健康増進を図ることができるような能力を育成する、など
	保健教育	健康な生活に必要な知識や能力の育成を目指して教科体育・保健体育や特別活動など、学校の教育活動全体を通して行う
	保健管理	学校保健安全法に基づいて行う健康診断、環境衛生の改善など

著者作成

図表1-4　学校保健の領域

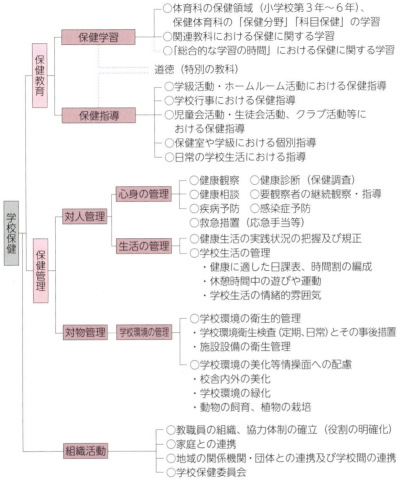

『保健主事の手引　三訂版』日本学校保健会、2004年をもとに作成

ディスカッションしてみよう！

学校保健の領域（図表1-4）を参考に、学校にはなぜ保健管理が必要なのかを考えてみましょう。たとえば、もし健康診断がなかったら、どうでしょうか？

たとえば・・・

プラスワン

「保健学習」「保健指導」の用語の分類について

「保健学習」「保健指導」などの用語の分類については、今後「保健教育」ひとくくりで統一される方向にあるが、本テキストでは、従来の「保健学習」「保健指導」を用いる（安全についても同様）。
→第15講参照

重要語句

保健学習

教科として行われる授業（集団指導）。

保健指導

学校のさまざまな場面において随時行われる保健に関する指導（集団または個別指導）。

学校保健は「保健教育」「保健管理」「組織活動」の3つで構成されているのですね。

> 各教職員等には、学校保健を推進するうえでそれぞれ役割と責任があるのですね！

> **重要語句**
> 保健主事
> 「指導教諭、教諭又は養護教諭をもつて、これに充て」、校長の監督を受け保健に関する事項の管理にあたる（「学校教育法施行規則」第45条）とされている。

> **重要語句**
> 学校三師
> 学校医・学校歯科医・学校薬剤師。「学校保健安全法」で置くことが規定されている。「子どもの現代的な健康課題についても、学校と地域の専門的医療機関とのつなぎ役など、積極的な貢献が期待される」（中央教育審議会平成20年答申）。

2 学校保健の推進者

　学校保健活動は、学校教育目標に基づく学校保健目標の設定や学校保健計画（→第3講）の策定により、組織的・計画的に推進することが重要です。学校において子どもたちの安全や健康を守る教職員等には、学校保健活動を推進し、その成果をあげる役割と責任があります（図表1-5）。

　2008（平成20）年の中央教育審議会答申「子どもの心身の健康を守り、安全・安心を確保するために学校全体としての取組を進めるための方策について」のなかの「学校保健に関する学校内の体制の充実」で教職員の役割を明記しており、多様化・深刻化している子どもの現代的な健康課題の解決のためにすべての教職員が共通認識（基本的な知識と理解）をもつとしています。

　そして校長のリーダーシップのもと、学校保健計画に基づき、教職員の保健部（係）などの学校内の関係組織が十分に機能し、すべての教職員で学校保健を推進することができるように組織体制を図り、保健教育と保健管理に取り組むことを求めています（図表1-5）。

> 　保健主事＊は、学校保健と学校全体の活動に関する調整や学校保健計画の作成、学校保健に関する組織活動の推進（学校保健委員会の運営）など学校保健に関する事項の管理にあたる職員であり、その果たすべき役割はますます大きくなっている。
> 　このことから、保健主事は充て職であるが、学校における保健に関する活動の調整にあたる教員として、すべての教職員が学校保健活動に関心を持ち、それぞれの役割を円滑に遂行できるように指導・助言することが期待できる教員の配置を行うことやその職務に必要な資質の向上が求められている。
> 中央教育審議会答申「子どもの心身の健康を守り、安心・安全を確保するために学校全体としての取組を進めるための方策について」の「Ⅱ　学校保健の充実を図るための方策について」「2. 学校保健に関する学校内の体制の充実」「(2) 保健主事」（2008年）より

3 学校保健の歴史

　学校保健は、戦前の「学校衛生」から戦後の「学校保健」へとつながってきました。明治期の学制発布から現在に至る道筋を確認しながら、現代的健康課題と学校の取り組みについての理解を深めていきましょう。

図表1-5　学校保健関係教職員等の職務の主な役割と内容

	職務の主な内容
校長・副校長・教頭等	・学校保健活動の総括掌理（保健管理・保健教育、職員の保健への必要な配慮、学校環境衛生の維持・改善を図る） ・保健に関する法令、通達、規則等の周知徹底に努める ・学校保健の方針や重点の明確化、学校保健計画の策定、職員の役割を明らかにする ・保健主事を任命し、仕事の時間を割り当てる ・学校保健委員会を組織する ・学校保健計画に地域社会の理解と協力を得るよう配慮する ・PTA、保健所等の学校保健関係機関・団体・地域の医療機関等との連携・協力を密にする ・教育委員会等の行政機関との連絡・交渉にあたる
保健主事	・学校保健と学校全体の活動の調整をする（PDCAサイクルを重視したマネジメント、保健教育と保健管理の適切な計画作成と実施の推進） ・学校保健計画を作成して教職員・家庭・地域との密接な連携のもとに実施されるように努める ・校内分掌組織、保健部等の教員、養護教諭、保護者、PTAや地域の関係機関や関係団体との連携を密にし、学校保健委員会の運営にあたり、組織活動の推進に努める ・学校保健活動の評価および改善に努める
養護教諭	・学校保健計画および学校安全計画の策定への参画と実施にあたる ・児童生徒等の心身の保健管理、学校環境の管理にあたる ・保健教育への参画と実施にあたる ・健康相談を実施し、心身の健康課題の対応にあたり、関係者との連携を進める ・保健室経営計画の作成・実施・評価・改善を進める ・保健組織活動の企画・運営への参画と実施、地域社会との連携を進める ・その他、子どもの心身の健康に関わる研究を進める
一般教員	〈体育・保健体育担当教員〉 ・体育・保健体育科の年間指導計画等の作成と評価にあたる ・体育・保健体育科の学習指導を行う ・健康な生活に関する指導について、一般教員に指導と助言を与える ・学校保健計画の策定および実施にあたって、積極的に保健主事や養護教諭に協力する 〈学級担任や教科担当等〉 ・児童生徒などの健康の保持増進に十分配慮する ・健康診断結果を把握し、健康観察を行い、健康状態に応じた学習・運動・作業の配慮をし、適切な保健指導を行い、疾病異常があると思われる者は健康相談を受けさせる等の措置をとる ・学校保健計画の立案に意見を述べ、内容を理解し、役割を遂行する ・学校保健計画の重点や内容を児童生徒等に伝え、保護者に周知して協力を得る ・教室等の清潔等の環境衛生の維持・改善に十分配慮し、随時児童生徒等の身体・衣服の清潔について指導する
学校三師*	・学校保健計画・学校安全計画の立案に参与する ・健康相談・保健指導に従事する ・必要に応じて学校における保健管理に関する専門的事項の指導に従事する ・職務に従事したときは、その状況の概要を執務記録簿に記入し、校長に提出する 〈学校医〉 ・学校の環境衛生の維持・改善に関し、学校薬剤師と協力して必要な指導・助言を行う ・健康診断、疾病の予防処置に従事する ・感染症の予防に関し必要な指導・助言を行い、感染症および食中毒の予防処置に従事する ・校長の求めにより、救急処置に従事する ・市町村の教育委員会、または学校の設置者の求めにより就学時の健康診断又は職員の健康診断に従事する 〈学校歯科医〉 ・健康診断のうち歯の検査に従事する ・疾病の予防処置のうち齲歯その他の歯疾の予防処置に従事する ・市町村の教育委員会の求めにより就学時の健康診断のうち、歯の検査に従事する 〈学校薬剤師〉 ・環境衛生検査に従事する ・環境衛生の維持・改善に関する必要な指導・助言を行う ・学校で使用する医薬品・毒物・劇物、並びに保健管理に必要な用具・材料の管理に関する必要な指導・助言を行い、必要に応じて試験・検査または鑑定を行う

徳山美智子ほか『改訂　学校保健』東山書房、2009年をもとに作成

> **プラスワン**
>
> **伝染病**
> 1998（平成10）年「感染症の予防及び感染症の患者に対する医療に関する法律」が制定され学校保健安全法上の「伝染病」は「感染症」に表記が変更された。

三島通良
（みしまみつよし）
1866～1925
衛生学者、医師。はじめて日本の学校の保健衛生の実態調査を行った。

1 明治から昭和期（戦前）までの学校衛生

① 明治期

学校保健の歴史は、近代学校教育制度の開始、つまり1872（明治5）年の「学制」発布と時を同じく始まりました。学校衛生施策として最初に実施されたのは伝染病対策でした。当時、日本では痘瘡・コレラ等の伝染病が大流行しており、「学制」第211章には「小学校ニ入ルノ男女ハ種痘或ハ天然痘ヲ為シタルモノニ非レバ之ヲ許サズ」と規定されています。子どもたちが学校に集まることで、最も危険な媒介所になってしまうことを危惧したのです（1879［明治12］年「教育令」では伝染病全般の出席停止を規定）。1890（明治23）年には「改正小学校令」の設備準則ではじめて、校地、教室、便所、机や腰掛け等が規定されます。

1878（明治11）年には東京神田一ツ橋の体操伝習所を設け、医学・生理学を基礎に全身の均斉な発育と健康保持を目的に体操実施後の効果を測る体格・体力測定（活力検査）が実施されたことは、身体検査（現在の健康診断）の原型として注目されるものです。「学制」のもとでは下等小学の教科で養生法の口授、上等小学で生理がありましたが、1886（明治19）年の「小学校令」では削除されています。以来、1941（昭和16）年の「国民学校令」の制定によって体練科で衛生が復活するまで、義務教育段階での保健に関する知識の教授が取り上げられることはありませんでした。

行政制度面では、1891（明治24）年に文部省が三島通良＊に九州地方の学校衛生調査を委嘱、1896（明治29）年に学校衛生顧問会議制度、1900（明治33）年には文部省に学校衛生課が設置されています。1898（明治31）年には学校医に関する勅令が出され（全国公立小学校各1名ずつ学校医配置、主な職務は学校の環境衛生的監視と身体検査の実施で、治療は除かれた）、従来の活力検査を全面的に改め「学生生徒身体検査規程」（1897［明治30］年に直轄学校、1900［明治33］年に公立学校に適用）が健康診断を中心に改変されました（身長・体重等、発育に関連する項目を残し、体力検査的項目はいっさい削除。脊柱・体格・視力・眼疾・聴力・耳疾・歯牙・その他疾病の項目追加）。これにより学校衛生の基盤が成立したと考えられています。

1899（明治32）年には「小学校設備準則」を改正および「師範学校中学校及高等女学校建築準則」が新たに定められ、校地の選択、運動場・校舎・教室・廊下等の構造や規模、採光・暖房・水道・便所・校具の数や構造等、詳細な衛生的基準が挿入されました。その後、1903（明治36）年には軍備拡張にともない、学校衛生課および学校衛生主事は廃止され、しばらく冬の時代を迎えることとなります。

② 大正期

1921（大正10）年になると文部省は学校衛生課を復活させ、学校衛生調査会を新設します。学校内には治療室が設けられトラホームの洗眼・点眼が行われました。回虫等の腸内寄生虫、湿疹、膿痂疹（とびひ）、頭虱等、皮膚病対策も強力に進められ、文部省は積極的に学校診療の普及を奨励しました。

③ 昭和初期

　1929（昭和４）年に学校看護婦*に関する訓令、1931（昭和６）年には学校歯科医が制度化され、1937（昭和12）年に「学校身体検査規程」が改正されました。その事後措置として、授業免除、就学猶予、休学または治療保護、矯正等の適切な処置のほか、健康相談、予防処置、その他適当な保健養護の施設を講ずるよう指示されています。

　太平洋戦争勃発前後には軍部の教育への介入が強まり、1941（昭和16）年の「国民学校令」で、体練科体操領域の衛生において身体の清潔、皮膚の鍛錬、救急看護を扱うことや、養護訓導制度が確立されました。これらはのちの保健科教育の原型、養護教諭の原点として注目に値するものです。

　学校衛生の重点課題には結核対策もあり、児童・中学生および国民学校修了就職予定者を対象に、国庫補助でツベルクリン反応等、特別身体検査、ツ反陰性者に対しＢＣＧ接種が強力に実施されました。1944（昭和19）年には教職員と学童両者を含めた「学校身体検査規程」を公布し、全月年１回以上の結核検査が義務づけられたのです。

2　戦後の学校保健

① 昭和後期（戦後）

　戦後直後、公衆衛生水準、特に子どもたちの体位が著しく低下、健康状態も悪化し、すさまじい勢いで伝染病や結核が蔓延しました。1946（昭和21）年９月、10歳以上の児童・生徒に優先的にツベルクリン反応・ＢＣＧ接種を実施、以後毎年継続して行われました（1949［昭和24］年「学校身体検査規程」改定で、臨時身体検査の項目に結核の精密検査導入）。1951（昭和26）年には「結核予防法」が公布され、全額公費負担で精密検査と予防接種を実施したことで早期発見・早期治療が進み、罹患率も同年を頂点に徐々に減少しました。戦後蔓延が著しかった回虫等の腸内寄生虫も虫卵検査の採用と駆虫の徹底によって1949（昭和24）年を頂点に急激に減少し、疥癬・頭虱・トラコーマ等も数年で皆無となっていきました。

　一方、1946（昭和21）年にＧＨＱ（連合国軍最高司令官総司令部）から「米国教育使節団報告書」が発表され、「保健に関する教育は、初等学校では甚だしく欠如しているように見受けられる。そこでは生理の教育も、衛生の教育も実際には存在していない」（国際特信社［訳］『米国教育使節団報告書』国際特信社、1946年）と指摘されたことを契機に、保健教育の本格的な取り組みが始まりました。この「報告書」により、学校保健はそれまでの管理的・治療的なものから教育的な方法へと、大きな転換を迎えることとなります。「保健計画実施要領」を刊行し、これを基本に学校保健の推進が図られます。1958（昭和33）年に「小学校学習指導要領」を全面的に改正し、保健に関する事項の指導は各教科・道徳・特別教育活動、および学校行事等の教育活動全体を通じて行うものとされ、保健教育は一層強化されていくのです。

　そして同年には、「学校保健法」が制定されます。この法律は、今まで

重要語句

学校看護婦
養護教諭の前身。トラホーム洗眼・点眼のため、1905（明治38）年、岐阜で公費で雇われたのが最初とされている。

プラスワン

米国教育使節団報告書
同報告書では、その他、組織的な健康診断、家庭や地域社会との連携を基礎とした学校保健の推進が示された。

の学校保健関係の諸法規、すなわち「学校身体検査規程」「学校伝染病の予防規程」「学校清潔方法」「学校医令」「学校歯科医令」等を集中包括した学校保健管理の総合法ともいえるものでした。これらを廃止し、「学校保健法」により学校保健計画、学校環境衛生、健康診断、健康相談、伝染病の予防、学校保健技師、学校医、学校歯科医、学校薬剤師、保健室、保健所への連絡、学校病等に対する財政補助等が規定されました。1958（昭和33）年当時は、寄生虫・トラコーマ・結核などの伝染病やう歯などが子どもの重要な健康課題と認識されていました。現在の制度は「学校保健法」により形作られており、これらの課題について学校保健は大きな成果を上げてきました。

② 平成期

近年のさまざまな社会環境や生活環境の急激な変化は、子どもたちの心身の健康に大きな影響を与え、学校生活において子どもたちの現代的健康課題*が顕在化していることが指摘されるようになりました。こうした状況を受け、2008（平成20）年の中央教育審議会答申「子どもの心身の健康を守り、安全・安心を確保するために学校全体としての取組を進めるための方策について」により、50年ぶりに「学校保健法」が大幅改正されました。学校における子どもたちの健康や安全の確保、学校保健と学校安全の両分野を規定する法律であることを明確にするために「学校保健安全法」「学校保健安全法施行令」「学校保健安全法施行規則」（2009〔平成21〕年4月1日施行）へと名称も改められ、新たに「学校安全」の章が新設されました。この法律により学校保健を取り巻く今日的な課題に対応できるよう、養護教諭を中心に関係職員等と連携した組織的な保健指導を行うなど学校全体の取り組み体制を整備充実することとなりました。それとともに学校のみでは解決が難しい課題については、地域の医療機関等との連携を図るよう必要な規定の整備が行われました。多様化、複雑化する子どもの健康課題に対し、より専門的な取り組みが求められるようになりました。

重要語句

現代的健康課題
→本講p6、第15講参照

「教育職員免許法」で「学校保健」が必修科目となっている体育・保健体育科教員、養護教諭は、「学校保健安全法」を十分に理解し、積極的にその役割を担うことが求められているのですね。

【子どもの健康・安全を守るための基本的な考え方の要点】
①学校は、心身の成長発達段階にある子どもが集い人格を形成していく場であり、子どもの健康や安全の確保が保障されることが不可欠である。
②子どもが自らの健康を育み、安全を確保することのできる基礎的素養を育成していくことが求められる。
③子どもの健康と安全を確保する方策は、家庭や地域との連携により効果的に実施する。
④学校における健康・安全に関わる連携は、学習指導面および生徒指導面において必要となる家庭や地域との協力関係の基礎を形成するものとして取り組まれるべきである。

中央教育審議会答申「子どもの心身の健康を守り、安全・安心を確保するために学校全体としての取組を進めるための方策について」2008年をもとに作成

★本巻「学校保健」で学ぶ内容について
・「学校保健」について学ぶ（第2講〜第3講）
　学校における保健活動は、公衆衛生行政の一分野を担っています。ヘルスプロモーションの考え方に基づき、心身ともに健康な国民の育成をめざして、組織的に、計画的に実践されていることを学びます。
・「保健教育」「保健管理」について理解する（第4講〜第10講）
　保健教育は、教科として行われる保健学習と学校のあらゆる活動の中で行われる保健指導により構成されます。現行「学習指導要領」（コラムで新学習指導要領の方向性を確認）に基づく保健学習の内容や評価、保健指導の役割と進め方等押えておくことが重要です。また、保健管理には、健康観察、健康診断、健康相談、救急処置等の心身の管理、学校環境衛生等の環境・生活の管理があります。その具体的内容を知り、実践する上で必要な専門的な知識も身につけましょう。
・「学校安全」「特別支援教育」「食育」について理解する
　（第11講〜第14講）
　学校安全、特別支援教育、食育（給食含む）についての基本的な考え方と専門的な知識についても理解しましょう。
・「これからの時代に求められる学校保健」を知る（第15講）
　社会の変化とともに、子どもたちの現代的健康課題も変化しています。国際化が進む中で外国人児童生徒の課題や医療的ケア、虐待、貧困、性的マイノリティの子どもへの配慮など、チーム学校として、これからの時代に求められる学校保健のあり方について知っておきましょう。

知っておくと役立つ話 — 復習や発展的な理解のために

学校保健の歴史
明治・大正・昭和・平成

年	事項	年	事項
1872（明5）	「学制」発布・近代学校教育制度発足	1947（昭22）	「教育基本法」「学校教育法」制定 「学習指導要領」一般篇（試案） 養護訓導は養護教諭と改称
1879（明12）	「教育令」公布（明13 改正）	1949（昭24）	保健体育審議会令公布 「中等学校保健計画実施要領（試案）」発行
1886（明19）	「小学校令」「中学校令」公布	1958（昭33）	「学校保健法」公布（保健主事制度化、身体検査は健康診断に改称） 「小学校学習指導要領」告示 「中学校学習指導要領」告示
1888（明21）	「学生生徒活力検査訓令」		
1890（明23）	「改正小学校令」公布、「教育勅語」発布		
1891（明24）	文部省・学校衛生事項取調を三島通良に嘱託（九州地方の学校衛生調査に出張）	1959（昭34）	「日本学校安全会法」公布
		1960（昭35）	高度経済政策、社会構造の変化始まる
1894（明27）	日清戦争（～95）	1968（昭43）	「新小学校学習指導要領」告示 （中学校は昭44、高等学校は昭和45）
1898（明31）	「学校医」に関する勅令 トラホーム大流行		
1900（明33）	「学生生徒身体検査規程」改正（明30制定）文部省に学校衛生課設置（03廃止）	1972（昭47）	保健体育審議会答申「児童生徒の健康の保持増進に関する施策について」（養護教諭の役割・配置・養成の在り方を示した）
1904（明37）	日露戦争（～05）、戦争後恐慌の兆し	1973（昭48）	学校の定期健康診断方式改正
1905（明38）	学校看護婦採用	1977（昭52）	大量生産・大量消費時代始まる
1914（大3）	第一次世界大戦、一時的な軍事景気 大正デモクラシー発展、ファシズム萌芽	1978（昭53）	「日本学校安全会法」及び「学校保健法」一部改正
1918（大7）	全国で米騒動	1979（昭54）	オイルショック、共通一次試験開始
1920（大9）	帝国学校衛生会発足	1984（昭59）	臨時教育審議会発足
1921（大10）	文部省に学校衛生課復活	1985（昭60）	日本体育・健康学校センター設置 いじめ・不登校等教育荒廃が問題となる
1922（大11）	学校看護婦設置奨励		
1923（大12）	関東大震災、震災恐慌	1988（昭63）	文部省体育局学校健康教育科設置
1928（昭3）	文部省に体育課設置、学校衛生課廃止	1990（平2）	バブル崩壊、ひきこもり・学級崩壊問題
1929（昭4）	学校看護婦に関する訓令 世界大恐慌、失業者・疾病者増大	1995（平7）	「学校教育法施行規則」一部改正（養護教諭の保健主事登用が可能に） 阪神・淡路大震災、地下鉄サリン事件
1931（昭6）	「学校歯科医及び幼稚園歯科医令」公布 東北地方大冷害、満州事変		
1938（昭13）	「国家総動員法」公布、日中戦争	1997（平9）	保健体育審議会答申（ヘルスプロモーションの考え方を生かした健康教育、食育、養護教諭の新たな役割等について提言）
1941（昭16）	「国民学校令」、第二次世界大戦 養護訓導の制度確立 文部省に体育局設置	1998（平10）	「教育職員免許法」及び附則一部改正（養護教諭の兼職発令）、「小学校学習指導要領」「中学校学習指導要領」改訂
1943（昭18）	体育局保健課に改称、学徒出陣	1999（平11）	「高等学校学習指導要領」改訂
1945（昭20）	第二次世界大戦敗戦により終結 子どもの体位低下、健康状態悪化	2002（平14）	学校完全週5日制開始
		2005（平17）	「食育基本法」、栄養教諭制定
		2006（平18）	「新教育基本法」成立
1946（昭21）	「日本国憲法」発布 第一次米国教育使節団来日 （財）日本連合学校歯科医会と合併し帝国学校衛生会から（財）日本学校衛生会に名称変更	2008（平20）	「小学校学習指導要領」 「中学校学習指導要領」改訂
		2009（平21）	「高等学校学習指導要領」改訂 「学校保健安全法」施行

文部省（監修）日本学校保健会（編）『学校保健百年史』（第一法規出版、1973年）、日本学校保健会『学校保健の動向〈平成29年度版〉』（日本学校保健会、2017年）をもとに作成

復習問題にチャレンジ

ちゃんとわかったかな？

> ①次の文は『保健主事の手引き 三訂版』の一部で学校保健について説明したものです。（ ① ）～（ ③ ）に適切な語句を入れましょう。

（①）と（②）の活動は、多岐にわたって展開されるものであり、活動に携わる人々も全教職員、家庭、地域の関係機関・団体など児童生徒に関わりのあるすべての人々に及ぶものであることから、これらの人々の共通理解を図り、共通の目標に向かった有機的な連携による（③）的な活動が必要になってくる。

> ②次の文は中央教育審議会答申「子どもの心身の健康を守り、安心・安全を確保するために学校全体としての取組を進めるための方策について」（平成20年）の一部です。（ ア ）～（ ク ）に当てはまる言葉を記入しましょう。

保健主事は、学校保健と学校全体の活動に関する（ア）や（イ）の作成、学校保健に関する（ウ）の推進（学校保健委員会の運営）など学校保健に関する事項の（エ）に当たる職員であり、その果たすべき役割はますます大きくなっている。このことから、保健主事は（オ）であるが、学校における保健に関する活動の（ア）にあたる教員として、すべての教職員が（カ）に関心を持ち、それぞれの役割を円滑に遂行できるように（キ）することが期待できる教員の配置を行うことやその職務に必要な（ク）の向上が求められている。

理解できたことをまとめておこう！
ノートテイキングページ

学習のヒント：図表1-3、図表1-4を参考に、保健教育と保健管理のそれぞれの役割を考え、自分なりに整理してみましょう。

第1講 オリエンテーション 学校保健とは何か

第2講 学校保健行政と学校教育・学校保健組織活動

理解のポイント

学校保健行政とは、児童・生徒および教職員を対象に、健康の保持増進を目的とする保健行政*の一つです。学校保健は学校教育の一環として行われますが（→第1講）、学校保健の対象者である児童・生徒および教職員は、地域で生活しているので、地域保健の対象者でもあります。この講では、公衆衛生における国民健康づくりやヘルスプロモーションという広い視点から、公衆衛生行政の仕組み、学校保健行政との関係を理解したうえで、学校保健行政と学校教育・学校保健組織活動について、学んでいきましょう。

重要語句

保健行政
すべての国民の健康保持増進を図るために、公的な責任において国や地方自治体が行う活動のこと。

well-being
身体的、精神的、社会的に良好な状態にあることを意味するが、1946年のWHO憲章の中に「健康とは、病気でないとか、弱っていないということではなく、肉体的にも、精神的にも、そして社会的にも、すべてが満たされた状態（well-being）にあることをいいます」（日本WHO協会訳）と示されている。
→第10講参照

1 公衆衛生の一分野としての学校保健

学校保健は、心身ともに健康な国民の育成という教育基本法の理念を背景に、子どもたちの生涯にわたる心身ともに良好な状態（well-being）*をめざし、健康の保持増進や学校教育活動の健康安全への配慮、自己及び他者の健康を保持増進する力を育てる学校教育独自の活動です。しかしながら、健康問題は日常生活のあらゆる場面と密接な関係があるため、児童・生徒の健康に関しては、地域と学校という2つの社会・環境・生活の要因のなかでとらえる視点も重要です。

したがって、学校保健の推進には、ヘルスプロモーションの理念に基

図表2-1 健やか親子21（第2次）

健やか親子21（第2次）ホームページ（http://sukoyaka21.jp/about）より

づいて制定された国民健康づくり運動である「健康日本21」「健やか親子21」などの公衆衛生活動との連携についての理解が大切です。

学校保健は、健やか親子21（第2次）のなかで「学童期・思春期から成人期に向けた保健対策」として示される公衆衛生活動の一分野です（図表2-1）。ただし、子どもたちは発育発達の途上であること、子どもたちの心身の健康達成は教育の目的そのものであることなど、公衆衛生に収まりきらない独特の側面もあることから、その所管は文部科学省、主たる法的根拠は「学校保健安全法」「学校保健安全法施行令」「学校保健安全法施行規則」「学校教育法」等となっています。

1 公衆衛生行政（保健行政）

公衆衛生行政（保健行政）は、国や地方公共団体（都道府県、市町村）によって行われる公的な公衆衛生活動です。公の責任で、計画的に人・物・予算・組織などを整え、必要なサービスを行い、公共衛生の質の向上を図ります。

地域社会には、乳幼児から高齢者まで、多様な人々が暮らしており、その健康状態もさまざまです。また、地域社会には学校や企業、事業所があり、多くの人々が家庭から学校や企業等へと通っています。公衆衛生（public health）とは、そうした人々が集まって生活するときに生じる保健衛生上のさまざまな問題を、市町村や県、国レベルで改善しようとするものです。

世界保健機関（WHO）によって認められている**ウインスロー**の公衆衛生の定義によると、公衆衛生は共同社会（コミュニティ）の組織的な活動であり、環境衛生、医療や看護、教育、社会制度などの行政活動を含みます。

日本においては、すべての国民の権利としての健康を守ることが国の責任として「日本国憲法」第25条に規定されており、それに基づいて国や都道府県、市町村が公衆衛生活動を行っています。その内容としては、環境保健、疾病予防、健康教育、健康管理、衛生行政、医療制度、社会保障があげられます。さらに近年では、少子高齢化、疾病構造の変化、医学・医療技術の進歩、高度情報化、国際化など時代の変化により、国際保健、社会福祉、行動医学などが新たに注目されています。

> **プラスワン**
>
> **ウインスローの定義**
> アメリカの公衆衛生学者ウインスロー（C.E.A.Winslow、1877～1957）による公衆衛生の定義。
> 「公衆衛生（Public health）とは、環境衛生、伝染病の予防、人間衛生の諸原則に関する教育、疾病の早期診断と予防的治療のための組織的な医療看護サービス、そしてすべての個人の健康維持に十分な生活水準を保障できる社会制度の開発を目的に、コミュニティの組織的な努力によって、疾病を予防し、寿命を延伸し、精神的・身体的健康と能率を促進することに関する科学及び技術（art）である」
> （Winslow, 1920、小池治訳。小池治「制度変化と"ディシプリン"―公衆衛生行政を事例に」『横浜法学』第24巻第1号、2015年12月）
> 日本の公衆衛生学（public health）は、第二次世界大戦後に、占領政策の一環として医学教育に組み込まれた。

図表2-2　日本の公衆衛生行政の分類

一般衛生行政 （地域保健行政）	厚生労働省が法律や制度により行う。地域に根差した保健活動として、地域住民の健康の保持増進、公衆衛生の向上などの地域保健対策の推進を目的とする。基本的に、国（厚生労働省）―都道府県（衛生主管部局）―保健所―市町村（衛生主管課係）という一貫した体系が確立している。
産業衛生行政 （産業保健行政）	厚生労働省労働基準局を監督省庁とする。労働者の健康の保持増進と、快適な職場環境の形成に寄与することを目的とする。
環境衛生行政 （環境保全行政）	環境省を監督省庁として環境保全問題を扱う。戦後の地方公共団体における公害防止条例に始まり、公害被害を救済する形で整備されてきた。
学校保健行政	文部科学省を監督省庁として、幼稚園から大学までの教育機関に在籍する児童・生徒、学生、および教職員を対象とする。都道府県や市町村においては教育委員会がその中心となり、私立学校では都道府県知事部局が所管する。特に感染症などの対応については保健所などの保健専門機関との連携が不可欠となる。

公衆衛生は、サービスの対象によっては、母子保健、成人保健、老年保健、精神保健等と分類されます。
　また、活動の場によっては、一般衛生行政（地域保健行政）、学校保健行政、産業衛生行政（産業保健行政）、および環境衛生行政（環境保全行政）と分類されます（図表2-2）。

2　一般衛生行政（地域保健行政）と学校保健行政との連携

　学校保健には、子どもたちの成長・発達と生涯を通じての健康づくりの基礎を育てるための基本的な課題があります。また、虐待や暴力、自殺、喫煙・飲酒、薬物乱用、性に関わる問題、メンタルヘルス、アレルギー、環境汚染、事故、災害、感染症など、現代社会が生み出す健康問題や学校を取り巻く社会的状況に応じた課題もあります。
　個別の健康問題の多くは、上記の課題の要素が複雑に絡み合っており、学校保健の取り組みだけではとうてい解決できない場合もあるため、家庭、学校、教育委員会、保健所、医療機関、福祉機関等による充実した連携が必要です。

① 教育委員会と保健所の連携

　教育委員会と保健所の連携については、「学校保健安全法」第18条及び「地方教育行政の組織及び運営に関する法律」第57条にその協力関係が規定されており、保健所は学校保健について、教育委員会に助言・援助をすることになっています。
　また、「地方教育行政の組織及び運営に関する法律施行令」第8条および第9条には、教育委員会と保健所との関係として、「保健所の協力を求める事項」「保健所が教育委員会に助言を与える事項・援助を与える事項」が具体的に示されています。さらに、保健所は、教育委員会に助言を与えるために必要があるときは、文部科学大臣が厚生労働大臣と協議して、学校の状況を調査することができることが規定されています。

> **プラスワン**
>
> 「学校保健安全法」第18条（保健所との連絡）
> 「学校の設置者は、この法律の規定による健康診断を行おうとする場合その他政令で定める場合においては、保健所と連絡するものとする」
>
> 「地方教育行政の組織及び運営に関する法律」
> 教育委員会の設置や教育機関職員の身分取り扱い、その他、地方公共団体における教育行政の組織および運営の基本が定められている法律。1956年施行。2017年一部改正。
>
> 「地方教育行政の組織及び運営に関する法律施行令」
> 法第57条の具体的事項が第8条～第10条（教育委員会と保健所との関係）に示されている。

図表2-3　ヘルスプロモーションの概念図

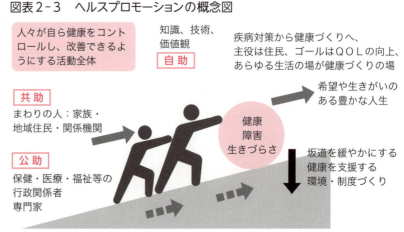

島内（2018）をもとに作成

② 学校保健と地域、その他の連携

定期健康診断での連携……保健所との連携については「学校保健安全法」第18条に示されています。特に結核に関する健康診断では、保健所との密接な連絡が重要です。

准要保護での連携……生活が経済的に困窮している家庭の子どもが、感染症や学習に支障のおそれがあるとされた疾病（政令に定めるもの）にかかった場合の治療費用については、福祉関係施設の長や民生委員の助言により、准要保護として援助を受けることができます（「学校保健安全法」第24条、「学校保健安全法施行令」第9条）。

虐待の防止での連携……学校の教職員が虐待予防の教育・啓発・早期発見に努めること、児童相談所の職員や医師、保健所、弁護士との協力連携、虐待を受けた子どものケアや加害保護者への支援について法律で規定されています（「児童虐待の防止等に関する法律」第4条、第5条、「児童福祉法」）。

2 学校保健とヘルスプロモーション

1 ヘルスプロモーションとは

ヘルスプロモーションとは、行政や医療の専門家などからの一方的なサービス提供のあり方を見直し、人々が自発的に健康的なライフスタイルを築いていけるようにするための考えかたです。1986年にカナダのオタワで開催されたWHOの第1回ヘルスプロモーション国際会議の「オタワ憲章」のなかで、すべての人々の健康を実現するための活動を求めて提唱されました。

2005年の「バンコク憲章」では「決定要因」という語句が追加修正され、「人々が自らの健康とその健康決定要因をコントロールする能力を高め、それらによって自らの健康を改善することができるようになるプロセスである」と定義されました。

ヘルスプロモーションでは、社会全体での取り組みを通じて健康を実現します（図表2-3）。健康は目的ではなく、自己実現や生きがい、QOL*を高め、幸せな生活（well-being）を得るための資源ととらえられます。

ヘルスプロモーションの特徴は以下の4つにまとめられます。

①健康課題ではなくQOLの向上にゴールを設定：
ゴールは、人々のQOLの向上であり、健康は人々が幸せな生活を送るための資源である、ととらえる。
②主役は住民、ライフスタイルに着眼：
幸せな生活を送るのも、健康になったりならなかったりするのも、住民の一人ひとりなので、専門家やまわりの人たちは、人々の健康づくりの後押しをするサポーターである。また、健康には毎日の

プラスワン

「児童虐待の防止等に関する法律」（「児童虐待防止法」）第5条第1項（児童虐待の早期発見等）
「学校、児童福祉施設、病院その他児童の福祉に業務上関係のある団体及び学校の教職員、児童福祉施設の職員、医師、保健師、弁護士その他児童の福祉に職務上関係のある者は、児童虐待を発見しやすい立場にあることを自覚し、児童虐待の早期発見に努めなければならない」
→第15講参照

プラスワン

「オタワ憲章」のヘルスプロモーションの定義（WHO、1986年）
人々が自らの健康をコントロールして、改善できるようにするプロセスである。

重要語句

QOL
Quality of Life
その人の人生の内容の質や社会的にみた生活の質のこと。医療の分野で、疾病治療・治癒を最終目的としてきた医療のあり方に対する批判から生まれてきた概念。どれだけ自分らしい生活を送れているか、人生に幸福を見出しているかなどを尺度としている。

生活のあり方が影響を与えるため、ライフスタイルに注目する。
③本人への健康教育だけでなく環境の整備をも視野に入れる：
「保健教育」で知識や技術の提供を行うだけでなく、健康づくりに取り組みやすい環境づくり（ソフト面・ハード面）も同時に行う。
④生活のあらゆる場を健康づくりの場とする：
健康づくりは人々の生活の場で行われる。たとえば、家庭、地域、学校、職場、道路、公園、駅、病院などあらゆる場所が考えられる。

2 学校保健におけるヘルスプロモーション

わが国のヘルスプロモーションは、厚生労働省が進めている「健康日本21*」「健やか親子21*」などの国民健康づくり運動の基本的な理念となっています。

学校保健では、1997（平成9）年の「保健体育審議会答申」でヘルスプロモーションの重要性が示され、翌年公示の「学習指導要領」で初めて、体育・健康に関する指導および保健体育科の目標、内容に盛り込まれました。

子どもたちが直面している現代の社会的状況やさまざまな健康課題の解決には、子ども自身だけではなく、家庭、学校、地域社会における日常の全生活レベルでの健康の保持増進が必要です。そのためには、家庭、学校、地域社会、住民、行政、専門家等の連携、健康のための地域活動の強化、さらにそれぞれの適切な役割分担による、社会全体で子どもたちの心身の健康づくりを推進していくことが大切です。

学校保健の推進には、疾病予防を重視した一次予防*の視点での「健康

> **重要語句**
> 「健康日本21」「健やか親子21」
> 「健康日本21」は、社会保障制度が持続可能なものとなるよう、厚生労働省によって始められた国民健康づくり運動。第二次として、2013（平成25）年からの10年計画が立てられた。「健やか親子21」はその一翼を担うもので、母子保健の主要な取り組みなどを提示する。

> **重要語句**
> 一次予防
> 健康増進・疾病予防・環境改善のこと。「二次予防」は、早期発見・早期治療、「三次予防」はリハビリテーション、後遺症・合併症予防。

図表2-4 学校保健推進のイメージ

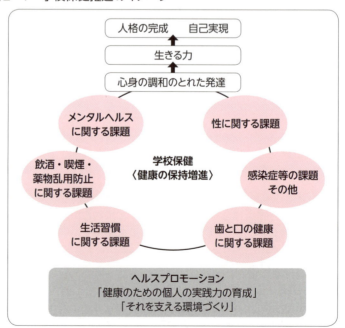

山口県教育委員会「子どもの健康をみんなで支える健康づくり推進に向けて 学校保健の進め方」2010年を参考に作成

のための個人の実践力の育成」「それを支える環境づくり」を重視するヘルスプロモーションの理念が重要となります（図表2-4）。

3 学校保健組織活動

1 学校保健活動の重要性

学校保健組織活動は、学校保健の問題を発見し、学校及び関連する集団の人的・物的・行政的な資源の活用により、自主的・効果的に解決していくための活動です。

児童・生徒の健康に関する現代課題への取り組みについては、2008（平成20）年の中央教育審議会答申のなかで、次のように示されています。

> 多様化・深刻化している子どもの現代的な健康課題を解決するためには、学校内の組織体制が充実していることが基本となることから、すべての教職員が共通の認識（基本的な知識と理解）を持ち、校長のリーダーシップの下、学校保健計画に基づき、教職員の保健部（係）などの学校内の関係組織が十分に機能し、すべての教職員で学校保健を推進することができるように組織体制の整備を図り、保健教育と保健管理に取り組むことが必要である。

学校保健の推進にあたっては、学校保健を構成する「保健教育」と「保

図表2-5　学校保健組織の種類の内容と例

組織名	内　容
学級保健係	児童生徒が、学級における健康問題・課題を自主的に発見し、話し合いによって解決していくための組織であり、学級担任が指導にあたる。
児童生徒保健委員会	児童生徒の保健委員によって、学校内の児童生徒全体の保健活動を自主的に実施・推進する組織。保健主事、養護教諭が指導にあたる。
職員保健部	教職員による保健組織活動。学校における健康問題を協議・検討し推進する組織。校務分掌の保健安全部を核として、学年・各部主任等の教職員で構成される。学校における保健組織を中心となって展開する。
ＰＴＡ保健委員会	ＰＴＡ組織の委員会の一つ。児童生徒の健康や安全な生活を実現するために研究・協議し、実践活動にも取り組む組織。
学校保健委員会	学校、保護者、学校医等、地域の代表者が集まって、学校における健康の問題を研究・協議し、健康づくりを推進する積極的な実践活動を行う組織。
地域学校保健委員会	共通の行政区・生活圏にある小学校、中学校、高等学校、特別支援学校の数校が連合してつくる保健委員会。

茨城県教育委員会『学校保健 学校安全 管理の手引き(四訂版)』2012年を参考に作成

健管理」を有機的に関連付ける組織的活動が欠かせません。全教職員、家庭、地域の関係機関・団体など児童・生徒に関わりのあるすべての人々が共通理解を図り、共通の目標に向かって有機的に連携する組織的な活動が不可欠です（→第1講図表1-4）。

　学校保健組織には、児童・生徒や教職員による組織、PTA活動としての組織、学校と家庭、地域社会を結ぶ組織の学校保健委員会、地域の関係機関・団体と連携する地域学校保健委員会などがあります（図表2-5）。

　学校保健組織活動にあたっては、2008（平成20）年の中央教育審議会答申で示されているように、校長のリーダーシップのもと、校内の保健関係組織が十分にその機能を発揮し、学校全体として学校保健を推進できるようにしていくことが大切です。

2　学校保健委員会

　学校保健委員会は、学校における健康の問題を研究協議・推進するための組織です。学校内の保健活動の中心としての機能だけでなく、学校における健康教育の推進の観点から、学校、家庭、地域社会を結ぶ役割を担う組織として、運営の強化を図ることが必要といわれています。

　学校保健委員会は1958（昭和33）年の学校保健法等の施行にともなう文部省の通知で学校保健計画に規定すべき事項として位置づけられました。その後、1972（昭和47）年の保健体育審議会答申ではその設置の促進と運営の強化が示され、さらに1997（平成9）年の保健体育審議会答申でも、学校保健委員会・地域学校保健委員会の活性化が提言されています。

3　校内組織・校外組織との連携を図るために

　学校保健組織活動を活発化させるには、校内における教職員の協力体制の整備のほか、家庭及び地域社会や関係機関との連携が不可欠です。その際、次のような点に留意します。

プラスワン

地域学校保健委員会
一定地域内の幼・小・中・高・特別支援学校が連合してつくる委員会。合同でその地域内の子どもたちの健康問題・課題の解決や健康つくりについて、協議、連携等による活性化が期待されている。

【学校保健活動推進にあたっての留意点】
①校内体制づくり
　校長のリーダーシップのもと、保健主事や養護教諭等を中心とした体制をつくり、全職員が学校保健への理解を深め、それぞれの役割を明確にして、連携協力する。
②学年・学級における取り組み
　学年・学級経営計画の中に、児童・生徒の健康状態の把握や健康に対する取り組み、保健指導、環境整備等をしっかり位置づける。
③学校医、学校歯科医、学校薬剤師との連携
　健康相談をはじめ感染症予防などの「健康管理」について、指導助言や教職員との懇談会や校内研修を開催し、協力連携を図る。
④PTAとの連携
　児童・生徒の健康問題課題について、保護者の理解が得られるようにPTA役員等との連携を図る。

ディスカッションしてみよう!

子どもの健康課題の問題を解決するために、子どもたち自身による生活行動の改善を促す取り組みが求められています。そのとき、家庭や地域社会と連携を図る中心的組織である学校保健委員会はどのような役割を担うことができるでしょうか。ヘルスプロモーションの視点に立って、考えてみましょう。

たとえば・・・

知っておくと役立つ話 — 復習や発展的な理解のために

健康のとらえ方

　健康の概念は時代の変化とともに変わってきており、病気があっても、その人が満足して社会生活が送れれば健康であるという考えもあります。人間としての自己実現の達成度合いや、生活ないし人生の満足度を大切にし、個々人の生き方や主観的な要素も重視しているととらえられます。WHO（世界保健機構）の健康の定義では「病気でないとか、弱っていないということではなく、肉体的にも、精神的にも、そして社会的にも、すべてが満たされた状態にあること」とされています。

　また、病気と対立した概念で健康をとらえるのではなく、「健康と病気の連続体」モデルも提唱されています。（アントノフスキー）

　たとえば、神奈川県では健康と病気を2つの明確に分けられる概念としてとらえるのではなく、心身の状態は健康と病気の間を連続的に変化するものととらえ「未病」という概念に注目して、最新の医療・生活系技術の導入や日頃の生活習慣改善による未病対策に取り組んでいます。

ヘルスプロモーティング スクール／ヘルシースクール

　1980年代以降に先進諸国で深刻化してきた喫煙、飲酒、薬物乱用、性行動の逸脱、早期妊娠、HIV感染を含む性感染症の増加、肥満・やせ等栄養問題、さらにメンタルヘルスの問題などの青少年の健康問題の多様化、および開発途上国での栄養状態の改善や感染症の予防等の課題に対応するために、1990年代にWHOを中心として「ヘルスプロモーティング スクール／ヘルシースクール」が推進されるようになりました。

　ヘルスプロモーティング スクールでは、WHOのヘルスプロモーションの理念に基づいて、学校教育計画のなかに子どもたちの主体的な健康づくりの取り組みを組み込み、教師、保護者、学校保健関係者、地域の人々がさまざまな支援を行っていく教育プログラムが展開されます。21世紀になってから、国家規模で採用する国が増えてきましたが、日本はまだ政策的には取り入れられていない状況にあります。

ちゃんとわかったかな?
復習問題にチャレンジ

> ①学校保健委員会について説明しましょう。

1　設置が必要な理由
2　学校保健委員会実施の目的
3　主な構成メンバー
4　議題を設定する際のポイント
5　協議内容

第2講　学校保健行政と学校教育・学校保健組織活動

理解できたことをまとめておこう!
ノートテイキングページ

学習のヒント：学校保健だけでは対応できない子どもの健康問題として、どのようなケースが考えられるか、具体的な例を挙げてみましょう。そして、問題に対処するために必要な家庭及び地域社会、関係機関との連携はどのようなものか考えてみましょう。

第3講 学校保健・学校安全計画、保健室経営

> **理解のポイント**
> 学校教育目標を具現化するためには、計画が不可欠です。学校保健、学校安全、保健室経営の計画を作成し、実践、評価、改善の流れを活用して、組織的・計画的に活動の推進を図ることの重要性を理解しましょう。

1 学校保健計画と学校安全計画

1 学校経営における「計画」の重要性

　子どもを取り巻く社会環境の変化を背景に、いじめや不登校、食物アレルギーなどの現代的な健康課題の解決や危機管理が、学校経営*の重要な課題となっています。これらの課題は、継続的に学校全体で取り組むべきものであり、学校経営に学校保健を位置づけ、教職員が協働して組織的・計画的に取り組むプロセスを踏んで解決することがめざされています（中央教育審議会答申「子どもの心身の健康を守り、安全・安心を確保するために学校全体として取組を進めるための方策について」2008年）。

　学校保健活動をその場限りの活動で終わらせるのではなく、計画を作成して実践し、その評価を通して明らかになった課題を改善につなげることは、学校の教育目標自体の達成に結びつくことでもあります。すなわち、学校

図表3-1　学校におけるPDCAサイクル

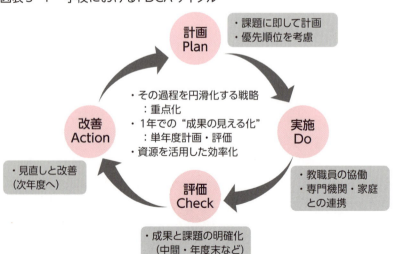

重要語句

学校経営

『教育用語辞典』（山崎英則・片上宗二編、ミネルヴァ書房、2003年）によると、学校経営は広義には、「学校教育目標の効果的な達成のために必要な人的・物的条件を整備及び駆使して学校を管理・運営する作用である」。ただし、「民間企業の経営とは異なり、人格形成を終局的な目的とした非営利組織の経営で」、経営過程は「企業と同様に計画（立案）、実施（遂行）、評価（検証）という循環的機能を必要条件としている」とされている。また、「学校経営は、教育行政の末端機構としての学校という側面と独立した自律的な教育組織体という機能を有する」とも書かれている。

保健において、計画（Plan）、実施（Do）、評価（Check）、改善（Action）のPDCAサイクル*を十分機能させる経営の視点が求められています（図表3-1）。

2　学校保健計画・学校安全計画作成の法的根拠

学校保健計画は「学校保健安全法」第5条によって作成が義務づけられ、学校保健計画作成の目的や計画すべき事項が以下のとおり示されています。

- 学校保健計画策定の目的：「児童生徒等及び職員の心身の健康の保持増進を図る」こと
- 学校保健計画で計画すべき事項：「児童生徒等及び職員の健康診断、環境衛生検査、児童生徒等に対する指導その他保健に関する事項」

学校保健計画とは、1972（昭和47）年の保健体育審議会答申「児童生徒等の健康の保持増進に関する施策について」によれば「児童生徒や教職員の保健に関する事項の具体的な実施計画」のことです。学校保健計画の作成にあたっては、学校の「保健管理」と「保健教育」との調整にも留意するとともに、体育や家庭科など関連する分野との関係も考慮して策定*します。また、計画を策定しそれを見直し、かつ効率的に実施するためには、学校における健康の問題を研究・協議する学校保健委員会を設置し、その運営の強化を図る必要があります。

同様に、学校安全計画（→第13講）も、「学校保健安全法」の第27条によって作成が義務づけられています。

- 学校安全計画の目的：「児童生徒等の安全の確保を図る」こと
- 学校安全計画で計画すべき事項：「当該学校の施設及び設備の安全点検、児童生徒等に対する通学を含めた学校生活その他の日常生活における安全に関する指導、職員の研修その他学校における安全に関する事項」

なお、学校安全に関しては第13講でくわしく述べるので、この講では学校保健計画を中心に解説していきます。

3　計画作成の留意点

学校保健計画は、学校独自に作成する単年度計画ですが、前年度の学校保健に関する評価結果を生かして作成することが大切です。また、法律で規定された事項は必ず盛り込み、作成した計画は共通理解を図るために保護者などの関係者に周知することに留意します。これらは、学校安全計画も同様です。

学校保健計画作成の中心的役割は、保健主事（→第1講）が担いますが、教職員の意見や学校医、学校歯科医、学校薬剤師の意見を反映させながら、児童・生徒や地域社会の実態に合わせて作成します。保健主事には、計画

重要語句

PDCAサイクル
効率的に期待される結果につなげていこうとするマネジメントの一つ。
→本講「知っておくと役立つ話」参照

重要語句

策定
計画をいろいろ考えて決めること。計画立案と決定の両方を行う意味がある。

プラスワン

保健主事の役割
学校保健活動を推進させる保健主事の役割は、以下のとおり。①学校保健と学校教育全体との調整、②学校保健計画の作成とその実施の推進、③保健教育の計画作成とその適切な実施の推進、④保健管理の適切な実施の推進、⑤学校保健に関する組織活動の推進、⑥学校保健活動の評価（『みんなで進める学校での健康つくり——ヘルスプロモーションの考え方を生かして』日本学校保健会、2009年）
→第1講参照

の具現化のために学校保健と学校教育全体との調整を図るとともに、学校保健に関する組織活動の推進をめざしてミドルリーダーシップを発揮することが求められます。

> 【学校保健計画作成における留意点】
> ・学校保健計画は、学校保健に関する具体的な実施計画であり、**毎年度**、学校の状況や前年度の学校保健の**取り組み状況**を踏まえて作成する
> ・学校保健計画には、**法律で規定された事項**を必ず盛り込む
> ・学校保健計画の内容については、原則として、**保護者**などの関係者に**周知**を図る
>
> 文部科学省通知「学校保健法等の一部を改正する法律の公布について」2008年をもとに作成

4 計画作成の手順

学校保健計画の作成にあたっては、まず準備段階として、児童・生徒の健康情報を集めます。児童・生徒の健康状態や疾病の治療状況だけでなく、学校環境の実態、学校保健組織の活動状況、保健教育の実施状況、保健室利用状況等も大切です。さらに、各種保健統計、地域医療・地域保健の動向などの資料を参考にしたり、実態調査やニーズ調査を実施したりして、できるだけ児童・生徒の健康の実態や課題に即した目標設定にするためです。

そして、学校教育目標を受けるとともに、重点的に健康課題を解決する視点から、その年の重点目標を設定した原案を作成します。原案は、保健部（係）に提案したり、関係者から意見聴取をしたりすると、理解や協力が得られやすくなります。図表3-2に、学校保健計画の作成の手順の一例を示しましたので、参考にしてください。

📝 **プラスワン**
「学校保健安全法」第5条（学校保健計画の策定等）
→第1講参照

図表3-2　学校保健計画の作成の手順（例）

① 児童生徒等の健康実態や健康課題を把握する
② 学校保健目標の決定、今年度の重点目標の設定
③ 原案の作成
④ 原案についての意見聴取：保健部（係）への提案、学校医・学校歯科医・学校薬剤師と意見交換および修正
⑤ 全教職員による協議と共通理解（職員会議での計画案の提案）
⑥ 学校保健委員会での協議
⑦ 学校長による決定

学校保健・安全実務研究会（編著）『新訂版　学校保健実務必携《第4次改訂版》』第一法規、2017年をもとに作成

2 保健室経営と計画

1 保健室設置の法的根拠

みなさんが知っている保健室はどのような場所にありましたか。また、どのようなときに利用していましたか。

保健室は、「学校教育法施行規則」第1条により設置が義務づけられています。保健室の設置場所は、静かで、良好な日照、採光、通風などの環境が確保され、児童・生徒の出入りが便利な位置に設置することになっています（「学校施設整備指針」第3章第9「3　保健室」）。

健康診断、救急処置、保健指導などさまざまな機能をもつ保健室の経営は、養護教諭の主な職務の一つです（図表3-3）。1997（平成9）年の「保健体育審議会答申」において、いじめ、保健室登校などの児童・生徒の心身の健康問題に対する養護教諭のヘルスカウンセリングが重要な役割をもつことが示されました。そこで、保健室でヘルスカウンセリング（健康相談）を行うために、保健室における相談スペースの設置や相談室の併設が推進されました。つまり、養護教諭の職務は、保健室の場（スペース）と

図表3-3　保健室経営の構造図（例）

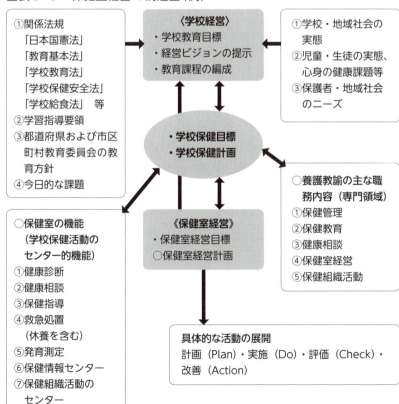

日本学校保健会『保健室経営計画作成の手引　平成26年度改訂』をもとに作成

> **プラスワン**
>
> 「学校教育法施行規則」第1条
> 「学校には、その学校の目的を実現するために必要な校地、校舎、校具、運動場、図書館又は図書室、保健室その他の設備を設けなければならない」
> →第1講参照

しての機能と深く関連して発揮されているといえます。

2 保健室経営計画

児童・生徒の健康課題の多様化を背景に、2008（平成20）年の中央教育審議会答申「子どもの心身の健康を守り、安全・安心を確認するために学校全体としての取組を進めるための方策について」において、次のような保健室経営計画の定義が示されました。

> 保健室経営計画とは、当該学校の教育目標及び学校保健の目標などを受け、その具現化を図るために、保健室の経営において達成されるべき目標を立て、計画的・組織的に運営するために作成される計画。

この保健室経営計画の定義を受けて、日本学校保健会より『保健室経営計画作成の手引き（平成26年度改訂）』（2015年）が刊行されました。

ここに示された保健室経営計画例（後出の図表3-6参照）をみると、保健室経営計画の目標が、学校教育目標、学校経営方針や学校保健目標を受けるとともに、児童・生徒の実態や健康課題と密接に関連して、重点を絞って設定されていることがわかります。

すなわち、保健室経営計画は、学校経営や学校保健の経営の観点に立って作成されているといえます。

また、保健室経営計画の目標を具現化するための具体的方策として、養護教諭の職務と保健室の機能を軸にした活動が盛り込まれています。活動にあたっては、学校保健計画との整合性を意識するとともに、図表3-1で述べたＰＤＣＡのマネジメントサイクルを活用して課題解決型の保健室経営計画を展開することが大切です。

保健室経営計画は養護教諭が作成しますが、養護教諭の自己評価だけでなく、教職員や児童・生徒などへの聞き取りやアンケートによって、具体的な方策に対する他者評価を行います。

計画作成とともに、あらかじめ評価の観点や評価方法を示した評価計画を作成し、明らかになった客観的な課題を踏まえて改善、計画の修正を図ることによって、組織的・計画的な児童・生徒の健康課題解決をめざすことができます。

3 計画の実際（例）

では実際に、以下の図表3-4～3-6で、学校保健計画、学校安全計画、保健室経営計画の例をみてみましょう。

ここで示すのは、学校保健計画と学校安全計画は小学校の例、保健室経営計画は中学校の例です。高等学校や特別支援学校など他の校種の各計画についても、調べてみましょう。

プラスワン

学校経営、保健室経営

「経営」という言葉が学校で用いられるようになる前提には、1950年代後半から60年代に、学校を組織としてとらえる研究があった。
→本講「知っておくと役立つ話」参照

図表3-4　学校保健計画の例（小学校）

月	保健目標	学校保健関連行事	保健管理	
			心身・生活	環境
4	自分の体の発育状態や健康状態について知ろう	・定期健康診断 ・大掃除	・保健調査 ・健康観察の確認と実施 ・健康相談 ・健康診断の計画と実施と事後措置（身体計測、内科検診、歯科検診、視力検査、聴力検査等） ・結核健診の問診 ・疾病異常者の生活指導 ・手洗い・うがいの指導 ・職員の健康診断	・清掃計画配布 ・大掃除 ・飲料水等の水質及び施設・設備の検査 ・雑用水の水質及び施設・設備の検査 ・机、いすの高さ、黒板面の色彩の検査
5	体を清潔にしよう	・定期健康診断 ・修学旅行6年 ・新体力テスト	・健康観察の実施（強化）・健康相談 ・健康診断の実施と事後措置（結核検診、耳鼻科検診、眼科検診、尿検査、寄生虫卵の有無の検査等） ・疾病異常者の生活指導 ・1年生の歯みがき指導 ・修学旅行前の健康調査と健康管理	・照度・まぶしさ、騒音レベルの検査
6	歯を大切にしよう 梅雨時の健康に気をつけよう	・歯の衛生週間 ・宿泊学習5年 ・プール開き ・心肺蘇生法	・健康観察の実施　・健康相談 ・歯みがき指導 ・水泳時の救急体制と健康管理 ・宿泊前の健康調査と健康管理 ・食中毒・感染症予防 ・熱中症予防	・水泳プールの水質及び施設・設備の衛生状態の検査
7・8	夏を元気に過ごそう	・大掃除 ・学校保健委員会	・健康観察の実施　・健康相談 ・水泳時の救急体制と健康管理 ・夏休みの健康生活指導と健康管理 ・歯みがき指導	・大掃除の実施の検査 ・換気、温度、相対湿度、浮遊粉じん、気流、一酸化炭素及び二酸化窒素の検査 ・ネズミ、衛生害虫等の検査 ・水泳プールの水質検査 ・揮発性有機化合物の検査 ・ダニ又はダニアレルゲンの検査
9	安全を考えて運動しよう	・身長・体重測定 ・プール納め ・避難訓練 ・運動会	・健康観察の実施（強化） ・健康相談 ・夏休みの健康調査 ・疾病治療状況の把握 ・手洗い・うがいの励行 ・運動会前の健康調査と健康管理	・運動場の整備
10	目を大切にしよう	・目の愛護デー ・視力検査 ・就学時の健康診断	・健康観察の実施　・健康相談 ・目の健康について ・正しい姿勢について ・就学時の健康診断の協力	・照度、まぶしさ、騒音レベルの検査 ・雑用水の水質及び施設・設備の検査
11	寒さに負けない体をつくろう	・個人懇談 ・学校保健委員会	・健康観察の実施　・健康相談 ・屋外運動の奨励と運動後の汗の始末 ・かぜやインフルエンザの予防	
12	室内の換気に注意しよう	・健康相談 ・大掃除	・健康観察の実施　・健康相談 ・かぜの罹患状況把握 ・室内の換気、手洗い・うがいの励行 ・冬休みの健康生活指導と健康管理	・大掃除の実施の検査
1	外で元気に遊ぼう	・身長・体重測定	・健康観察の実施（強化）・健康相談 ・冬休みの健康調査 ・屋外運動の奨励と運動後の汗の始末 ・かぜの罹患状況把握	・日常点検の励行 ・換気、温度、相対湿度、浮遊粉じん、気流、一酸化炭素及び二酸化窒素の検査 ・雨水の排水溝等、排水の施設・設備の検査
2	かぜをひかないように健康管理をしよう	・避難訓練 ・一日入学 ・学校保健委員会	・健康観察の実施　・健康相談 ・屋外運動の奨励 ・かぜの罹患状況把握 ・室内の換気、手洗い・うがいの励行	・ストーブ管理
3	健康生活の反省をしよう	・耳の日 ・大掃除	・健康観察の実施 ・一年間の健康生活の反省 ・春休みの健康生活指導と健康管理 ・新年度の計画	・保健室の整備 ・学校環境衛生検査結果等のまとめと次年度への課題整理 ・大掃除の実施の検査

月	保健教育				組織活動
	教科等	特別活動		個別・日常指導	
		学級活動	児童会活動		
4	・家庭「日常着の快適な着用」（6年） ・生活「がっこうたんけん」（1年） ・道徳「まさるの花火」（3年） ・道徳「ひまわり」（2年）	・健康診断の目的・受け方 ・保健室の利用の仕方	・健康診断の受け方 ・保健室の利用の仕方 ・身体・衣服の清潔 ・トイレの使い方 ・手洗いうがいの仕方	・組織づくりと年間計画作成 ・係分担	・組織づくり（職員保健部、PTA保健部、学校保健委員会等） ・保健だより等の発行（毎月）
5	・体育「心の健康」（5年） ・理科「人の体のつくり運動」（4年） ・道徳「からすとはと」（1年）	・大きくなるわたしたち（3年）	・歯みがきの仕方 ・基本的な生活 ・遊具の正しい遊び方 ・光化学スモッグ	・歯の衛生週間について	・職員保健部会
6	・体育「病気の予防」（6年） ・社会「公害から国民の健康や生活環境を守る」（5年）	・歯ならびにあったみがきかた（3年）	・むし歯の予防 ・手洗いうがいの仕方 ・雨の日の過ごし方 ・食中毒の予防 ・体の清潔、プール ・光化学スモッグ	・歯の衛生習慣について ・梅雨時の健康 ・保健集会①	・職員保健部会 ・PTA保健部会 ・心肺蘇生法講習会 ・保健統計のまとめ
7・8	・体育「毎日の生活と健康」（3年） ・家庭「夏の快適な住まいを工夫しよう」（5年） ・総合的な学習の時間「からだの不思議見つけよう」（3年）	・薬物乱用絶対ダメ！（6年）	・望ましい食生活 ・夏に多い病気の予防 ・歯みがきについて ・夏の健康	・1学期の反省 ・保健集会②	・職員保健部会 ・第1回学校保健委員会の開催
9	・社会「人々の健康な生活や良好な生活環境」（4年） ・生活「じぶんですること」（1年）	・男女仲良く（4年） ・アルコールってなあに？（4年）	・積極的な体力つくり ・運動後の汗の始末 ・歯みがき指導	・2学期の活動計画 ・目の愛護デーの計画	・職員保健部会 ・夏休みの健康状況把握
10	・理科「動物の誕生」（5年） ・道徳「ぼくの生まれた日」（4年）	・清けつなからだ（2年）	・目の健康 ・正しい姿勢 ・けがの防止 ・積極的な体力つくり	・目の健康について ・保健集会③	・職員保健部会 ・学校保健に関する校内研修
11	・体育「育ちゆく体とわたし」（4年） ・家庭「冬の快適な住まいを工夫しよう」（6年）	・体をきれいに（1年）	・かぜの予防 ・手洗い・うがい	・かぜ予防ポスター作成	・職員保健部会 ・個人懇談 ・地域の健康祭りへの参加 ・第2回学校保健委員会の開催
12	・理科「人の体のつくりと働き」（6年） ・道徳「たまご焼き」（5年）	・男女の理解と協力（5年）	・かぜの予防 ・冬の健康生活 ・冬休みの健康生活 ・手洗い・うがい	・2学期の反省	・職員保健部会 ・地区懇談会
1	・道徳「ふくらんだリュックサック」（6年） ・家庭「食生活を見つめよう」（5年）	・外であそぼう（1年）	・かぜの予防 ・外遊びについて ・歯みがきについて ・手洗い・うがい	・かぜ予防	・職員保健部会 ・冬休みの健康状況把握
2	・体育「けがの防止」（5年） ・道徳「二ねんせいになっても」（1年）	・きれいな空気（2年）	・外遊びについて ・歯みがきについて ・手洗い・うがい	・耳の日について ・保健集会④	・職員保健部会 ・第3回学校保健委員会の開催
3	・生活「大きくなったよ」（2年） ・道徳「水飲み場」（3年） ・総合的な学習の時間「健康はすばらしい」（4年）	・何でも食べよう（1年）	・耳の病気と予防 ・1年間の健康生活の反省	・耳の健康 ・1年間の反省	・職員保健部会 ・1年間のまとめと反省

文部科学省『保健主事のための実務ハンドブック』2010年を「中央教育審議会（答申）平成28年12月21日」に基づき一部改変

図表3-5　学校安全計画の例（小学校）

項目／月			4	5	6	7・8	9
月の重点			通学路を正しく歩こう	安全に休み時間を過ごそう	梅雨時の安全な生活をしよう	自転車のきまりを守ろう	けがをしないように運動をしよう
安全教育	教科等	道徳	規則尊重	生命の尊重	思いやり・親切	勤勉努力	明朗誠実
		生活	・地域巡り時の交通安全 ・遊具の正しい使い方	・野外観察の交通安全 ・移植ベラ、スコップの使い方	・公園までの安全確認	・虫探し・お店探検時の交通安全	・はさみの使い方
		理科	・野外観察の交通安全 ・アルコールランプ、虫めがね、移植ごての使い方	・カバーガラス、スライドガラス、フラスコの使い方	・スコップ、ナイフの使い方	・夜間観察の安全 ・試験管、ビーカーの使い方	・観察中の安全 ・フラスコ、ガラス管の使い方
		図工	・はさみ、カッター、ナイフ、絵の具、接着剤の安全な使い方	・写生場所の安全 ・コンパスの安全な使い方	・糸のこぎり、小刀、金槌、釘抜きの使い方	・木槌、ゴム、糸のこぎり、ニスの使い方	・作品の安全な操作
		家庭	・針、はさみの使い方	・アイロンのかけ方	・食品の取扱方	・包丁の使い方	・実習時の安全な服装
		体育	・固定施設の使い方 ・運動する場の安全確認	・集団演技、行動時の安全	・水泳前の健康観察 ・水泳時の安全		・鉄棒運動の安全
		総合的な学習の時間	「○○大好き〜町たんけん」（3年）「交通安全ポスターづくり」（4年）				
	安全指導	特別活動 低学年	●通学路の確認 ◎安全な登下校 ●安全な給食配膳 ●子ども110番の家の場所	●休み時間の約束 ◎防犯避難訓練の参加の仕方 ●遠足時の安全 ●運動時の約束	●雨天時の約束 ●プールの約束 ●誘拐から身を守る	●夏休みの約束 ◎自転車乗車時の約束 ●落雷の危険	◎校庭や屋上の使い方のきまり ●運動時の約束
		特別活動 中学年	●通学路の確認 ◎安全な登下校 ●安全な清掃活動 ●誘拐の起こる場所	●休み時間の安全 ◎防犯避難訓練への積極的な参加 ●遠足時の安全 ●運動時の約束 ◎防犯教室（3年生）	●雨天時の安全な過ごし方 ◎安全なプールの利用の仕方 ●防犯にかかわる人たち	●夏休みの安全な過ごし方 ●自転車乗車時のきまり ●落雷の危険	◎校庭や屋上の使い方のきまり ●運動時の安全な服装
		特別活動 高学年	●通学路の確認 ◎安全な登下校 ●安全な委員会活動 ●交通事故から身を守る ◎身の回りの犯罪	●休み時間の事故とけが ◎防犯避難訓練の意義 ◎交通機関利用時の安全 ●運動時の事故とけが	●雨天時の事故とけが ◎救急法と着衣泳 ●自分自身で身を守る ◎防犯教室（4、5、6年生）	●夏休みの事故と防止策 ●自転車の点検と整備の仕方 ●落雷の危険	◎校庭や屋上で起こる事故の防止策 ●運動時の事故とけが
		児童会活動等	・新1年生を迎える会 ・クラブ活動・委員会活動開始			・児童集会	
		主な学校行事等	・入学式 ・健康診断 ・交通安全運動	・運動会・遠足 ・防犯避難訓練	・自然教室 ・プール開き		・防災引き取り訓練 ・交通安全運動 ・防災避難訓練（地震）
安全管理	対人管理		・安全な通学の仕方 ・固定施設遊具の安全な使い方	・安全のきまりの設定	・プールでの安全のきまりの確認 ・電車・バスの安全な待ち方及び乗降の仕方	・自転車乗車時のきまり、点検・整備 ・校舎内での安全な過ごし方	・校庭や屋上での安全な過ごし方
	対物管理		・通学路の安全確認 ・安全点検年間計画の確認（点検方法等研修含む）	・諸設備の点検及び整備	・学校環境の安全点検及び整備	・夏季休業前や夏季休業中の校舎内外の点検	・校庭や屋上など校舎外の整備
学校安全に関する組織活動			・登下校時、春の交通安全運動期間の教職員・保護者の街頭指導	・校外における児童の安全行動把握、情報交換	・地域ぐるみの学校安全推進委員会 ・学区危険箇所点検	・地域パトロール	・登下校時、秋の交通安全運動期間の教職員・保護者の街頭指導地域パトロール
研修			・遊具等の安全点検方法等に関する研修 ・通学路の状況と安全指導に関する研修	・熱中症予防に関する研修	・防犯に関する研修（緊急時の校内連絡体制、マニュアルの点検） ・心肺蘇生法（AED）研修（PTA含む）		・防災に関する研修（訓練時）

10	11	12	1	2	3
乗り物の乗り降りに気をつけよう	けがをしないように運動をしよう	安全な冬の生活をしよう	災害から身を守ろう	道路標識を守ろう	安全な生活ができるようにしよう
思いやり親切	家庭愛	勇気	勤勉努力	節度節制	愛校心
・たけひご、つまようじ、きりの使い方	・郵便局見学時の安全	・はさみ、ステープラーの使い方	・はさみの使い方	・昔遊びの安全な行い方	・移植ごての使い方
・太陽観察時の注意	・ポリ袋、ゴム風船の使い方	・鏡、凸レンズ、ガラス器具の使い方	・スコップ、ナイフの使い方	・夜間観察の安全 ・試験管、ビーカーの使い方	・観察中の安全 ・フラスコ、ガラス管の使い方
・彫刻刀の管理の仕方と使い方	・水性ニスの取扱い方	・竹ひご、細木の使い方	・糸のこぎり、小刀、金槌、釘抜きの使い方	・木槌、ゴム、糸のこぎり、ニスの使い方	・作品の安全な操作
・熱湯の安全な取扱い方	・ミシンの使い方	・油の安全な取扱い方	・食品の取扱い方	・包丁の使い方	・実習時の安全な服装
・用具操作の安全	・けがの防止（保健）	・ボール運動時の安全	・持久走時の安全	・跳躍運動時の安全	・器械運動時の安全
「安全マップづくり」（5年）「社会の一員として活動しよう」（6年）					
◎乗り物の安全な乗り降りの仕方 ●廊下の安全な歩行の仕方	◎誘拐防止教室 ●安全な登下校	●安全な服装 ◎冬休みの安全な過ごし方	◎「おかしも」の約束 ●危ないものを見つけたとき	◎身近な道路標識 ●暖房器具の安全な使用	●1年間の反省 ◎けがをしないために
◎車内での安全な過ごし方 ●校庭・遊具の安全な遊び方	◎校庭や屋上の使い方のきまり ●安全な登下校	◎冬休み中の事故やけが ●凍結路の安全な歩き方	◎「おかしも」の約束 ◎安全な身支度	◎身近な道路標識 ◎暖房器具の安全な使用	●1年間の反省 ◎けがをしないために
◎乗車時の事故とけが ●校庭・遊具の安全点検	◎校庭や屋上で起こる事故の防止策 ●安全な登下校	◎冬休み中の事故やけが ●凍結路の安全な歩き方	◎災害時の携行品 ●安全な身支度、衣服の調節	◎交通ルール ◎暖房器具の安全な使用	●1年間の反省 ◎けがの種類と応急処置
		・児童集会			
・地区別運動会 ・収穫祭と子ども祭り	・修学旅行 ・防災避難訓練（火災）			・学校安全集会	・卒業式
・校外学習時の道路の歩き方 ・電車・バスの安全な待ち方及び乗降の仕方	・安全な登下校	・凍結路や雪道の歩き方	・災害時の身の安全の守り方	・道路標識の種類と意味	・1年間の評価と反省
・駅・バス停周辺の安全確認	・通学路の確認	・校内危険箇所の点検	・防災用具の点検・整備	・学区内の安全施設の確認	・通学路の安全確認 ・安全点検の評価・反省
・学校安全委員会（学校保健委員会）	・地域教育会議	・年末年始の交通安全運動の啓発	・地域パトロール	・学校安全委員会（学校保健委員会）	・地域ぐるみの学校安全推進委員会
	・防災に関する研修（訓練時）	・応急手当（止血等）			・校内事故等発生状況と安全措置に関する研修

文部科学省「「生きる力」をはぐくむ学校での安全教育」2010年を「中央教育審議会（答申）」に基づき一部改変

図表3-6　保健室経営計画の例（中学校）

平成○○年度　　○○○中学校　保健室経営計画　　　養護教諭　　○○○○

学校教育目標
○心豊かでたくましく生き抜く人を育てる
◇命を大切にする生徒　◇思いやり、助け合う生徒　◇目標に向けて努力する生徒　◇自ら考え、正しく判断する生徒

学校経営方針（保健安全に関わるもののみ）
○基本的生活習慣の定着　　○豊かな心を育む教育の充実

学校保健目標
○生徒一人一人の健康観を高め、基本的生活習慣を身につけた生徒の育成に努める。
○発達段階に即した、心身の健康の保持増進に積極的に取り組む態度を養う。

重点目標
○心の健康問題の早期発見に努めるとともにストレスマネジメントに関する指導の充実を図る。
○スポーツ活動を中心とした校内事故の予防に関する指導の充実を図る。

児童生徒の主な健康課題
児童生徒の主な健康課題
・人間関係などでストレスを抱える生徒が多く、学校生活への不安や心因性が疑われる不調を訴える生徒が増えている。（保健室来室時に精神的な悩みを訴えたり、相談から心因性と思われる不調を訴える生徒が全利用者の割合で前年度比10％増）
・学校管理下のけがが多い（管理下のけがのうち62.8％が部活動中）

到達度：1よくできた　2ほぼできた　3あまりできなかった　4まったくできなかった

経営目標	保健室経営目標達成のための具体的な方策（※…評価の観点）	自己評価 到達度	自己評価 理由／今後に向けて	他者評価 いつ	他者評価 だれから	他者評価 方法	他者評価 到達度	意見・助言等
1 心などにより、心の健康に関する授業参画や生徒保健委員会の自主的な活動	A）保健室に来室する生徒の「心のサイン」の早期発見のため、来室カードや支援シートを活用する。 ※来室カードや支援シートを活用できたか。 ※心のサインを早期発見することができたか。	1 2 3 4		年度末	生徒・教職員	アンケート 聞き取り	1 2 3 4	
	B）毎月の職員会議に来室状況を報告するとともに校内ネットワークを活用し、共通理解を図る。 ※職員会議に来室状況を報告するとともに、校内ネットワークを活用し、共通理解を図ることができたか。	1 2 3 4		年度末	教職員	聞き取り	1 2 3 4	
	C）生徒保健委員会を主体とした紙上悩み相談を校内組織と連携して実施する。 ※紙上悩み相談を実施できたか。 ※校内組織と連携することができたか。	1 2 3 4		実施後	生徒・教職員	アンケート 聞き取り	1 2 3 4	
	D）学期毎に体重測定を行い、特に体重減少者、激増者を早期に発見し、健康相談及び個別の保健指導を行うとともに、教職員、保護者と情報交換を密にし、連携して支援する。 ※必要な生徒の健康相談及び個別の保健指導ができたか。 ※教職員、保護者と連携し、支援することができたか。	1 2 3 4		年度末・その都度	教職員・保護者	アンケート 聞き取り	1 2 3 4	
	E）ストレスマネジメントの保健指導を年間計画に組み込み保健部で指導案作成や指導資料を提供する。 ※指導案や指導資料の提供を行うことができたか。	1 2 3 4		実施後	生徒・教職員	アンケート	1 2 3 4	
保健室経営目標1に対する総合評価		1		2	3		4	

〈総評と次年度への課題〉

日本学校保健会『保健室経営計画作成の手引き　平成26年度改訂』より

ディスカッションしてみよう！

ここまでの学校保健計画や保健室経営とその計画の作成を通して学んできた保健室の機能を生かし、次の課題に取り組んでみましょう。

① あなたが理想とする保健室の場（スペース）づくりをしてみましょう（例：救急処置のコーナー等を描いてみる）。

② ①について、なぜそのコーナーをつくったのか、養護教諭のどのような職務と関連しているのか、児童・生徒の健康課題を解決するためにはどうしたらよいかなど（必要な物、情報など）、みんなでディスカッションしましょう。

たとえば・・・　＊保健室の出入り口、養護教諭の机なども描き込みましょう。

> 復習や発展的な理解のために
> **知っておくと役立つ話**

PDCAサイクルの始まりと学校経営

　PDCAサイクルは、計画を立ててこれを実行し、実践を振り返って改善する、これを継続することにより、これまで以上の成果を出すというマネジメントの方法の一つです。第二次世界大戦後に品質管理の成果を上げる手法として、アメリカのウォルター・シューハート、エドワーズ・デミングらが提唱したことに始まりました。

　学校への「経営（マネジメント）」の導入も最近のことではありません。日本教育経営学会の創設が1950年代という点からも、その歴史がうかがえます。

　ところで、学校における「経営」は、企業経営とは異なる特徴があります。その一つは、企業では物的資源・資金的資源が中核となる資源であることが多いのに対し、学校では情報的資源・人的資源・ネットワーク資源が中心となることが多いことです。浜田博文は、児童・生徒の成長発達や学校教育目標の達成という共通の目的のために、教職員同士が協力して働く（協働）状態を学校のなかにつくりだす作用が、現代の学校における「経営」の意味であり、そのためには子どもの学びと育ちを軸にした多方向のコミュニケーションが重要であると述べています。つまり、子どもの情報を教職員組織で共有して十分コミュニケーションをとり、学校内外にネットワークを広げて教育課題の改善のために貢献しあうことが今求められているといえます。

マネジメントの目的	児童・生徒の成長発達のため、学校内外の関与者の期待とつながった学校教育目標の達成
マネジメントの対象	学校や学級に影響を与える要素・要因すべてが対象。 　企業との違い：学校では重点化は可能だが、対象の選択で「捨てる」ことができない。
マネジメントの方法	Plan（計画）→ Do（実施）→ Check（点検・評価）→ Action（改善）のサイクル
マネジメントの資源	人的資源、物的資源、資金的資源、情報的資源、ネットワーク資源 　企業との違い：学校は、内部だけでなく外部にも資源がある。学校は（学校にもよるが）人的資源、情報的資源、ネットワーク資源が経営の重要資源であることが多い（企業は業種にもよるが「物的資源」「資金的資源」が経営資源の中核のことが多い）。

マネジメント研修カリキュラム等開発会議『学校組織マネジメント研修――これからの校長・教頭等のために（モデル・カリキュラム）』文部科学省、2004年をもとに作成

復習問題にチャレンジ

ちゃんとわかったかな?

改題(兵庫県 2018年)

①次の文中に当てはまる語句や数字を書きましょう。

1 学校保健安全法
　第5条　学校においては、児童生徒等及び職員の心身の健康の保持増進を図るため、児童生徒等及び職員の（ ① ）、（ ② ）、児童生徒等に対する指導その他保健に関する事項について（ ③ ）を策定し、これを実施しなければならない。
　第27条　学校においては、児童生徒等の安全の確保を図るため、当該学校の施設及び設備の安全点検、児童生徒等に対する（ ④ ）を含めた学校生活その他の日常生活における安全に関する指導、職員の（ ⑤ ）その他学校における安全に関する事項について（ ③ ）を策定し、これを実施しなければならない。
　第29条　学校においては、児童生徒の安全の確保を図るため、当該学校の実情に応じて、危険等発生時において当該学校の職員が取るべき措置の具体的内容及び手順を定めた（ ⑥ ）を作成するものとする。

2 保健室経営計画
　中央教育審議会答申（平成20年1月）では、「保健室経営計画とは、当該学校の（ ① ）及び学校保健の目標などを受け、後の具現化を図るために、保健室の経営において達成すべき目標を立て、計画的・（ ② ）的に運営するために作成される計画である。」と述べられている。

②学校保健計画に関する1～5の記述について、適切なものに○、適切でないものに×をつけましょう。

1　学校保健計画は「保健管理」「保健教育」「保健組織活動」の各領域にわたって作成する総合的な基本計画である。
2　学校保健計画の作成は養護教諭が一人で行う。
3　学校保健計画の内容については、原則として、保護者などの関係機関に周知を図る。
4　学校保健計画で計画すべき事項については、学校保健安全法施行規則に例示が示されている。
5　学校保健計画の評価は、校長、保健主事及び養護教諭で行い、目標に準拠した評価を行う。

ノートテイキングページ

理解できたことをまとめておこう！

学習のヒント：学校保健計画、学校安全計画、保健室経営計画の作成にあたり、PDCAサイクルの考え方をそれぞれどのように活かすことができるか考えてみましょう。

第4講 保健教育① 保健学習

理解のポイント

保健教育は、教科として行われる保健学習と、学校のあらゆる教育活動のなかで行われる保健指導に分けられます。この講では、まず学校における保健教育、保健学習と保健指導の位置づけを確認し、保健学習の内容、評価について学んでいきましょう。

1 保健教育

1 学校教育における保健教育がめざすもの

　学校における保健教育は、1997（平成9）年の保健体育審議会答申で健康教育について述べられたように、「健康の価値を認識し、自ら課題を見付け、健康に関する知識を理解し、主体的に考え、判断し、行動し、よりよく課題を解決する」ための資質・能力の育成を重視しています。健康・安全について科学的な基礎的・基本的事項を理解し、思考力、判断力を高め働かせることにより、適切な意思決定や行動選択ができる基礎を培います。自己の生活習慣や環境を改善し、生涯を通じて健康で安全な生活が実践できるようにすることをめざします。

　「学習指導要領」では「生きる力」を基本的な理念とし、保健教育を子どもたちに「生きる力」を身につけるための強力なアプローチの一つとして位置づけています（図表4-1）。「学習指導要領」総則において体育・健康に関する指導は「児童〔生徒〕の発達の段階を考慮して、学校の教育活動全体を通じて適切に行う」とされており、小学校で基礎を培い、中学校および高等学校で積み重ねていく系統性をもった学習により、確かなものにしていくことが示されています。

図表4-1　保健教育のイメージ

文部科学省『「生きる力」を育む小学校保健教育の手引き』2013年をもとに作成

プラスワン

健康教育
1997（平成9）年の保健体育審議会答申では、保健教育、安全教育及び給食指導などを統合した概念を健康教育として整理し、児童生徒の健康課題に学校が組織として一体的に取り組む必要があるとした。

2 保健教育の内容

保健教育は、「学習指導要領」に基づいて行われる保健学習と、教科以外のあらゆる学校教育の場面で行われる保健指導に分けられます（学校保健における位置づけとともに、第1講の図表1-4で復習してみてください）。

図表4-2　保健教育の主な担当者

担当者	役割
保健主事	教育課程のなかにある保健教育を明確に位置づけ、必要に応じて保健指導の時間確保の調整にあたる
養護教諭	保健教育実践者、学校保健の中核としての役割、専門職として子どもの健康課題の把握、情報発信、教員への資料提供・助言等を担う
栄養教諭	学校給食を生きた教材として活用する等、学校における食育を推進する中核としての役割を担う
学級担任	子どもたちの日常の様子を最もよく知る立場にあり、子どもたちの個性に合った指導を保健教育に生かす
教科担任	それぞれの教科指導の専門家として、保健教育に関連したそれぞれの教材や知識を活用した学習活動を取り入れる等の指導方法の工夫を行う

＊養護教諭は、TT（チーム・ティーチング。複数の教員が役割を分担し協力して指導する方法）または3年以上の経験があると、保健学習担当教諭として兼職発令を受けることができる。
＊その他、児童・生徒、栄養士、調理師、技能員、スクールカウンセラー、スクールソーシャルワーカー学校三師、PTA、警察、地域のマンパワー等

図表4-3　保健指導、保健学習、総合的な学習の時間の比較

	保健指導	保健学習	総合的な学習の時間
目標・性格	日常の生活における健康問題について自己決定し、対処できる能力や態度の育成、習慣化を図る	健康を保持増進するための基礎的・基本的事項の理解を通して、思考力、判断力、意思決定や行動選択等の実践力の育成を図る	自他の健康な生活の向上や、活力ある社会の構築に、主体的、創造的に取り組む資質や能力の育成を図る
内容	各学校の児童・生徒が当面している、または近い将来に当面するであろう健康に関する内容	「学習指導要領」に示された教科としての一般的で基本的な心身の健康に関する内容	日常生活や学習経験等により興味・関心をもった健康に関する内容
指導の機会	特別活動の学級活動、ホームルーム活動を中心に教育活動全体	体育、保健体育および関連する教科	学校で定めた総合的な学習の時間
進め方	実態に応じた時間数を定め、計画的・継続的に、実践意欲を誘発しながら行う	年間指導計画に基づき、実践的な理解が図られるよう、問題解決的・体験的な学習を展開する	体験的・問題解決的な学習を積極的に取り入れ、人やものとの主体的な関わりを通して課題解決に取り組む
対象	集団（学級、学年、全校）または個人	集団（学級、学年）	集団（課題別グループ等）または個人
指導者	学級担任、養護教諭、栄養教諭など	学級担任、教科担任、養護教諭（教諭兼職等）など	学級担任、教科担任、養護教諭、栄養教諭、地域の専門家（各学校の計画による）など

日本学校保健会『保健主事の手引〈三訂版〉』2004年をもとに作成

プラスワン

保健学習の体系
小学校で「身近な生活」における健康・安全に関する基礎的な内容をより「実践的」に、中学校で「個人生活」における健康・安全に関する内容をより「科学的」に、高等学校では「個人及び社会生活」における健康・安全に関する内容をより「総合的」に学習することで「生涯を通じて自らの健康を適切に管理し改善していく思考力・判断力などの資質や能力の育成」をめざしている。
（文部科学省『「生きる力」を育む小学校保健教育の手引き』2013年）

保健教育を主に担当するのは、保健主事、養護教諭、栄養教諭、学級担任、教科担任などになります。それぞれの役割は、図表4－2にまとめました。
　これらの目標や進め方の違い、対象や指導者を、図表4－3で確認してください。

図表4－4　学習指導要領の変遷と保健教育の関係

改訂次	年度	改訂名	期
第1次	1947（昭和22）年	学習指導要領一般編（試案） 学校体育指導要綱	第一期
	1949（昭和24）年	学校指導要領小学校体育編（試案） 中等学校保健計画実施要領（試案）	第二期
	1950（昭和25）年	小学校保健計画実施要領（試案）	
第2次	1951（昭和26）年	学習指導要領一般編（試案）改訂版 改訂版保健体育科体育編（試案）	
	1953（昭和28）年	小学校学習指導要領体育科編（試案）改訂版	
	1956（昭和31）年	高等学校学習指導要領一般編改訂版 通達「中学校保健体育科のうち保健の指導について」 高等学校学習指導要領保健体育科編改訂版	第三期
第3次	1958（昭和33）年	小学校学習指導要領（昭和33年10月1日施行） 中学校学習指導要領（昭和33年10月1日施行） 高等学校学習指導要領一般編改訂版（昭和33年4月再訂版）	第四期
	1960（昭和35）年	高等学校学習指導要領（昭和35年10月施行）	
第4次	1968（昭和43）年	小学校学習指導要領（昭和46年4月施行）	
	1969（昭和44）年	中学校学習指導要領（昭和47年4月施行）	
	1970（昭和45）年	高等学校学習指導要領（昭和48年4月施行）	
第5次	1977（昭和52）年	小学校学習指導要領（昭和55年4月施行） 中学校学習指導要領（昭和56年4月施行）	
	1978（昭和53）年	高等学校学習指導要領（昭和57年4月施行）	
第6次	1989（平成元）年	小学校学習指導要領（平成4年4月施行） 中学校学習指導要領（平成5年4月施行） 高等学校学習指導要領（平成6年4月施行）	
第7次	1998（平成10）年	小学校学習指導要領（平成14年4月施行） 中学校学習指導要領（平成14年4月施行）	
	1999（平成11）年	高等学校学習指導要領（平成15年4月施行）	
第8次	2008（平成20）年	小学校学習指導要領（平成23年4月施行） 中学校学習指導要領（平成22年11月一部改訂、平成24年4月施行）	
	2009（平成21）年	高等学校学習指導要領（平成25年4月施行）	
第9次	2017（平成29）年	小学校学習指導要領（2020年度から全面実施） 中学校学習指導要領（2021年度から全面実施）	
	2018（平成30）年	高等学校学習指導要領（2022年度から年次進行で実施）	

国立教育政策研究所学習指導要領データーベースインデックスをもとに第9次改訂を追加

2 保健学習

1 「学習指導要領」と保健学習

　保健学習は、小学校体育科「保健領域」、中学校保健体育科「保健分野」、高等学校保健体育科「科目保健」として、現行「学習指導要領」*に単元の構成等詳細が示されており、それに基づいて立てられる年間指導計画にそって経過的にすすめられ、観点別に学習状況評価を行います。

　「学習指導要領」は1947（昭和22）年の試案を始まりとして、1958（昭和33）年（第3次）以降、その時々の社会的要請を反映させながら、ほぼ10年に一度、第9次（新）まで改訂が重ねられています（図表4-4）。これを学校保健が何によって指導されていたかで分類すると、大きく4期に分けることができます。「学校体育指導要綱」により指導されようとしていた「第一期」、「小学校保健計画実施要領（試案）」「中等学校保健計画実施要領（試案）」により指導されようとしていた「第二期」、「高等学校

> **重要語句**
>
> 「学習指導要領」
> どの地域で教育を受けても、一定の水準の教育を受けられるよう「学校教育法」等に基づき、各学校で教育課程を編成する際の基準が定められている。

図表4-5　保健学習（小学校・中学校・高等学校）の内容とその系統性

区分	小学校	中学校	高等学校
目標	心と体を一体としてとらえ身近な生活における健康・安全についての理解を通して、健康の保持増進を図り、楽しく明るい生活を営む態度を育てる	個人生活における健康・安全に関する理解を通して、生涯を通じて自らの健康を適切に管理し、改善していく資質や能力を育てる	個人および社会生活における健康・安全について理解を深めるようにし、生涯を通じて自らの健康を適切に管理し、改善していく資質や能力を育てる
位置づけ	体育科「保健領域」	保健体育科「保健分野」	保健体育科「科目保健」
指導の時間	第3・4学年で8単位時間程度、第5・6学年で16単位時間程度	3年間を通じて48単位時間程度	2単位（70単位時間）
[指導学年]学習内容	[3・4年]毎日の生活と健康／[3・4年]育ちゆく体とわたし／[5・6年]心の健康／[5・6年]けがの防止／[5・6年]病気の予防	[1年]心身の機能の発達と心の健康／[2年]傷害の防止／[2年]健康と環境／[3年]健康な生活と疾病の予防	現代社会と健康／生涯を通じる健康／社会生活と健康

文部科学省『「生きる力」を育む小学校保健教育の手引き』2013年をもとに作成

学習指導要領　保健体育科編」と「初等中等教育局長通達（昭和31）」により指導された「第三期」、そして1958（昭和33）年の「学習指導要領」改訂以降の「第四期」。現在は「学習指導要領」により指導されているわけです。

2　保健学習の目標と基本的な内容

現行「学習指導要領」の総則には、「児童（生徒）の発達の段階を考慮して、学校の教育活動全体を通じて適切に行う」という記述に続けて、特に食育の推進、体力の向上、安全および心身の健康の保持増進に関する指導については「体育（保健体育）科の時間はもとより、家庭（技術・家庭）科、特別活動などにおいてもそれぞれの特質に応じて適切に行う（括弧内は中学校）」と述べられています。それらの指導を通して家庭や地域社会との連携を図りながら、日常生活において適切な体育・健康に関する活動の実践を促し、生涯を通じて健康・安全で活力ある生活を送るための基礎が培われるよう配慮すると説明されています。

なお、新「学習指導要領」では上記に加えて「各教科、道徳科、外国語活動及び総合的な学習の時間（各教科、道徳科及び総合的な学習の時間）などにおいてもそれぞれの特質に応じて適切に行うよう努めること（括弧内は中学校）」とされています。

そのなかで現行「学習指導要領」における保健学習の基本的な考え方をまとめると、次のように整理することができます。

> ①健康の概念や課題などの内容を明確に示す。
> ②発育・発達段階を踏まえて内容の体系化を図り、小学校、中学校および高等学校を通じて系統性のある指導をめざす（図表4-5）。
> ③生涯にわたって健康を管理し改善していく資質や能力（思考力・判断力）を育成するために、内容の改善を図り、知識を活用する学習を重視する。
> ④保健学習が位置づけられていない低学年においては、運動を通して健康の認識を育てるよう体育分野との関連を一層図る。

前述したように体育・健康に関する指導は保健学習以外でもさまざまな機会に行われており、教科等が相互に関連することでさらなる貢献が期待できます。たとえば年間指導計画を通じ保健で学んだことを活用して、特別活動で実践的に取り組めるよう時間を配置する、学校行事などと関連させる、などにより、効果の高い健康教育が期待できます。教職員の共通理解のもとで家庭や地域社会と連携し健康の保持増進のための実践力を育てます。

3　小学校の保健学習

「小学校学習指導要領」では、小学校低学年での保健学習はありませんが、体育の「内容の取扱い」のなかで「運動と健康がかかわっていることの具

体育・保健体育科だけでなく、家庭科や理科等の関連教科、特別活動、総合的な学習の時間等で各教科等の特質を生かし「心身ともに健康な国民の育成」がめざされるのですね！

プラスワン

内容の改善
児童の発育・発達の早期化や生活習慣の乱れ等を受け、小学校高学年で指導していた保健に関する内容を中学年で指導するようになった。

プラスワン

新「学習指導要領」における見方・考え方
「個人及び社会生活における課題や情報を、健康や安全に関する原則や概念に着目して捉え、疾病等のリスクの軽減や生活の質の向上、健康を支える環境づくりと関連づける」資質能力の育成がめざされている。また、ストレスへの対処や応急手当等の技能を身につけることやがん教育の充実、体育の学習内容との関連を一層図るとしている。
→巻末資料2参照

体的な考えがもてるよう指導すること」と記されており、運動を通して心と体を一体化させながら習得することが求められています。

保健学習は第3学年から始まり、身近な生活における健康・安全に関する基礎的な内容を実践的に理解することを目的に、次のような目標で学習します（以下、現行「小学校学習指導要領」より抜粋）。

> **第3、4学年**（8単位時間程度）
> **目標**「健康な生活及び体の発育・発達について理解できるようにし、身近な生活において健康で安全な生活を営む資質や能力を育てる」
> **第3学年「毎日の生活と健康」**：健康の大切さを認識するとともに、健康によい生活について理解できるようにする。
> 　ア　心や体の調子がよいなどの健康の状態は、主体の要因や周囲の環境の要因がかかわっていること。
> 　イ　毎日を健康に過ごすには、食事、運動、休養及び睡眠の調和のとれた生活を続けること、また、体の清潔を保つことなどが必要であること。
> 　ウ　毎日を健康に過ごすには、明るさの調節、換気などの生活環境を整えることなどが必要であること。
> **第4学年「育ちゆく体とわたし」**：体の発育・発達について理解できるようにする。
> 　ア　体は、年齢に伴って変化すること。また、体の発育・発達には、個人差があること。
> 　イ　体は、思春期になると次第に大人の体に近づき、体つきが変わったり、初経、精通などが起こったりすること。また、異性への関心が芽生えること。
> 　ウ　体をよりよく発育・発達させるには、調和のとれた食事、適切な運動、休養及び睡眠が必要であること。

> **第5、6学年**（16単位時間程度）
> **目標**「心の健康、けがの防止及び病気の予防について理解できるようにし、健康で安全な生活を営む資質や能力を育てる」
> **第5学年「心の健康」**：（1）心の発達及び不安、悩みへの対処について理解できるようにする。
> 　ア　心は、いろいろな生活経験を通して、年齢に伴って発達すること。
> 　イ　心と体は、相互に影響し合うこと。
> 　ウ　不安や悩みへの対処には、大人や友達に相談する、仲間と遊ぶ、運動をするなどいろいろな方法があること。
> **第5学年「けがの防止」**：（2）けがの防止について理解するとともに、けがなどの簡単な手当ができるようにする。
> 　ア　交通事故や身の回りの生活の危険が原因となって起こるけがの防止には、周囲の危険に気付くこと、的確な判断の下に安全に行

プラスワン

新「学習指導要領」の目標、項目
新「学習指導要領」では目標、項目の示し方が変更された。(1)「知識及び技能」(2)「思考力、判断力、表現力等」(3)「学びに向かう力、人間力等」で構成。

新「学習指導要領」（小学校）
運動領域と保健領域の関連が新設された。
→巻末資料2参照

動すること、環境を安全に整えることが必要であること。
　　イ　けがの簡単な手当は、速やかに行う必要があること。
第6学年「病気の予防」：（3）病気の予防について理解できるようにする。
　　ア　病気は、病原体、体の抵抗力、生活行動、環境がかかわり合って起こること。
　　イ　病原体が主な要因となって起こる病気の予防には、病原体が体に入るのを防ぐことや病原体に対する体の抵抗力を高めることが必要であること。
　　ウ　生活習慣病など生活行動が主な要因となって起こる病気の予防には、栄養の偏りのない食事をとること、口腔の衛生を保つことなど、望ましい生活習慣を身に付ける必要があること。
　　エ　喫煙、飲酒、薬物乱用などの行為は、健康を損なう原因となること。
　　オ　地域では、保健にかかわる様々な活動が行われていること。

> **プラスワン**
> **新「学習指導要領」（中学校）**
> 現行第3学年「健康な生活と疾病の予防」を第1〜第3学年に分けて扱い、現行第2学年「健康と環境」は第3学年へ移行された。また、体育分野と保健分野の相互の関連が新設され、中学校では疾病の回復の取り扱いについて新設された。
> →巻末資料2参照

4　中学校の保健学習

　現行「中学校学習指導要領」において、保健体育科「保健分野」では、次の目標が示され、以下の内容で学びます（3年間で48単位時間程度）。

目標「個人生活における健康・安全に関する理解を通して、生涯を通じて自らの健康を適切に管理し、改善していく資質や能力を育てる」
（1）心身の機能の発達と心の健康について理解できるようにする。
　　ア　身体には、多くの器官が発育し、それに伴い、様々な機能が発達する時期があること。また、発育・発達の時期やその程度には、個人差があること。
　　イ　思春期には、内分泌の働きによって生殖にかかわる機能が成熟すること。また、成熟に伴う変化に対応した適切な行動が必要となること。
　　ウ　知的機能、情意機能、社会性などの精神機能は、生活経験などの影響を受けて発達すること。また、思春期においては、自己の認識が深まり、自己形成がなされること。
　　エ　精神と身体は、相互に影響を与え、かかわっていること。欲求やストレスは、心身に影響を与えることがあること。また、心の健康を保つには、欲求やストレスに適切に対処する必要があること。
（2）健康と環境について理解できるようにする。
　　ア　身体には、環境に対してある程度まで適応能力があること。身体の適応能力を超えた環境は、健康に影響を及ぼすことがあること。また、快適で能率のよい生活を送るための温度、湿度や明るさには一定の範囲があること。
　　イ　飲料水や空気は、健康と密接なかかわりがあること。また、飲料

水や空気を衛生的に保つには、基準に適合するよう管理する必要があること。
ウ　人間の生活によって生じた廃棄物は、環境の保全に十分配慮し、環境を汚染しないように衛生的に処理する必要があること。
（3）傷害の防止について理解を深めることができるようにする。
ア　交通事故や自然災害などによる傷害は、人的要因や環境要因などがかかわって発生すること。
イ　交通事故などによる傷害の多くは、安全な行動、環境の改善によって防止できること。
ウ　自然災害による傷害は、災害発生時だけでなく、二次災害によっても生じること。また、自然災害による傷害の多くは、災害に備えておくこと、安全に避難することによって防止できること。
エ　応急手当を適切に行うことによって、傷害の悪化を防止することができること。また、応急手当には、心肺蘇生等があること。
（4）健康な生活と疾病の予防について理解を深めることができるようにする。
ア　健康は、主体と環境の相互作用の下に成り立っていること。また、疾病は、主体の要因と環境の要因がかかわり合って発生すること。
イ　健康の保持増進には、年齢、生活環境等に応じた食事、運動、休養及び睡眠の調和のとれた生活を続ける必要があること。また、食事の量や質の偏り、運動不足、休養や睡眠の不足などの生活習慣の乱れは、生活習慣病などの要因となること。
ウ　喫煙、飲酒、薬物乱用などの行為は、心身に様々な影響を与え、健康を損なう原因となること。また、これらの行為には、個人の心理状態や人間関係、社会環境が影響することから、それぞれの要因に適切に対処する必要があること。
エ　感染症は、病原体が主な要因となって発生すること。また、感染症の多くは、発生源をなくすこと、感染経路を遮断すること、主体の抵抗力を高めることによって予防できること。
オ　健康の保持増進や疾病の予防には、保健・医療機関を有効に利用することがあること。また、医薬品*は、正しく使用すること。
カ　個人の健康は、健康を保持増進するための社会の取組と密接なかかわりがあること。

5　高等学校の保健学習

　現行「高等学校学習指導要領」において、高等学校保健体育科「科目保健」では次の目標と内容が示されています（2単位70単位時間）。

> 目標「個人及び社会生活における健康・安全について理解を深めるようにし、生涯を通じて自らの健康を適切に管理し、改善していく資質や能力を育てる」

📝 プラスワン

心肺蘇生
ここでAED（自動体外式除細動器）の使い方などについても学ぶ。

✏️ 重要語句

「医薬品」に関する教育
医薬品について、中学校では①主作用と副作用があり正しく使用する必要があること、高等学校では①医薬品には医療用医薬品と一般医薬品があること、②承認制度により有効性や安全性が審査されていること、③販売に規制があること、④副作用に予期できるものと予期することが困難なものがあることに触れる。

> **プラスワン**
>
> **新「学習指導要領」（高等学校）**
> 個人生活及び社会生活における健康・安全に関する内容を重視する観点から、さまざまな保健活動や対策などについての内容を再構成し、医薬品に関する内容を改善した。「現代社会と健康」において、小学校、中学校の内容を踏まえた系統性のある学習ができるよう、健康の概念に関する内容を明示、「生涯を通じる健康」において、医薬品に関する指導を充実。保健において、知識を活用する学習活動を取り入れることを規定した。
> →巻末資料2参照

（1）現代社会と健康：我が国の疾病構造や社会の変化に対応して、健康を保持増進するためには、個人の行動選択やそれを支える社会環境づくりなどが大切であるというヘルスプロモーションの考え方を生かし、人々が自らの健康を適切に管理すること及び環境を改善していくことが重要であることを理解できるようにする。
　ア　健康の考え方（本文省略、以下同）
　イ　健康の保持増進と疾病の予防
　ウ　精神の健康
　エ　交通安全
　オ　応急手当

（2）生涯を通じる健康：生涯の各段階において健康についての課題があり、自らこれに適切に対応する必要があること及び我が国の保健・医療制度や機関を適切に活用することが重要であることについて理解できるようにする。
　ア　生涯の各段階における健康
　イ　保健・医療制度及び地域の保健・医療機関
　ウ　様々な保健活動や対策

（3）社会生活と健康：社会生活における健康の保持増進には、環境や食品、労働などが深くかかわっていることから、環境と健康、環境と食品の保健、労働と健康にかかわる活動や対策が重要であることについて理解できるようにする。
　ア　環境と健康
　イ　環境と食品の保健
　ウ　労働と健康

> 小学校（2018・2019年度）、中学校（2018～2020年度）、高等学校（2019～2021年度）はそれぞれ移行期間となっています。巻末資料の「現行・新学習指導要領新旧対照表」で、新「学習指導要領」の内容も確認しましょう。

図表4-6　保健教育で用いられる指導方法の例

指導方法	具体的な活動
ブレインストーミング	さまざまなアイデアや意見を出していく
事例を用いた活動（ディスカッションなど）	日常生活で起こりやすい場面を設定し、そのときの心理状態や対処の仕方等を考える
実験	仮説を設定し、これを検証したり、解決したりする
実習	実物等を用いて体を動かす
ロールプレイング（役割演技法）	健康課題に直面する場面を設定し、これを検証したり解決したりする
フィールドワーク	実情を見に行ったり、課題解決に必要な情報に詳しい人に質問したりする
インターネット、図書、視聴覚教材の活用	コンピュータや図書館等を利用して、情報を収集する
多様な教職員や外部講師の参加	専門家による専門的な情報の提供、複数教師による綿密な支援
ディベート	あるテーマについて2つのチーム（肯定・否定側）がルールに従って議論し、その結果を審判が判定する

文部科学省『「生きる力」を育む小学校保健教育の手引き』2013年をもとに作成

図表4-7　保健学習指導案（小学校第3学年の例）

小学校第3学年の「毎日の生活と健康」という4時間で計画された単元の最初の第1時間目の授業展開例。（抜粋）

学習内容　「健康な生活とわたし」		
本時の目標 ・健康な生活について、資料を見たり自分の生活を振り返ったりする等、進んで学習に取り組むことができるようにする。（関心・意欲・態度） ・健康の状態には主体の要因と環境の要因が関わっていることを理解することができるようにする。（知識・理解）		
時間	主な学習内容・学習活動	○指導上の留意点　◆評価　★指導のポイント
導入 5分	1．イラストから「元気な様子の人（元気さん）」を探す。 　この絵の中から「元気さん」を見つけて○をつけましょう。	○各班に1枚ずつ生活の場面絵を用意する。 ☆たくさんの意見が出るように生活の場面絵を工夫しよう。
	ねらい《健康な生活について、「元気さん」の様子を手がかりに考えてみよう》	
展開 10分	2．「元気さん」について考える。 　「元気さん」はどんな生活をしているのでしょうか。 〈予想される反応〉 ・好き嫌いがない　・病気をしない ・歯みがきをする　・夜早く寝る ・朝早く起きる　　・学校を休まない ・外で遊ぶ　　　　・元気に運動する ・一生懸命勉強をする　等	○ブレインストーミングを通して、できるだけたくさんの考えを出させる。 ○導入で使った場面絵も参考に、なぜその子に○をつけたのかという視点から考えさせる。 ☆机間指導し、「心」の様子についても考えが広がるように支援しよう。
10分	3．「元気さん」の生活の様子についての考えを心や体の健康な状態として整理する。 　出された意見を短冊に書いて黒板に貼りましょう。同じような意見は近くに貼ってください。 【学習内容】健康の状態には、気持ちが意欲的であること、元気なこと、具合の悪いところがないなどの心や体の調子がよい状態があること。	◆【関心・意欲・態度】健康な生活について、資料を見たり自分の生活を振り返ったりするなどの学習に進んで取り組もうとしている。（行動の観察） ○「体」の状態だけでなく、「心」の状態についても注目させて、「健康」として押さえる。
5分	4．健康な生活に関わることを、生活の仕方と、身の回りの環境に分けて考える。 　健康でいるためには、どうしたらいいのでしょうか。自分のことや、周りの様子のことから考えてみよう。 〈予想される反応〉 ・好き嫌いなく食べる　・外で元気に遊ぶ ・うがい手洗いをする　・早寝早起きをする ・窓を開ける　　　　　・掃除をする ・暗いときは電気をつける　等 【学習内容】健康の状態には、一日の生活の仕方などの主体の要因や身の回りの環境の要因が関わっていること。	○ワークシートに記入後、全体で発表させる。 ○出された意見を、「自分たちの生活の仕方に関わること」と「周りの環境に関わること」に分けて板書していく。 ☆「周りの環境に関わること」については意見が出にくいことが予想されるので、補足していくようにする。 ◆【知識・理解】健康の状態には主体の要因と環境の要因が関わっていることについて、言ったり書いたりしている。（ワークシートへの記入、発言）
10分	5．健康でいることで、現在の学校生活や今後の生活がどのようになるのか考える。 　元気さんは、健康についての勉強をして、どんどん「健康」になっていきました。それからの元気さんは、どんなふうになると思いますか？ 〈予想される反応〉 ・学校を休まなくなった ・もっと運動するようになった ・進んで勉強した。　・病気をしなくなった ・仲の良い友達が増えた　等 【学習内容】心や体が健康だと、人と関わりながら明るく充実した毎日の生活を送れることにつながり、健康がかけがえのないものであること。	○何人かに発表させ、友達の思いを聞かせる。 ○結論を出すのではなく、健康に関わっての友達の意見を基に考えを深めさせる。 ☆「健康」な状態が、単に「元気なこと」に留まらないように。心の面からも、あるいは身の回りの環境との関わりからもとらえられるようにしましょう。 ☆健康であることは、明るく楽しい毎日の生活につながり、かけがえのないものであることを教師の言葉でしっかり押さえる。
まとめ 5分	6．本時のまとめと次時の予告を聞く。	○健康の要因については、次時で詳しく取り扱うこと、また、次時までに自分の一日の生活を振り返ってみるための生活調べに取り組むことを伝えておく。 ☆これが「保健」という新しい学習であることを押さえ、これからずっと健康について学習していくことを伝える。

文部科学省『「生きる力」を育む小学校保健教育の手引き』2013年をもとに作成

重要語句

主体的・対話的で深い学び（アクティブラーニング）

新「学習指導要領」にも取り入れられる学習法。教員による一方向的な講義形式ではなく、学修者が能動的に学修に参加することで、汎用的能力の育成を図る。

重要語句

評価規準

保健学習における評価規準については国立教育政策研究所教育課程研究センターによる「評価規準の作成、評価方法等の工夫改善のための参考資料」（小学校体育〔2011年〕、中学校保健体育〔2011年〕、高等学校保健体育〔2012年〕）に示されている。

プラスワン

新「学習指導要領」に向けた評価の整理

2016（平成28）年12月に中央教育審議会の答申において、新「学習指導要領」の改訂に向けて目標に準拠した評価（児童・生徒が目標をどの程度達成したのかを評価する、いわゆる絶対評価）を実質化することや「知識及び技能」「思考力・判断力・表現力」「主体的に取り組む態度」の3観点に整理することが示された。
→本講「知っておくと役立つ話」参照

3 保健学習の指導方法と評価

1 保健学習の指導方法

保健学習には、一方向的な講義形式はあまり有効とはいえません。児童・生徒が自らの発達や健康への認識を深めるためには、グループワークやディスカッションなどを取り入れた主体的・対話的で深い学び*（アクティブラーニング）が最も効果的だといえます。

それぞれの指導方法については一長一短があり、目標や内容、時間や学習集団に応じて、十分にその長所を生かせるものを選択するとよいでしょう（図表4-6）。

具体的に、図表4-7に、小学校3年生の保健学習指導案の実際の例を示します。どのように保健学習が進められていくのか、参考にしてください。

2 保健学習の評価方法

保健学習の評価は「学習指導要領」を踏まえ、小・中・高等学校を通じて「関心・意欲・態度」「思考・判断」「知識・理解」の3観点でその学習状況を評価します（図表4-8）。

また、①「学習指導要領」に示す内容が確実に身についたかどうか評価を行う、②各学校で設定した評価規準*等により学習状況を判断する際の目安を明確にする、③評価結果により後の指導を改善する、④新しい指導の成果を再度評価し指導に生かすなど、評価を充実させることも大切です。指導と評価の一体化を図り、質的向上につなげることが重要です。

4 保健教育の今後の発展的方向性

新「学習指導要領」（小学校は2020年度、中学校は2021年度から全面実施、高等学校は2022年度から年次進行で実施）では、すべての教科において児童・生徒の主体的・対話的で深い学び（アクティブラーニング）の視点からの授業改善が求められており、学びをいかに実現するかが重視

図表4-8　保健学習の評価の観点

評価の観点	趣旨
関心・意欲・態度	健康・安全について関心をもち、意欲的に、学習に取り組もうとしている
思考・判断	健康・安全について課題の解決をめざして、考え、判断し、それを表している
知識・理解	健康・安全について課題の解決に役立つ基礎的な事項を理解している

現行「学習指導要領」を参考に作成

されています。そのため、保健教育でも、「見方・考え方」を踏まえた資質・能力の育成がめざされます。現行の「学習指導要領」にある保健の教育方法の具体例をはじめ、ゲストティーチャー（GT）*として学校外部の専門家を招く、あるいは学校内部の専門性を有する人材を活用する活動等、児童・生徒や学習内容に合った多様な方法が必要です。

近年、インターネットをはじめとする情報基盤が急速に発達していることから、児童・生徒には情報や情報手段を適切に活用できる能力が求められるようになってきました。保健教育の目的を達成するためにも、①教師によるICT*活用（指導準備と評価）、②教師によるICT活用（授業）、③児童・生徒によるICT活用の3つの視点で、教師や児童・生徒がICTを適切に活用し、より理解を深める指導が求められています。こうした学習を通し、ヘルスリテラシー*を高めることが重要です。

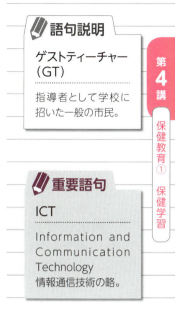

語句説明

ゲストティーチャー（GT）
指導者として学校に招いた一般の市民。

重要語句

ICT
Information and Communication Technology
情報通信技術の略。

語句説明

ヘルスリテラシー
よい健康を促進し、維持する情報について接近し、認識し、利用する個人の能力と動機を決定する認知的・社会的能力のこと。

ディスカッションしてみよう！

保健学習の指導案を作成してみよう

小学校、中学校、高等学校のいずれかの学年に焦点を当て、図表4-5や図表4-7などを参考に、一つの単元を取り上げて、グループで指導案を作成してみましょう。

指導案を作成するとき、まず「単元の目標」として、その単元を通して理解させたい内容を明確にさせます。そして、教材観（扱う内容の社会的背景、なぜ生徒に学ばせるか等）、生徒観（生徒の実態）、指導観（生徒の実態を踏まえ、どのような指導方法が考えられるか等）も書き出してみましょう。（小学校は児童）

学習内容		
本時の目標：		
時間	主な学習内容・学習活動	○指導上の留意点　◆評価
導入○分		
	本時のねらい〈　　　　　　　　　〉	
展開○分		
まとめ○分		

知っておくと役立つ話 復習や発展的な理解のために

新「学習指導要領」の方向性と基本方針

　2016（平成28）年の中央教育審議会による「幼稚園、小学校、中学校、高等学校及び特別支援学校の学習指導要領等の改善及び必要な方策等について（答申）」を受け、2017（平成29）年3月31日に新しい小・中学校の「学習指導要領」が告示されました。新「学習指導要領」では「教育基本法」「学校教育法」等を踏まえ、これまでの学校教育の実践や蓄積を生かし、子どもたちが未来社会を切り開く資質能力を一層確実に育成するために、社会と共有し連携する社会に開かれた教育課程を重視しています。知・徳・体にわたる「生きる力」を子どもたちに育むため、「何のために学ぶのか」という学習の意義を共有しながら、授業の創意工夫や教科書等の教材の改善を引き出していけるよう、すべての教科等が、①知識・技能、②思考力・判断力・表現力等、③学びに向かう力・人間性等の3つの柱で再整理されました。体育科・保健体育科（保健）について、現行の「学習指導要領」や教育内容を維持したうえで、知識の理解をさらに高める確かな学力の育成が示されており、指導の充実によって豊かな心や健やかな体を育成するとしています。

　さらに、学習の基盤となる「言語、情報活用、問題発見、解決能力等」および現代的諸課題に対応する児童・生徒の資質・能力の育成、教科等横断的な学習を充実し、主体的・対話的で深い学び（アクティブラーニング）の重要性をあげています。また、学校全体として学習効果の最大化を図るためにカリキュラム・マネジメントを確立することや、6つの教育内容の改善事項（言語能力の確実な育成、理数教育の充実、伝統や文化に関する教育の充実、道徳教育の充実、体験活動の充実、外国語教育の充実）もあげられています。児童・生徒一人ひとりの発達をどのように支援するのか、何が身についたかについて、ＰＤＣＡサイクルによって目標・指導・評価の一本化を図ることが示されています。

　新「学習指導要領」が全面実施となるのは、小学校が2020年度、中学校が2021年度（高等学校は2022年度から年次進行で実施）から。予測困難な時代を生きる子どもたちに必要な資質・能力を育てるこれからの教育課程の理念は社会に開かれた教育課程の実現です。それには、社会と幅広く共有するために「学習指導要領」等を学びの地図として示し、チームとしての学校を推進し、今後すべての公立学校がコミュニティ・スクールをめざすべきであると提言されています。

新「学習指導要領」における3つの柱と保健学習によって育成をめざす資質・能力の整理

	知識・技能	思考力・判断力・表現力等	学びに向かう力・人間性等
小学校体育 （保健領域）	身近な生活における健康・安全についての基礎的な知識や技能	身近な健康課題に気づき、健康を保持増進するための情報を活用し、課題解決する力	健康の大切さを認識し、健康で楽しく明るい生活を営む態度
中学校 保健体育 （保健分野）	個人生活における健康・安全についての科学的な知識や技能	健康課題を把握し、適切な情報を選択、活用し、課題解決のために適切な意思決定をする力	健康の保持増進のための実践力を育成し、明るく豊かな生活を営む態度
高等学校 保健体育 （科目保健）	個人及び社会生活における健康・安全についての総合的な知識や技能	健康課題の解決を目指して、情報を批判的にとらえたり、論理的に考えたりして、適切に意思決定・行動選択する力	健康の保持増進のための実践力を育成し、明るく豊かで活力ある生活を営む態度

文部科学省「体育科、保健体育科において育成を目指す資質・能力の整理（案）」2016年を参考に作成

ちゃんとわかったかな?
復習問題にチャレンジ

改題(北海道 2016年)

> 空欄(①)、(②)に当てはまる語句の組み合わせを選びましょう。

　学校における体育・健康に関する指導は、児童の発達段階を考慮して(①)適切に行うものとする。特に、学校における(②)の推進並びに体力の向上に関する指導、安全に関する指導及び心身の健康の保持増進に関する指導については、体育科の時間はもとより、家庭科、特別活動などにおいてもそれぞれの特質に応じて適切に行うよう努めることとする。

- ア　①学校の教育活動全体を通じて　②食育
- イ　①児童の興味関心に応じて　　　②食育
- ウ　①学校の教育活動全体を通じて　②徳育
- エ　①学校の教育活動全体を通じて　②知育
- オ　①児童の興味関心に応じて　　　②徳育

第4講　保健教育①　保健学習

理解できたことをまとめておこう!
ノートテイキングページ

学習のヒント:児童・生徒の発達の段階に応じて保健学習の目標がどのように発展していくか、小学校、中学校、高等学校の「学習指導要領」の内容から考えてみましょう。

第5講 保健教育② 保健指導

理解のポイント

第4講では保健教育のうち、教育課程の一環として行われる教科としての保健学習について学びましたが、本講では日常の学校生活を通して行われる保健指導について学びます。保健指導は、学級（ホームルーム）活動、学校行事、児童会・生徒会活動、保健室・学級指導など学校のあらゆる教育活動のなかで行われます。その役割と進め方について理解していきましょう。

1 子どもたちの現状と学校保健における保健指導

　近年の急激な都市化、少子高齢化、情報化、国際化などによる社会環境や生活環境の変化は、子どもの心身の健康にも大きな影響を与えています。

　生活習慣の乱れ、ネット依存、いじめ、不登校などの心の健康に関する問題、新たな感染症、アレルギー疾患の増加など子どもたちの心身の健康問題が変化し、多様化、深刻化している現状があります。

　子どもの健康は子ども自身の努力、または家庭や学校の教育だけでは達成できないため、地域の人々や社会全体の支援的環境が必要です。そのため、国の施策や法・制度の整備も大きな意味をもちます。

　「学校保健安全法」第9条には、子どもたちの健康課題に対して保健指導を行うことが明確に位置づけられています。さらに、学校現場での保健指導の推進と充実を図るために、文部科学省は2011（平成23）年に『教職員のための子どもの健康相談及び保健指導の手引』を作成し、全国の学校に配布しています。

　一方、日本の子どもたちの現状として、論理的に自分の考えを述べたり、科学的根拠により説明したりすることが苦手であり、自己肯定感や主体的に学習に取り組む態度、社会参加への意識が相対的に低いという傾向が指摘されています。

　2017（平成29）年公示の新「学習指導要領」では、子どもたち自らが考えて、行動できる力「生きる力」を各学校での教育課程や各教科の授業で育成することも強く求められています。

　現在の子どもたちの多様な課題および身体的な不調の背景には、いじめ、児童虐待、不登校、貧困などの問題がかかわっていることが指摘されています。一方、自殺、不登校、児童虐待、人工妊娠中絶などの問題を抱える人と、抱えない人の違いを、健康、不健康という視点で検証すると、関係

プラスワン

「学校保健安全法」第9条（保健指導）
「養護教諭その他の職員は、相互に連携して、健康相談又は児童・生徒等の健康状態の日常的な観察により、児童・生徒等の心身の状況を把握し、健康上の問題があると認めるときは、遅滞なく、当該児童・生徒等に対して必要な指導を行うとともに、必要に応じ、その保護者（学校教育法第16条に規定する保護者をいう。第24条及び第30条において同じ。）に対して必要な助言を行うものとする」

プラスワン

『教職員のための子どもの健康相談及び保健指導の手引』
この手引きはインターネットで入手できる。
http://www.mext.go.jp/a_menu/kenko/hoken/1309933.htm

プラスワン

新「学習指導要領」
→第4講「知っておくと役立つ話」参照

性の希薄化がもたらす情報不足、関係性で育まれる自己肯定感が育たない環境、関係性の喪失がもたらす居場所の喪失、関係性の構築に必要なコミュニケーション能力の低下といったリスクが、課題を抱える本人だけでなく、社会全体に蔓延するリスクになっているという研究結果もあります（岩室、2015年）。

子どもたちの現在の健康課題は将来の健康状態に（生活習慣病等）影響します。健康に関しての情報を正しく理解し、リスク要因を回避する能力や、保健医療サービスなどの社会資源を適切に活用した生活ができる能力を保健指導によって育むことが重要です。

教育により、リスク回避や社会資源を活用する能力が向上し、健康行動につながることは、個人レベルだけでなく地域全体としての健康度が改善される基盤となります。第2講で説明したように、これからの学校における保健教育は、ヘルスプロモーションの理念を生かした取り組みが求められます。

これからの保健指導には、一つひとつの課題の根底にあるリスクは何かを問う視点に着目して、自己肯定感、自尊感情、コミュニケーション能力を育む、IEC*（情報・教育・関係性）の考え方が必要となります。

2 保健指導の実際

1 個別の保健指導と集団の保健指導

保健指導の目的は、児童・生徒一人ひとりが、自分自身の身近な生活での具体的な健康問題に適切に対処し、健康な生活が実践できるようにすることです。

保健指導には、健康上の問題や課題がある児童・生徒への指導や保護者に対する助言等を行う個別指導と、クラスや学年等の集団に対して、性行動や飲酒・喫煙・薬物乱用等の心身の健康問題をテーマにとりあげ、子どもたちが自ら自分の健康をコントロールして改善できるように、個人的スキルや能力を育むことをめざした集団指導があります（図表5-1）。

集団を対象とした保健指導は、「学習指導要領」に位置づけられ、計画的・継続的に行われます。児童・生徒が現在直面しているか、あるいは近い将来直面する健康問題について、特別活動、学級（ホームルーム）活動、児童会活動・生徒会活動および学校行事を中心に、学級担任、養護教諭をはじめすべての教職員によって行われます。

個人または小グループを対象とした個別指導は、「学校保健安全法」に位置づけられています。児童・生徒の個別の健康問題に即して、学級担任、養護教諭を中心に、生徒指導担当教諭、栄養教諭、スクールカウンセラー、スクールソーシャルワーカー、学校医、学校歯科医、学校薬剤師などの協力連携によって行われます。

学校での健康に関する指導は、児童・生徒の発達段階を考慮し、学校教

プラスワン

教育課程のめざす方向

目指す方向は、教科等を学ぶ本質的な意義を大切にしつつ、教科等間の相互の関連を図ることによって、それぞれ単独では生み出しえない教育効果を得ようとする教育課程である。そのために、教科等の意義を再確認しつつ、互いの関連が図られた、全体としてバランスのとれた教育課程の編成が課題とされるのである。（中央教育審議会「初等中等教育分科会（第100回）」2015年より）

重要語句

IEC

Information・Education・Communicationの頭文字を取ったもの。情報を一方的に教えても、知識が増えるだけであり、行動を変えるのは難しい。知識を生かすためには、コミュニケーションを通した課題の実感、仲間からのプレッシャーがあってはじめて「生きる力」が育まれるという考え方。

図表5-1　個別と集団の保健指導の比較

	個別の保健指導	集団の保健指導
方法	個別または小グループ	授業、学年集会等
位置づけ	「学校保健安全法」	「学習指導要領」
目的等	個々の児童・生徒の心身の健康問題の解決に向けて、自分の問題に気づき、理解・関心を深めて、自ら解決のために積極的に取り組もうとする、自主的・実践的な態度を育む	「学習指導要領」のねらいにそって行う
内容	日常生活での個々の心身の健康問題	児童・生徒が共通して直面する現在および将来にかかわる健康の諸課題に対応する内容
指導の機会	教育活動全体 保健室・教室等で随時実施	学級（ホームルーム）活動 児童会・生徒会活動 学校行事 特別活動等
進め方	発達段階および個々の状態に応じて実施	学校の実態等に応じて、発達段階を考慮して取り扱う。内容・時間等は計画的に実施
指導者	養護教諭、学級担任、栄養教諭、学校医、スクールカウンセラー等	学級担任、養護教諭、学校医、学校薬剤師、外部講師等

文部科学省『教職員のための子どもの健康相談及び保健指導の手引』2011年をもとに作成

育活動全体を通じて、それぞれの活動の特質に応じて適切に行うようにすることが大切とされています。個別の指導であっても、保健学習や特別活動等の保健指導との関連を図ることが重要となります。

2 個別の保健指導の進め方

個別の保健指導の主な対象者は、以下のとおりです。

〈個別の保健指導の主な対象者〉
①健康診断の結果、継続的な観察指導を必要とする者
②保健室等での児童・生徒の対応を通して健康相談の必要性があると判断された者
③日常の健康観察の結果、継続的な観察指導を必要とする者（欠席・遅刻・早退の多い者、体調不良が続く者、心身の健康観察から健康相談が必要と判断された者等）
④健康相談を希望する者
⑤保護者等の依頼による者
⑥修学旅行、遠足などの学校行事で必要がある者
文部科学省『教職員のための子どもの健康相談及び保健指導の手引き』2011年より

個別の保健指導を実施するときは、指導の目的を確認し、児童・生徒の発達段階に応じた内容の指導に努め、学級担任等との理解を図っておくことが重要です。家庭や地域社会との連携を図る姿勢も大切です。また、教

図表5-2　個別の保健指導の基本的なプロセス

①対象者の把握（保健指導の必要性の判断）	健康観察、健康診断、健康に関する調査、保健室利用状況（救急処置等）、健康相談等で健康問題を早期発見し、個別の健康問題をとらえる
②健康問題の把握と保健指導の目標の設定	児童・生徒が抱えている健康問題について、個々に即した目標を設定する。健康問題に対する児童・生徒の考え方や保健知識の理解の程度、保健行動の実態を把握し、発達段階に合わせて実行できる目標を設定する
③指導方針・指導計画の作成と役割分担	児童・生徒の問題に対応した保健指導の目標設定、具体的な指導計画の作成と組織づくりを行う。養護教諭は、関係職員と連携して計画を立て、役割分担を行う
④保健指導の実施	個別指導を要する児童・生徒が、自分の健康問題に気づき、理解・関心を深め、自主的に取り組む態度がとれるように指導する。実施にあたっては、職員との共通理解および保護者への指導・助言を行う
⑤保健指導の評価	保健指導の目標に沿って行う

文部科学省『教職員のための子どもの健康相談及び保健指導の手引』2011年をもとに作成

科等および特別活動における保健指導との関連を図っておくことも重要です。
　図表5-2は、個別の保健指導の基本的なプロセスの紹介です。

3　集団の保健指導の進め方

　集団の保健指導は、学級や学年、または全校の子どもが対象となります。
　保健教育は、学校の教育活動全体を通じて意図的・計画的に実施することになっていますが、集団を対象とする保健指導の中心となるのは、学級（ホームルーム）活動および学校行事としての健康・安全や体育的行事における保健指導です。また、児童会・生徒会活動での、児童・生徒の自主的活動の場合もあります。
　保健指導を効果的に行うためには、それぞれの状況において、指導の基本的な方針を明らかにすることが大切です。次に、学級活動および学校行事における保健指導の具体例を示します。

① 学級における保健指導

　学級活動は、学校、学年の児童・生徒全体を見渡して計画され、学級ごとに児童・生徒の自主性・自発性を生かしながら、学級担任の指導によって展開される教育活動です。そのなかで行われる保健指導は、次のような特質をもっています。

・学級を単位として、計画的で累積的な指導ができる。
・問題解決のための実践的な能力や態度を育てることができる。
・多様な学習活動が展開できる。

　学級での保健指導は、担任の指導のもとで問題解決型の学習方法をとることによって、成果を上げることができます。その際、問題の意識化、原因の追究と把握、解決の方法などについて、児童・生徒が意欲的に取り組もうとする題材や教材を工夫する必要があります。図表5-3は、小学校3年生の学級活動における保健指導の例です。

図表5-3　学級活動における保健指導の指導案の例

第3学年○組　学級活動（保健指導）指導案

指導者　○○○○○○
GT　栄養職員　○○○○○○

1　題材名　　　牛にゅうのひみつ

2　題材設定の理由
(1) 題材観：本題材は、新「学習指導要領」の「特別活動」の学級活動(2)を受けて設定したものである。社会の変化が子どもたちの食をめぐる問題を生じさせ、望ましい食生活の形成が国民的課題となっている。児童一人ひとりが食べることの意味を理解し、自律的に食生活を営む力を育てることが「食育」の大きな目的といえる。児童はこれまでに学校給食を通して、「食事の喜びや楽しさ」「食物に関する知識」「食生活のマナー」などを学んできた。これから成長期を迎える中学年のこの時期に、食生活を振り返り、食への関心を高め、生涯にわたって健全な食生活を実現していこうとする態度を養っていくことは意義のあることと考え、本題材を設定した。
(2) 児童の実態（男子19人、女子15人、計34人）：本学級は、明るく元気な学級で、休み時間にはほとんどの児童がグラウンドに出て遊んでおり、活動的である。しかし、給食のおかわりをする児童は限られており、野菜の残食が多いこともある。牛乳については、苦手だと答える児童が少数みられる。

アンケート（9月20日実施、計34人）

1. カルシウムという言葉を知っていますか。	はい：32人　いいえ：2人
2. カルシウムのはたらきは何だと思いますか。	背が大きくなる：3人　骨を強くする：2人　わからない：29人
3. カルシウムを含む食べ物の名前を書きましょう。	牛乳：25人　ヨーグルト：5人　チーズ：2人　生クリーム：2人
4. 牛乳は好きですか。	好き：29人　嫌い：3人　どちらでもない：2人
5. 給食のとき、牛乳をどれくらい飲んでいますか。	全部：25人　半分：7人　半分より少ない：2人　飲まない：0人

アンケートの結果から、「カルシウム」という言葉はほとんどが知っているが、カルシウムの働きについて正しく理解している児童は5人ほどである。また、「牛乳」以外でカルシウムを多く含む食べ物では、乳製品をあげる児童が少数いた。このことからも、食に関する確かな知識を身につけている児童が少ないことがわかる。ただ、給食の時間に給食委員からの食の話を聞く習慣をつけてきたので、食に対する関心が育ってきている。

(3) 指導観：児童のカルシウムに対する関心が高まるよう、クイズ形式で問いかけたり、グループで献立を考えたりする活動を取り入れることで、カルシウムを効果的に摂取するためには、牛乳が欠かせないことに気づかせるように指導していく。そして、学校栄養職員の専門的な指導を受けながら、カルシウムの働きを正しく理解することができるようにしたい。さらに、自分の食生活の問題点を把握し、栄養のバランスを考えて食事をする習慣を身につけさせたい。

3　ねらい
　　カルシウムの働きや一食に必要な摂取量を知り、カルシウムの多い牛乳を進んで飲もうとする気持ちをもつことができるようにする。

4　評価規準（「十分満足できる」状況）

集団活動や生活への 関心・意欲・態度	集団の一員としての 思考・判断・実践	集団活動や生活についての 知識・理解
・カルシウムについて興味をもって話を聞き、牛乳の働きについて進んで考えようとしている。	・自分の食生活を振り返ってカルシウムのよりよい摂り方について考え、実践しようとしている。	・牛乳などに含まれるカルシウムが自分の成長のために必要な栄養素だということを理解している。

5　指導の過程
(1) 準備・資料：①電子黒板　②カルシウムの働きの絵カード　③献立カード　④小黒板
　　　　　　　　⑤カルシウムの量を示す牛乳パック　⑥便箋

(2) 展開

		活動内容	指導上の留意点（・）と評価（◎）		準備・資料
			T1	T2 栄養職員	
事前の活動		1 カルシウムに関するアンケート調査を行う。 2 5種類の飲み物（お茶、清涼飲料水、ジュース、牛乳、スポーツドリンク）のなかで体によいと思うものを選ぶ。	・5種類の飲み物を見せ、どんなときに飲むのかを考え、体によいと思うものを選ぶよう話す。		
本時の指導	活動の開始	1 本時の課題を知る。 ・5種類の飲み物に関する調査の結果を見て話し合う。 牛にゅうのひみつをさぐろう。	・カルシウムを含む牛乳について学習することを伝え、どんな秘密があるのか興味をもたせるようにする。 ◎普段飲んでいる牛乳の秘密について、進んで考えようとしている。（発表・観察）	・5種類の飲み物には、カルシウムがどれくらい含まれているのかを伝える。	①
	活動の展開	2 GTの説明を聞き、牛乳に含まれるカルシウムの働きを知る。 ・骨や歯を形成する ・心臓の働きを正常に保つ ・出血を止める ・精神を安定させる 3 献立カードを使って、カルシウムを多く含む献立をグループで検討し、発表する。 (1) カルシウムを多く含む食品はどんなものがあるか、クイズをする。 (2) 250カルちゃんを目指して、献立をグループで考え、発表する。 (3) 牛乳に含まれているカルシウム量を知る。 (4) 牛にゅうのひみつをまとめる。 ・牛にゅうにはカルシウムがたくさんふくまれている。 ・牛にゅうを飲むと、一食分に足りないカルシウムをおぎなうことができる。	◇話に集中できない児童には机間指導を通して励ます。 ・カルシウムは骨や歯をつくることを取り上げ、成長期の子どもに必要なことを強調する。 ・簡単なクイズをすることで、豆腐やわかめ、ひじきにはカルシウムが多く含まれていることを知らせる。 ・グループごとにリーダーを中心として、色分けした献立カードを実際に操作することで、考えを練り合わせる。 ・牛乳が苦手な人は他の食品から摂れることや、食事と運動の関係について話をする。 ◎牛乳の秘密を知り、カルシウムが自分の成長のために必要なことがわかったか。 （ワークシート、観察）	・カルシウムの働きや、年齢と骨量の変化のグラフ、骨密度の違いなどを、電子黒板で説明することで、内容を視覚に訴える。 ・クイズの答えを受けて、献立カードについて説明する。 ・一食に必要なカルシウムの摂取量を伝える。 ・自分たちで考えた献立では、カルシウムが十分に摂取できていないことに気づかせる。 ・牛乳のカルシウム量が225カルちゃんであることを骨の長さで実感できるようにする。 ・アレルギーについて補足する。	① ② ③ ④ ⑤
	活動のまとめ	4 本時の学習を振り返り、まとめをする。 ・家族にも牛乳を勧める手紙を書く。	◇自分の考えがまとまらない児童には書き方の例を示す。 ◎カルシウムのよりよい摂り方について考え、実践する方法を手紙に書くことができたか。 （発表、ワークシート）	・机間指導し、学習してわかったことが書けるように助言する。	⑥
事後の指導		1 がんばりカードを活用し、給食の時間や家庭での実践化を図る。 2 実践後、めあてを達成できたかどうかを伝え合う。	・家庭でもカルシウムを意識して継続して実践できるよう支援する。 ・めあてを達成できた児童を称賛する。		

◇努力を要する状況にある児童への手だて
茨城県教育委員会「平成25年度　保健体育研究推進校に係る研究集録」をもとに作成

図表5-4　児童会活動における保健指導の活動例

1. 活動名　「『よい歯を守ろう集会』を開こう」

2. 活動について
　　歯・口の健康づくりは、児童にとって身近な内容であり、「乳歯の脱落」「永久歯の萌出」などの経験から歯の役割や歯の大切さはそれぞれの児童が感じている。また、体育科保健領域においても、「病気の予防」で生活習慣病など生活行動が主な要因になって起こる病気の一つとして、むし歯や歯ぐきの病気が取り上げられ、その予防の方法として口くうの衛生を保つことで健康によい生活習慣を身に付ける必要があることを学習する。それらの経験や学習から、歯みがき習慣については児童が注目しやすい活動であり、課題意識をもちやすい。そのうえ、歯みがきが健康づくりへとつながる行動であることが明確であり、児童自身で予防できる行動であるため、目標設定も行いやすく活動内容についてのアイデアも浮かびやすい。そのため、児童が心を一つにし、活動に取り組むことができる。
　　そこで、全校児童には、集会を通して歯や歯みがきの大切さを実感させることで、歯みがきを定着させたい。そして、歯みがきをすることで口くう内が清潔になり、歯肉の状態が改善されることや、要観察歯がむし歯に移行するのを防ぐなど自律的な健康づくりへの第一歩へとつなげたい。

3. 学習指導要領及び解説の位置付け
　　学校の全児童をもって組織する児童会において、学校生活の充実と向上をはかる活動を行うこと。
　　(1) 児童会の計画や運営（省略）
　　(2) 異年齢集団による交流（省略）

4. 目指す児童の姿

集団活動や生活への関心・意欲・態度	集団の一員としての思考・判断・実践	集団活動や生活についての知識・理解
楽しく豊かな学校生活をつくるための諸問題に関心をもち、他の児童と協力し、積極的に児童会の活動に取り組もうとしている。	楽しく豊かな学校生活をつくるために児童会の一員としての役割や諸問題を解決する方法などについて考え、判断し、共同して実践している。	楽しく豊かな学校生活をつくる児童委員会活動の意義や、組織、そのための活動内容、方法などについて理解している。

5. 指導計画

	日時	活動内容
事前	・9月20日　保健委員会 ・10月1日　代表委員会 ・10月20日　保健委員会	・二学期の活動を考えよう ・代表委員会に諮り、承認を得る ・歯みがき週間の準備をしよう
本時	・11月8日　5校時 児童会活動	・よい歯を守ろう集会をしよう ＊歯の衛生週間
事後	・11月15日　保健委員会	歯みがき週間について振り返ろう

6. 展開
・事前1　二学期の活動を考えよう　　　　●・・・児童の意見　＊・・・決定事項

活動内容	○指導上の留意点
1. 一学期の全校の様子から全校の課題について考える。 ●校内のけがが多い。 ●給食後の歯みがきができていない。 ●ハンカチ・ティッシュを持ってこない。	○それぞれの思いや考えを出し合い、校内の課題について話合いを進められたことを称賛し、次の活動への意欲付けをする。
2. どの課題について活動するか話し合う。 ●けがをしたときに自分で手当てできるように保健で習ったけがの手当ての方法を紹介したい。 ●元気に過ごすために清潔を保つことが大事だと伝えたい。 ●むし歯や歯周病を予防するために歯みがきが大切だということを学習した。そのことを全校に伝えたい。 ＊二学期はまず、11月8日「いい歯の日」に向けて、むし歯予防について活動しよう！	○課題と感じる具体的な場面や、保健学習で学んだことを基にどの課題について活動したいか理由も併せて発表できるよう助言する。
3. どんな活動ができるか意見を出そう。 ・ノートに各自、どんな方法があるか考え、記入する。 ・ノートに記入したことを基に発表する。 ●どのくらい歯みがきをしているか調べて全校の様子を知らせたい。 ●健康診断結果から全校の歯の状態を調べ全校に伝えたい。 ●保健で学習したむし歯や歯肉炎の成り立ちを紹介したい。 ●歯みがきがどうして必要か劇で紹介したい。	○各自の考えを深められるようノートに考えを記入する時間を十分に確保する。 ○どんな集会にするか、児童の考えを十分に引き出すようにする。 ○一人一人の意見を大切にし、全員が意欲的に取り組めるよう配慮する。 ○それぞれの意見を基に、創意工夫して活動がスタートできることを称賛する。
4. 代表委員会に歯みがき集会の提案をする。 ＊すべての意見が実行できる集会を開こう！ ＊集会で歯や歯みがきの大切さを知らせよう！	○よりよい学校生活づくりに向けて活動内容を提案し協力を呼び掛けるようにする。

文部科学省小学校保健教育参考資料『「生きる力」を育む小学校保健教育の手引き』2013年をもとに作成

② **学校行事による保健指導**

　学校行事には、全校または学年という大きな集団で行われる教育活動という特質があります。

　保健指導にかかわる行事は、健康診断、大掃除、体育祭などの体育的行事、修学旅行等があります。学校行事は保健指導を行うよい機会となるものなので、それぞれの行事に応じた指導が必要になります。図表5-4は、児童会活動における保健指導の活動例です。

ディスカッションしてみよう！

　次の項目から1つ選んで、具体的なテーマを考え、10分間の保健指導をしてみましょう。
- 基本的生活習慣の形成
- 清掃などの当番活動の役割と働くことの意義
- 食育の観点を踏まえた学校給食と望ましい食習慣の形成

〈事前準備〉
- 指導案と教材をつくる（資料とレジメ、ワークシートなど）

＊パワーポイントを使わずにやってみましょう。

　たとえば・・・

復習や発展的な理解のために 知っておくと役立つ話

ハイリスクアプローチとポピュレーションアプローチ

　予防医学の基本戦略を考える場合に、ジェフリー・ローズ（英）が提唱する「ハイリスクストラテジー（アプローチ）」と「ポピュレーションストラテジー（アプローチ）」という考え方が重要です。これらは「健康日本21」でも基本戦略として、「ハイリスクアプローチ」と「集団アプローチ」として位置づけられています。ある集団の健康増進と疾病予防を推進するための戦略（ストラテジー/アプローチ）として、ハイリスクアプローチとポピュレーションアプローチがあります。

　ハイリスクアプローチは、疾病予防モデルに基づくアプローチ方法で、すでに健康障害をきたしている人、あるいは健康障害への高いリスク因子を有する個人に対して、そのリスクを削減することによって疾病を予防する方法です。疾病を発症しやすい高いリスクを有する個人（たとえば、高血圧、肥満、喫煙等）に対象を絞り込んで、治療や予防的介入がなされます。

　ポピュレーションアプローチは、集団全体に対して健康障害へのリスク因子の低下を図る方法で、集団全体に対しての予防的対策を導入することで、人々の健康改善への寄与が可能になります。たとえば、「健康増進法」により実施されている特定健康診断、地域や職域における定期健康診断、健康教室での啓発活動や、すべての加工食品で塩分や脂肪含有量を制限する、公共の場での全面禁煙、そして自動車使用を制限する政策、などがあげられます。

　実際には、ほとんどの保健事業において、ハイリスクアプローチの側面とポピュレーションアプローチの側面の両面をもっています。

　ヘルスプロモーションの実践には、特定のリスクを想定したアプローチと特定のリスクを想定しないアプローチが求められています。

ちゃんとわかったかな？
復習問題にチャレンジ

①次の表は文部科学省「教職員のための子どもの健康相談及び保健指導の手引」（2011年）をもとに個別の保健指導と特別活動における保健指導の目的・内容等についてまとめたものです。（ ① ）～（ ⑥ ）に入る語句を答えましょう。

	保健指導	
	個別の保健指導	集団の保健指導
方法	個別	授業等
位置づけ	学校保健安全法	学習指導要領
目的	個々の児童生徒の心身の健康問題の（ ① ）に向けて、自身の健康問題に気づき、理解と関心を深め、自ら積極的に（ ① ）していこうとする自主的、（ ② ）な態度の育成を図る	特別活動の各学習指導要領のねらいに沿って実施
内容	日常生活における個々の児童生徒の心身の健康課題	現在及び将来において児童生徒が当面する諸課題に対応する健康に関する内容
指導の機会	（ ③ ）	学級活動、ホームルーム、児童生徒会活動、（ ④ ）等
進め方	（ ⑤ ）および個々の状態に応じて実施	学校の（ ⑥ ）等に応じて、（ ⑤ ）を考慮して取り扱う。内容・時間等は計画的に実施
指導者	養護教諭、学級担任等、栄養教諭・学校栄養職員、学校医等	学級担任等、養護教諭、栄養教諭・学校栄養職員、学校医等

②次の文は「喫煙、飲酒、薬物乱用防止教育に関する指導参考資料　中学校編」（平成23年日本学校保健会）の一部です。（ ① ）～（ ⑥ ）にあてはまる最も適切な語句を選んで書きましょう。

・欧米で実施された多くの研究によれば、自分には価値や能力がないと感じているなど、（ ① ）が低かったり、（ ② ）、目標設定、ストレス対処、コミュニケーションスキルなどの心理社会的能力（ ③ ）の低い青少年が特に社会的要因の影響を強く受けて、喫煙、飲酒、薬物乱用をはじめとする様々な（ ④ ）を取りやすいとされている。
・中学校における喫煙、飲酒、薬物乱用防止に関する指導においては、正確な（ ⑤ ）を提供することにとどまらず、思春期特有の行動や考え方が喫煙、飲酒、薬物乱用と言う（ ④ ）に結びつかないよう、（ ① ）を育て、様々な人間関係の中で適切な（ ② ）や（ ⑥ ）を行い、実践できる行動力を身に付けるよう指導する必要がある。

＜語群＞
価値観　行動選択　意思決定　ライフスキル　情報　知識　態度　認識　危険行動
常同行動　集団行動　セルフエスティーム　判断

ノートテイキングページ

理解できたことをまとめておこう！

学習のヒント：①個別の保健指導と集団の保健指導の進め方について、わかったことをまとめてみましょう。

②個別の保健指導と集団の保健指導との関連を図るにあたり、注意すべき点を考えてみましょう。

第6講 健康観察・保健調査・健康診断

理解のポイント
健康観察および健康診断は、児童・生徒等の健康の保持増進を図るために、学校における保健管理の役割を担っています。また、児童・生徒等が自らの健康を考える教育の機会として、重要な役割を担っていることを理解しましょう。

> **プラスワン**
> **学校保健**
> 学校保健は、大きく保健教育、保健管理、保健組織活動に分けられる。
> →第1講参照

1 健康観察

1 健康観察の概要

　健康観察は、「学校保健安全法」第9条（→第5講）にあるように、学級担任や養護教諭だけでなく全職員で、学校生活全般を通して行います。その健康観察の目的について、『教職員のための子どもの健康観察の方法と問題への対応』（文部科学省、2009年）では、次のように述べられています。

> ①子どもの心身の健康問題の早期発見・早期対応を図る。
> ②感染症や食中毒などの集団発生状況を把握し、感染の拡大防止や予防を図る。
> ③日々の継続的な実施によって、子どもに自他の健康に興味・関心をもたせ、自己管理能力の育成を図る。

　このように、教職員は健康観察を通して、児童・生徒等の心身の変調を早期に発見し、児童・生徒等ができるだけ早くもとの健康状態に戻り、学校生活が送れるように支援していきます。また、健康観察における児童・生徒等への教職員による教育活動としての働きかけが重要になってきています。健康観察のときに、児童・生徒等が自らの健康状態に気づき、日々の生活を振り返ることができるように教職員は働きかけていきます。

2 健康観察の一日の流れ

　一般的な健康観察は、図表6-1のような流れになります。
　はじめに、学級担任が朝の会の健康観察で、児童・生徒が一日元気に過ごせるかどうか、次のようなことを把握します。

> ○体に現れるサイン（頭痛・腹痛・発熱・めまいなどがないか）
> ○行動や態度に現れるサイン（登校を渋っていないか・ぼんやりしていないか）
> ○対人関係に見られるサイン（友だちと話したりして交流しているか）
>
> <small>文部科学省『教職員のための子どもの健康観察の方法と問題への対応』2008年をもとに作成</small>

　朝の会の健康観察の方法としては、学級担任が児童・生徒等の氏名を呼んで一人ひとりの状態を観察する方法、児童・生徒等が個人カードなどに自身の状態を記入して学級担任に提出する方法などがあります。

　欠席や遅刻をしている児童・生徒等がいた場合、学級担任は必ずその保護者に連絡をとります。その際、児童・生徒等の欠席や遅刻の理由を確認するだけでなく、最近の生活状況などを尋ね、家庭での児童・生徒等の様子を把握します。また、健康観察で気になる児童・生徒等がいれば、他の教職員に相談しながら対応していきます。

　学級担任は、朝の健康観察の結果（欠席、遅刻、健康面の状況）を、健康観察簿（健康観察を記入する一覧表）に記入し、養護教諭に提出します。近年は、健康観察の結果について、学級担任がコンピュータに入力する方法に変わってきています。

　養護教諭は、全学級の健康観察の結果を集計し、学校全体の健康面の状況について記録・分析し、管理職に報告します。

　管理職は、養護教諭からの報告を受け、学校全体の健康面に関する状況を把握します。感染力が強いインフルエンザなど、学校における出席停止に該当する欠席者に対して、校長は出席停止を指示します（「学校保健安全法」第19条→第8講）。

　さらに、インフルエンザによる欠席者が増加し、学校で集団発生のきざしがみられる場合、学校医などの助言を参考に、全教職員でその感染症拡

図表6-1　朝の健康観察の一日の流れ

【学級担任】朝の健康観察 記入・提出	・出席者の健康状態を把握し、記録する ・体調不良者や傷病者に対応する ・欠席者や遅刻者がいる場合、保護者と連絡をとる ・健康観察簿への記入（コンピュータ入力） ・保健指導・健康相談を実施する
【養護教諭】情報収集	・全学級の出欠および健康状態について集計、分析、記録する ・体調不良者や傷病者に対応する ・感染症対策を実施する ・保健指導・健康相談を実施する
【管理職】学校全体の把握	・学校全体の出欠状況を把握する ・出席停止について指示する ・感染症対策について指示する ・臨時休業・臨時休校について検討する

【学校医・専門機関】指導・助言

大防止に努めます。そのために、朝の健康観察は、通常よりくわしい健康観察を実施します。また、学級や学校全体でインフルエンザ感染予防のための保健指導を実施し、児童・生徒等にうがいや手洗いやマスク着用をすすめます。

また、健康観察の機会は、朝の会だけではありません。登校時、体育の授業時、給食時など、あらゆる場面で健康観察を実施します。さらに、教職員には、観察だけでなく、その後の対応が求められています。たとえば、体調不良を訴える児童・生徒等への保健室への移送、アナフィラキシーショックを起こした児童・生徒等への対応、欠席が増えてきている児童・生徒等への保健指導や健康相談など多岐にわたります。

2 児童・生徒等の健康診断の概要

1 児童・生徒等の健康診断

① 健康診断の法的根拠と目的

児童・生徒等の健康診断の目的は、児童・生徒等の健康の保持増進を図ることです（「学校教育法」第12条、「学校保健安全法」第1条）。図表6-2などの学校に関係する法の規定に基づいて実施されます（「学校保健安全法」第1条→第1講）。

また、児童・生徒等の健康診断は、毎年実施される定期健康診断以外に、感染症発生時や風水害による感染症の発生のおそれがある場合などに実施される臨時の健康診断があります（学校保健安全法施行規則 第10条）。

② 健康診断の役割

児童・生徒等の健康診断について、『児童・生徒等の健康診断マニュアル H27年度改訂』（文部科学省スポーツ・青少年局学校健康教育課監、日本学校保健会、2015年）では、「家庭における健康観察を踏まえて、学校生活を送るに当たり支障があるかどうかについて疾病をスクリーニング*し、健康状態を把握するという役割と、学校における健康課題を明らかにして健康教育に役立てるという、大きく二つの役割」があるとしています。つ

> **プラスワン**
>
> **「学校保健安全法」第13条、第14条（児童生徒等の健康診断）**
> 「第13条　学校においては、毎学年定期に、児童生徒等（通信による教育を受ける学生を除く。）の健康診断を行わなければならない。
> 2　学校においては、必要があるときは、臨時に、児童生徒等の健康診断を行うものとする。
> 第14条　学校においては、前条の健康診断の結果に基づき、疾病の予防処置を行い、又は治療を指示し、並びに運動及び作業を軽減する等適切な措置をとらなければならない」
>
> **「学校保健安全法施行規則」第10条（臨時の健康診断）**
> 「法第13条第2項の健康診断は、次に掲げるような場合で必要があるときに、必要な検査の項目について行うものとする。
> 1　感染症又は食中毒の発生したとき。
> 2　風水害等により感染症の発生のおそれのあるとき。
> 3　夏季における休業日の直前又は直後。
> 4　結核、寄生虫病その他の疾病の有無について検査を行う必要のあるとき。
> 5　卒業のとき。」

図表6-2　「学校における児童・生徒等の健康診断に関係する法」（一部）

学校教育法	第12条　健康診断
学校保健安全法	第1条　学校保健安全法の目的 第13条　児童・生徒等の健康診断 第14条　事後措置
学校保健安全法施行規則	第5条　時期（毎学年、6月30日までに行う） 第6条　検査の項目 第7条　方法及び技術的基準 第8条　健康診断票（作成、送付、保存） 第10条　臨時の健康診断 第11条　保健調査

まり健康診断には、①健康状態を把握する役割と、②健康教育に役立てる「保健教育」の役割があるということです。

ここでいう「疾病のスクリーニング」とは、学校における健康診断は、疾病を確定する検査ではないことを意味します。たとえば、視力検査で視力低下が発見されたとしても、その原因は、近視、遠視、乱視、病気などの可能性が考えられます。そのため、教員は児童・生徒等に専門家への受診をすすめていくことが大切になります。

また、児童・生徒等の健康問題は、以前に増して、生活習慣との関わりが深くなってきています。児童・生徒等が自分の健康について主体的に考え、望ましい行動へと変えていく、そのための健康教育が重視されてきています。その健康診断の結果は、生活習慣を改善するための教材として活用することができます。たとえば、歯科検診の結果を用いて、歯に関する保健教育を教員が行います。教員は児童生徒等に、歯肉炎の改善に歯みがきが効果的であることを気づかせ、望ましい歯みがき行動を身につけていくように指導します。

> **語句説明**
>
> **スクリーニング**
> 集団の中から、疾病など健康上の問題をもつ人を早期により分けること。ふるい分け。

2 保健調査

保健調査は、児童・生徒等の健康状態を把握するだけでなく、効果的な健康診断を行うための予備調査として、その重要性が高まってきています。そのため、2016（平成28）年度より、小学校、中学校、高等学校、高等専門学校の全学年で保健調査を実施することになりました（「学校保健安全法施行規則」第11条）。

その保健調査票は、活用されやすいように、地域や学校の実態に即した内容で、継続的に使用できるよう作成されます。また、保健調査票は、個人情報保護の観点から、取り扱いについては配慮が必要です。主な項目や内容例は、図表6-3のとおりです。

図表6-3　保健調査票の項目と内容

検査項目	調査内容
基本情報	氏名（ふりがな）、血液型、性別、生年月日、住所、電話番号など
既往症	病名、初発年齢、現在の状況、医療機関名、服薬の有無、川崎病既往の有無、アレルギー疾患など
予防接種歴	①日本脳炎　②3種混合（ジフテリア・百日咳・破傷風）　③4種混合（ジフテリア・百日咳・破傷風・ポリオ）　④麻疹（はしか）　⑤風疹（三日はしか）　⑥水痘（水ぼうそう）　⑦流行性耳下腺炎（おたふくかぜ）　⑧肺炎球菌性肺炎（肺炎球菌ワクチン）　⑨インフルエンザ桿菌（HIB）　⑩BCG　⑪その他
最近の健康状態と生活習慣について	内科、皮膚科、耳鼻科、眼科、歯科 整形外科（脊柱や胸郭および四肢に関する項目） 結核に関する項目
その他	病気やけが（治療中・経過観察中） その他、健康に関して学校に知らせておきたいこと

『児童・生徒等の健康診断マニュアル　平成27年度改訂』日本学校保健会をもとに作成

> **プラスワン**
>
> **「学校保健安全法施行規則」第6条（検査の項目）**
>
> 「法第13条第1項の健康診断における検査の項目は、次のとおりとする。
> 1　身長及び体重
> 2　栄養状態
> 3　脊柱及び胸郭の疾病及び異常の有無並びに四肢の状態
> 4　視力及び聴力
> 5　眼の疾病及び異常の有無
> 6　耳鼻咽頭疾患及び皮膚疾患の有無
> 7　歯及び口腔の疾病及び異常の有無
> 8　結核の有無
> 9　心臓の疾病及び異常の有無
> 10　尿
> 11　その他の疾病及び異常の有無」

3 定期健康診断の検査項目および実施学年

定期健康診断の検査項目は「学校保健安全法施行規則」第6条に規定され、実施学年は、図表6-4のとおりです。

また、「学校保健安全法施行規則」第6条に規定された検査項目以外の検査を学校で実施する場合には、その検査が義務でないことを保護者等に

図表6-4　定期健康診断の検査項目および実施学年

項目	検診・検査方法			幼稚園	小学校 1年	2年	3年	4年	5年	6年	中学校 1年	2年	3年	高等学校 1年	2年	3年	大学
保健調査	アンケート			◯	◎	◎	◎	◎	◎	◎	◎	◎	◎	◎	◎	◎	◯
身長				◎	◎	◎	◎	◎	◎	◎	◎	◎	◎	◎	◎	◎	◎
体重				◎	◎	◎	◎	◎	◎	◎	◎	◎	◎	◎	◎	◎	◎
栄養状態				◎	◎	◎	◎	◎	◎	◎	◎	◎	◎	◎	◎	◎	◎
脊柱・胸郭 四肢 骨・関節				◎	◎	◎	◎	◎	◎	◎	◎	◎	◎	◎	◎	◎	△
視力	視力表	裸眼の者	裸眼視力	◎	◎	◎	◎	◎	◎	◎	◎	◎	◎	◎	◎	◎	△
		眼鏡等をしている者	矯正視力	◎	◎	◎	◎	◎	◎	◎	◎	◎	◎	◎	◎	◎	△
			裸眼視力	△	△	△	△	△	△	△	△	△	△	△	△	△	
聴力	オージオメータ			◎	◎	◎	◯	◎	◯	◎	◎	◯	◎	◎	◯	◎	◯
眼の疾病及び異常				◎	◎	◎	◎	◎	◎	◎	◎	◎	◎	◎	◎	◎	◯
耳鼻咽喉頭疾患				◎	◎	◎	◎	◎	◎	◎	◎	◎	◎	◎	◎	◎	◯
皮膚疾患				◎	◎	◎	◎	◎	◎	◎	◎	◎	◎	◎	◎	◎	◯
歯及び口腔の疾患及び異常				◎	◎	◎	◎	◎	◎	◎	◎	◎	◎	◎	◎	◎	△
結核	問診・学校医による診察				◎	◎	◎	◎	◎	◎	◎	◎	◎				
	エックス線撮影													◎			◎ (1学年 入学時)
	エックス線撮影 ツベルクリン反応検査 喀痰検査等				◯	◯	◯	◯	◯	◯	◯	◯	◯				
	エックス線撮影 喀痰検査・聴診・打診													◯			◯
心臓の疾患及び異常	臨床医学的検査 その他の検査			◎	◎	◎	◎	◎	◎	◎	◎	◎	◎	◎	◎	◎	◎
	心電図検査			△	◎	△	△	△	△	△	◎	△	△	◎	△	△	△
尿	試験紙法	蛋白等		◎	◎	◎	◎	◎	◎	◎	◎	◎	◎	◎	◎	◎	△
		糖		△	◎	◎	◎	◎	◎	◎	◎	◎	◎	◎	◎	◎	△
その他の疾病及び異常	臨床医学的検査 その他の検査			◎	◎	◎	◎	◎	◎	◎	◎	◎	◎	◎	◎	◎	◯

（注）◎ほぼ全員に実施されるもの
　　　◯必要時または必要者に実施されるもの
　　　△検査項目から除くことができるもの

『児童・生徒等の健康診断マニュアル　平成27年度改訂』日本学校保健会をもとに作成

周知し、理解と同意を得てから実施します。そのような検査の一つに、色覚検査があります。児童・生徒等自身が色覚の特性を知らないことで不利益を受けないよう、教職員は配慮します。学校医と相談し、希望者を対象に、検査を実施します。

3 児童・生徒等定期健康診断の流れ

1 健康診断実施計画の作成

健康診断実施計画案は、次年度に向けて年度末に、保健主事、養護教諭が中心となって作成します。その際、教職員、学校医、学校歯科医、児童・生徒等、保護者などからの評価に基づいて改善を図ります。健康診断の日程は、学校医の検診や外部検査機関の検査、学校行事（家庭訪問・体育祭・集団宿泊など）などを考慮しながら、6月30日までに終わるように作成します（「学校保健安全法施行規則」第5条）。

健康診断実施計画案は、年度初めの職員会議で保健主事もしくは養護教諭が提案し、全教職員に共通理解を図ります。健康診断は、検査ごとに留意事項があるため、教職員はそれぞれの検査の概要について、事前に理解しておく必要があります。たとえば、運動直後の心電図検査は望ましくないため、学級担任は体育の授業と重ならないよう配慮します。

2 事前活動

① 教職員による準備

保健に関する調査書類は、学級担任が年度当初に配付・回収し、児童・生徒等の健康状態を把握します。保健に関する調査書類は、プライバシー保護の観点から封筒などを利用して配付・回収します。

教職員は計画案に基づき、会場設営（片づけ）、検診器具の準備などに協力します。また、健康診断の準備は、児童・生徒等の安心・安全に配慮します。具体的には、身長・体重・視力・聴力検査を担当する教職員は、事前に検査器具の操作方法や測定結果の記入方法について確認しておきます。健康診断時の引率担当者は、会場や対象者への連絡方法について確認します。教職員は、検診がスムーズに実施されるよう、教職員同士で連携します。

② 児童・生徒等への事前指導

児童・生徒等は、健康診断の検査内容がわからないと不安になります。そのため学級担任は「保健だより」などを利用して、児童・生徒等に次のような保健指導を事前に行います。また、児童・生徒等が自己の健康について考える機会となるよう教員は指導に心がけます。

プラスワン

色覚
日本学校保健会『学校における色覚に関する資料』（2016年）が参考になる。
https://www.gakkohoken.jp/books/archives/196

プラスワン

「学校保健安全法施行規則」第5条第1項（時期）
「法第13条第1項の健康診断は、毎学年、6月30日までに行うものとする。ただし、疾病その他やむを得ない事由によって当該期日に健康診断を受けることのできなかつた者に対しては、その事由のなくなった後すみやかに健康診断を行うものとする」

> 目的・方法・結果……なぜ検査を受けるのか、どのような検査なのか、何がわかるのか。
> 事後措置……検査の結果に対して、どのようにすればよいのか。
> 未検査者……検査を受けられなかったときはどうするのか。
> 正確な検査をするために、検査のときに注意すること……あいさつ（名前をいう）、静かに待つ、更衣場所、準備物（眼鏡・体育服など）など。

③ 保護者への連絡

保護者へは、「学校だより」「学級通信」「保健だより」などを利用して、検査について事前に理解してもらい、検査に必要な準備（身体の清潔、体育服や歯ブラシの準備など）に協力してもらいます。

3　検診の実施

教職員は、計画案に基づきそれぞれの役割を担当します。検診前に、学級担任は当日の欠席者だけでなく遅刻者や早退者を把握し、養護教諭に連絡します。児童・生徒等には、検査の予定時間や着替えの有無などについて伝えます。また、保健室で検査が実施される場合があります。教職員は、その時間の保健室利用について確認しておきます。

教職員は、プライバシー保護の観点から次のような点に配慮します。

> ・衣服を脱いで実施するものは、すべての校種・学年で男女別にするなどの配慮をする。
> ・検査場所に教職員を配置する場合、原則、児童・生徒等と同性の教職員とする。
> ・洋服を着脱する場合は、カーテンやついたてなどを利用する。
> ・検診結果が他の児童・生徒等に知られないよう、原則、児童・生徒等を補助者や記録者として利用しない。
> ・検査結果やその他の保健関係書類の取り扱いについて、教職員は情報漏えいがないように注意する。
>
> 『児童生徒等の健康診断マニュアル　平成27年度改訂』日本学校保健会をもとに作成

4　事後活動

① 結果の連絡

学校での検査結果については、健康診断実施後21日以内に、児童・生徒等および保護者に通知することになっています（「学校保健安全法施行規則」第9条第1項）。

② 事後措置

健康診断の結果に基づき、児童・生徒等とその保護者に対して疾病の予防処置や治療を促します。また、医師の指示のもと、学校においては運動を軽減するなど、適切な措置を行います（「学校保健安全法施行規則」第

プラスワン

「学校保健安全法施行規則」第9条第1項（事後措置）

「学校においては、法第13条第1項の健康診断を行つたときは、21日以内にその結果を幼児、児童又は生徒にあつては当該幼児、児童又は生徒及びその保護者に、学生にあつては当該学生に通知するとともに、次の各号に定める基準により、法第14条の措置をとらなければならない。
1　疾病の予防処置を行うこと。
2　必要な医療を受けるよう指示すること。
3　必要な検査、予防接種等を受けるよう指示すること。
4　療養のため必要な期間学校において学習しないよう指導すること。
5　特別支援学級への編入について指導及び助言を行うこと。
6　学習又は運動・作業の軽減、停止、変更等を行うこと。
7　修学旅行、対外運動競技等への参加を制限すること。
8　机又は腰掛の調整、座席の変更及び学級の編制の適正を図ること。
9　その他発育、健康状態等に応じて適当な保健指導を行うこと」

図表6-5　児童・生徒定期健康診断における年間の流れ

段階	内容
健康診断実施計画の作成	・担当者は、健康診断の評価に基づき、計画案を作成する ・担当者は、教育委員会・学校医・学校歯科医・検査機関等と連絡調整する ・教職員は、職員会議で承認された健康診断実施計画を共通理解する
事前活動	・学級担任は、保健に関する調査票を配付し、回収する ・担当者は、教職員・保護者・児童・生徒等用の資料を作成、配付する ・教職員は、児童・生徒等への事前指導および保護者への事前連絡を行う
検診の実施	・教職員は、当日担当する役割（会場設営・引率・記録など）を実施する ・教職員は、検査を受けられなかった児童・生徒等とその保護者に連絡する
事後活動	・担当者は、全児童・生徒等とその保護者に対して結果を通知する ・教職員は、学校で対応が必要な児童・生徒等に対して支援を実施する
結果の活用	・教職員は、児童・生徒等の健康面に関する実態を把握する ・教職員は、保健管理や保健教育に活用する ・教職員は、学校保健委員会、児童・生徒等の保健委員会に活用する
評価	・教職員は、学校保健活動の保健管理・保健教育・組織活動として評価する ・教職員は、児童・生徒等の健康の実態を評価する

『児童生徒等の健康診断マニュアル　平成27年度改訂』日本学校保健会をもとに作成

> **プラスワン**
> **「学校保健安全法施行規則」第8条第4項（健康診断票）**
> 「児童生徒等の健康診断票は、5年間保存しなければならない」

9条第2項）。たとえば、眼科検診で児童・生徒等の眼の疾病が発見された場合は、保護者に対して治療を促します。視力低下が指摘された児童・生徒等が黒板の字がよく見える席かどうか学級担任は確認します。また、運動制限が必要な児童・生徒等については、その情報を体育や部活の担当者を含む教職員全員で共有し、その児童・生徒等を支援していきます。

健康診断の結果について、学校は健康診断票を作成し、5年間保存することが義務づけられています（「学校保健安全法施行規則」第8条）。学級担任は、毎年、個人別の健康診断票に結果を記入し、児童・生徒等の健康状態について把握します。

> **プラスワン**
> **運動制限が必要な児童・生徒等**
> 医師が作成する学校生活管理指導票などを参考にする。
> →第9講参照

5　結果の活用

① 保健管理における活用

保健主事と養護教諭は、健康診断の結果を分析し、児童・生徒等の健康課題を把握し、教職員とその情報を共有します。教職員は学校全体および個別の児童・生徒等の健康課題に応じた支援や指導を行います。

学校全体の健康課題を把握するためには、文部科学省の「学校保健統計

調査」結果・スポーツ庁の「全国体力・運動能力、運動習慣調査」結果などを参考にしながら、全国の結果と自校の結果を比較し、自校の健康課題を分析します。児童・生徒等数が少ない小規模校の場合は、自校の統計結果を経年的に比較するなどの工夫が必要になります（→第1講）。

② 保健教育における活用

教科における活用

健康診断の結果を活用する機会が多い教科として、小学校の「体育」、中学校、高等学校の「保健体育」があります。たとえば、小学校体育の保健領域の授業で、歯科検診結果をむし歯予防の教育などに活用することができます。

集団保健指導における活用

集団保健指導の機会としては特別活動における学級活動があります。たとえば、学級活動で教員は児童・生徒等に、視力低下の現状を気づかせ、姿勢をよくすることや携帯電話の使用方法について考えさせ、目を大切にする行動を身につけていくよう働きかけます。

個別の保健指導における活用

児童・生徒等の個々の健康問題に対して、教職員は個別の保健指導・健康相談を行います。たとえば、聴力低下がみられる児童・生徒等に対して、学校生活で困ることがないか話を聞きます。心疾患・腎疾患・アレルギー疾患などで配慮が必要とされる児童・生徒等には、学校生活管理指導表（→第9講）に基づき、教職員（学級担任、養護教諭、栄養教諭など）と児童・生徒等とその保護者で情報を共有し、学校での児童・生徒等への支援に活用していきます。

組織活動における活用

教職員や学校医や保護者等で児童・生徒等の健康課題解決を考える学校保健委員会や児童・生徒等の保健委員会などで健康診断結果を活用します。

たとえば、児童・生徒等の口腔の衛生状態がよくない実態が歯科検診結果からわかった場合、学校保健委員会で学校歯科医に講話を行ってもらい

ディスカッションしてみよう！

児童・生徒等が自らの生活や生活習慣を見直していくために、健康診断の検査項目や健康診断結果を活用した保健教育のテーマやその内容についてディスカッションしてみましょう。

たとえば・・・

ます。その講話を通じ、児童・生徒等だけでなく、保護者と共に口腔内の衛生状態を見直していく機会として検診結果を活用します。さらに、児童保健委員会で、歯をきれいにすることをテーマにした活動（歯みがきポスターの募集、児童保健委員による「保健だより」の作成、児童保健委員による歯みがき指導など）に活用します。

6　定期健康診断の評価

　定期健康診断の評価は、学校保健担当者（保健主事・養護教諭など）が中心となって行います。評価の時期は、検査終了時および年度末などです。教職員、学校医、児童・生徒等、保護者などからの評価を参考にします。
　その評価の観点としては、次のようなものがあげられます。

- 健康診断の実施計画（日程・準備・役割分担・検査順・プライバシー保護、結果通知）の適切さ
- 学校医や学校歯科医、他の検査機関との連携
- 健康診断票（歯・口腔を含む）への記入や整理の適切さ
- 児童・生徒等への事前指導や保護者への連絡の適切さ
- 健康教育への活用

『児童生徒等の健康診断マニュアル　平成27年度改訂』日本学校保健会をもとに作成

4　就学時の健康診断

　就学時の健康診断は、小学校や特別支援学校などへの就学前に市町村教育委員会が実施することが定められています（「学校保健安全法」第11条）。就学予定者の適切な就学を図るために市町村の教育委員会が主体となって行います。その際、地域の学校が協力することがあります。

① 健康診断の時期
　健康診断の時期は、就学予定の前年度です。その連絡は、市町村の教育委員会から就学予定者の保護者へ通知されます（「学校保健安全法施行令」第1条、第3条）。

② 検査項目
　①栄養状態、②脊柱および胸郭の疾病、異常の有無、③視力および聴力、④眼の疾病および異常の有無、⑤耳鼻咽頭疾患および皮膚疾患の有無、⑥歯及び口腔の疾病および異常の有無、⑦その他の疾病および異常の有無（「学校保健安全法施行令」第2条）。

③ 事後措置
　市町村の教育委員会が、健康診断の結果に基づいて、保護者に就学予定者の治療をすすめたり、就学に関する指導・助言を行います（「学校保健安全法」第12条）。

プラスワン

就学時の健康診断の目的

① 学校教育を受けるにあたり、幼児等の健康上の課題について保護者及び本人の認識と関心を深めること。

② 疾病又は異常を有する就学予定者については、入学時までに必要な治療をし、あるいは生活規正を適正にする等により、健康な状態もしくは就学が可能となる心身の状態で入学するよう努めること。

③ 就学時の健康診断は、学校生活や日常生活に支障となるような疾病等の疑いのある者及び視覚障害者、聴覚障害者、知的障害者、肢体不自由者、病弱者（身体虚弱者を含む。以下同じ。）、その他心身の疾病及び異常の疑いのある者をスクリーニングし、適切な治療の勧告、保健上の助言及び就学支援等に結びつけること。
（『就学時の健康診断マニュアル　平成29年度改訂』日本学校保健会）

職員の健康診断

　職員の健康診断についても、児童・生徒等と同様に「学校保健安全法」などで定められています。学校職員の健康診断は、学校の設置者が主体となって行います（「学校保健安全法」第15条）。

① **検査項目**
　①身長、体重および腹囲、②視力および聴力、③結核の有無、④血圧、⑤尿、⑥胃の疾病および異常の有無、⑦貧血検査、⑧肝機能検査、⑨血中脂質検査、⑩血糖検査、⑪心電図検査、⑫その他の疾病および異常の有無（「学校保健安全法施行規則」第13条）。

② **事後措置**
　学校の設置者は職員に対して、必要なときは治療を指示したり勤務を軽減したりするなど、適切な措置をとることになっています（「学校保健安全法施行規則」第16条）。

③ **臨時の健康診断**
　児童・生徒等と同じく、職員においても、感染症発生時などに臨時の健康診断を行うことになっています（「学校保健安全法」第15条第2項、「学校保健安全法施行規則」第17条）。

④ **ストレスチェック**
　「労働安全衛生法」の改正によって、2015（平成27）年12月に、心理的な負担を把握するための検査として、職員に対するストレスチェックが実施されるようになりました（「労働安全衛生法」第66条の10）。

 学校における健康診断

　最後に、学校における健康診断について、対象者ごとに時期や主体者を確認しましょう（図表6-6）。

図表6-6　学校に関係する健康診断の種類と実施時期、実施主体

対象者	実施主体	実施時期（4月〜3月）	その他
児童・生徒等	学校	定期　4月〜6月30日まで	臨時の健康診断・感染症・食中毒・風水害など必要時に行う
職員	学校の設置者	学校の設置者が定める適切な時期	
就学時	市町村の教育委員会	就学予定前年度の学齢簿作成後から11月・12月ごろまで	

> 復習や発展的な理解のために
> **知っておくと役立つ話**

性的マイノリティを理解するために：生物学的性、性自認、性的指向

みなさんは、「性同一性障害」や「性的マイノリティ」「LGBT」（→第15講）という言葉を聞いたことがありますか。2015（平成27）年、文部科学省は「性同一性障害や性的指向・性自認に係る、児童・生徒に対するきめ細かな対応の実施等について」を通知しました。性の問題は実はとても複雑ですが、ここでは、生物学的性、性自認、性的指向という3つの概念によって、その複雑な問題を整理してみましょう。

性といってまず思い浮かべるのは「生物学的性」（Sex）でしょう。こういうと、生物学的性＝外性器の形状とシンプルに考えてしまうかもしれませんが、生物学的性にはさまざまなレベルがあります。具体的には、外性器以外に内性器・性腺・染色体というさまざまなレベルがあり、たとえば外性器と内性器で性が一致しないなど、それぞれのレベルで生物学的性が一致しない人もいます。このように生物学的に備わっている性には多様なレベルが含まれますが、それらをまとめて生物学的性といいます。

それに対して「性自認」（Gender identity）とは自らの性別に対する意識（認識）で、「ジェンダーアイデンティティ」ということもあります。私たちの社会では、生物学的性が男の場合は性自認も男だろうと強く想定されているので、ふだんはあまり意識することがないかもしれません。しかし、たとえば生物学的性が男であっても、自分が男であることに違和感をもつということはありえます。こうした場合に、性自認という概念が役立ちます。「生物学的性は男だが、性自認は女である」というように、生物学的性と性自認の問題を区別して考えることができるようになるからです。ちなみに、前述の文部科学省の通知では、生物学的性と性自認が一致しないために社会生活に支障がある状態のことを「性同一性障害」としています。現状ではそう呼ばれることが多いですが、そうした一致しない状態を「障害」と呼ぶことについてはさまざまな議論があります。

「性的指向」（Sexial Orientation）とは、性的欲望の向かう先の性別を示す概念です。私たちの社会では、男は女に、女は男に性的欲望が向かうと一般的に考えられています。それを「異性愛」といいます。一方、自分と同じ性別に性的欲望を向けることは「同性愛」と呼ばれます。このように性的欲望の向かう先の性別を示す概念が、性的指向です。私たちの社会では異性愛であることが強く想定されていますので、性自認や性的指向を混同して考えがちですが、たとえば「性自認は男、性的指向は男」というように、本来、性自認と性的指向は別々に考えうることです。

性的マイノリティの経験や気持ちを理解するためには、生物学的性、性自認、性的指向を区別して考えることが重要です。たとえば、生物学的性と性自認が女で、性的指向が女、という人に対して、これらの区別を混同すると、「なんで女性が好きなのに男装しないの？」というような的外れな疑問をもって、相手の経験や気持ちをうまく理解することができないかもしれません。そうならないように、これらの区別をきちんと理解しておきましょう。

復習問題にチャレンジ

ちゃんとわかったかな?

(島根県　2017年)

①「教職員のための子どもの健康観察の方法と問題への対応」(平成21年8月文部科学省)で例示されている、学校生活全般を通じて行う健康観察の視点について、ア〜ウにあてはまる語句を答えましょう。また、特別支援学校における健康観察項目を作成するにあたり、小中学校等における健康観察項目のほかに重要なことを2つ記しましょう

- (ア)に現れるサイン
- (イ)や態度に現れるサイン
- (ウ)に現れるサイン

(東京都〔神戸会場〕　2018年)

②学校保健に関する記述として、法令に照らして適切なものは、次の1〜5のうちどれでしょうか。一つ選びましょう

1　校長は、児童・生徒の健康の保持増進を図るために、毎学年、7月31日までに定期健康診断を行わなければならない。
2　定期健康診断における結核の有無の検査において、結核発病の恐れがあると診断されたものについては、21日以内に再度結核の有無の検査を行うものとする。
3　学校において、定期健康診断を行った時は、児童・生徒の健康診断票を作成し、20年間保存しなければならない。
4　校長は、現に感染症にかかっている児童・生徒に対してのみ、出席を停止させることができる。
5　学校の設置者は、毎学年定期に、学校の職員の健康診断を行い、その結果に基づき、治療を支持し、および勤務を軽減する等適切な措置をとらなければならない。

(兵庫県　2018年)

③次の文中に当てはまる語句や数字を書きましょう。

学校保健安全法施行規則
第9条　学校においては、法第13条第1項の健康診断を行ったときは、幼児、児童又は生徒及びその(①)に、学生にあっては当該学生に通知するとともに、次の各号に定める基準により、法第14条の措置をとらなければならない。
一　疾病の(②)を行うこと。
二　必要な医療を受けるよう指示すること。
三　必要な検査、(③)等を受けるよう指示すること。
四　療養のために必要な期間学校において(④)しないよう指導すること。
五　(⑤)への編入について指導及び助言を行うこと。
六　学習又は運動・作業の軽減、(⑥)、変更等を行うこと。
七　(⑦)、対外運動競技等への参加を制限すること。
八　机又は腰掛の調整、座席の変更及び(⑧)の編制の適性を図ること。
九　その他発育、健康状態等に応じて適当な(⑨)を行うこと。

ノートテイキングページ

理解できたことをまとめておこう！

学習のヒント：健康観察、児童・生徒等の健康診断、保健調査について、それぞれの役割を考え、整理してみましょう。

第6講 健康観察・保健調査・健康診断

第7講 健康相談

理解のポイント

児童・生徒等を取り巻く社会環境や生活様式の変化にともなって、児童・生徒等の健康問題が多様化・複雑化しています。その対応の一つとして、教職員による健康相談の実施が重要になってきています。ここでは、健康相談の対象者の理解と、その対象となる児童・生徒等への教職員の対応について、基本的なことを理解しましょう。

1 学校における健康相談と法的根拠

2008（平成20）年の「学校保健安全法」の改正によって、養護教諭や職員が健康相談を行うこと（同第8条、第9条）が法で定められました。日々、児童・生徒等と向き合う教職員には、以前にもましてその心身の健康を支えていく働きかけが求められています。

健康相談は、日々実施される健康観察や保健指導と関連しています（同第9条）。たとえば、朝の健康観察で、具合の悪い児童・生徒等に対して教職員が声をかけていくことから、健康相談や保健指導が始まっていきます。また、教職員は、児童・生徒等の健康状態をとらえ、問題があればそれに早期に対応していくことが求められています。

【「学校保健安全法」】
(健康相談)
第8条 学校においては、児童・生徒等の心身の健康に関し、健康相談を行うものとする。
(保健指導)
第9条 養護教諭その他の職員は、相互に連携して、健康相談又は児童・生徒等の健康状態の日常的な観察により、児童・生徒等の心身の状況を把握し、健康上の問題があると認めるときは、遅滞なく、当該児童・生徒等に対して必要な指導を行うとともに、必要に応じ、その保護者（学校教育法第十六条に規定する保護者をいう。第24条及び第30条において同じ。）に対して必要な助言を行うものとする。
(地域の医療機関等との連携)
第10条 学校においては、救急処置、健康相談又は保健指導を行うに当たっては、必要に応じ、当該学校の所在する地域の医療機関その他の関係機関との連携を図るよう努めるものとする。

しかし、児童・生徒等の健康問題は複雑化し、学校の教職員だけでは解決できないようなケースが増えてきています。そのため、教職員は、一人で抱え込まず、他の教職員と連携し、組織的に対応していきます。2008（平成20）年の法改正後、学校医、学校歯科医だけでなく学校薬剤師の職務に健康相談が含まれました（「学校保健安全法施行規則」第22・23・24条）。このように、学校の教職員だけで対応するのではなく、地域の医療機関や関係機関との連携がさらに大切になってきています（「学校保健安全法」第10条）。

> **プラスワン**
>
> 「学校保健安全法施行規則」
> 「第22条（学校医の職務執行の準則）
> 3 健康相談に従事すること。
> 第23条（学校歯科医の職務執行の準則）
> 2 健康相談に従事すること。
> 第24条（学校薬剤師の職務執行の準則）
> 4 健康相談に従事すること」

2 学校における健康相談の基本的理解

1 健康相談の目的

文部科学省は、健康相談の目的について文部科学省『教職員のための子どもの健康相談及び保健指導の手引』（2011年）で「児童・生徒の心身の健康に関する問題について、児童・生徒や保護者等に対して、関係者が連携し相談等を通して問題の解決を図り、学校生活によりよく適応していけるように支援していくこと」と示しています。

教職員は、児童・生徒等の成長や発達につながるような健康相談になるよう心がけます。また、学校生活のなかで、児童・生徒等自身が課題を解決する力を身につけるよう、教職員は保護者や関係者と連携して児童・生徒等に働きかけていきます。

2 健康相談の対象者

健康相談の対象者について『教職員のための子どもの健康相談及び保健指導の手引』には、次のように示されています。

〈健康相談の対象者〉
①健康診断の結果、継続的な観察指導を必要とする者
②保健室等での児童・生徒の対応を通して健康相談の必要性があると判断された者
③日常の健康観察の結果、継続的な観察指導を必要とする者（欠席・遅刻・早退の多い者、体調不良が続く者、心身の健康観察から健康相談が必要と判断された者等）
④健康相談を希望する者
⑤保護者等の依頼による者
⑥修学旅行、遠足、運動会、対外運動競技会等の学校行事に参加させる場合に必要と認めた者
⑦その他

健康相談の対象者について、具体的にみていきます。

① 「健康診断の結果」の対象者……たとえば、心疾患を抱え、学校生活での運動制限が必要な児童・生徒等が該当します。この場合、教職員は学校医や児童・生徒等の主治医（地域の医療機関）、本人とその保護者を含めて相談しながら、学校生活の過ごし方を考えていきます。
② 「保健室等での児童・生徒の対応を通して」の対象者……たとえば、保健室に体調不良を訴え来室した児童・生徒等のなかで、いじめや虐待が疑われる児童・生徒等が該当します。児童・生徒等は、心の問題が身体症状として表れることが少なくありません。養護教諭は、保健室でとらえた児童・生徒等の状況について、教職員、学校医、スクールカウンセラー、保護者などと連携して解決を図っていきます。
③ 「日常の健康観察の結果」の対象者……たとえば、学級担任による朝の健康観察で、気分が落ち込んでいる様子がみられたり、頭痛や腹痛を長期間・繰り返し訴えたりする児童・生徒等です。学級担任は、気になる児童・生徒等がいる場合、他の教職員からも情報を収集し、その児童・生徒等を多面的に理解するよう健康相談を行います。
⑥ 「学校行事に参加させる場合に必要と認めた者」……たとえば、食物アレルギーでアナフィラキシーショック*を経験している児童・生徒等などが該当します。集団宿泊の前に、本人とその保護者を対象に健康相談を行います。対応（食に関する状況を把握します。集団宿泊中の食事、ショックが起こった際の対応など）について関係者で確認し、児童・生徒等が抱く不安の軽減を図ります。

健康相談は、児童・生徒等を管理したり指導したりするだけではなく、その児童・生徒等の自律に向けた働きかけが大切になります。

その他、健康相談の対応が必要な例としては、次のようなものがあります。

〈健康相談の対応が必要な例〉
心臓病、腎臓病、生活習慣病、アレルギー疾患、肥満
摂食障害、心身症、う歯保有者、歯周病保有者、発達障害
精神疾患、てんかん、心的外傷後ストレス障害（PTSD）*
自殺企図、自傷行為、不登校、いじめ、虐待、暴力行為
性的トラブル　など

重要語句

アナフィラキシーショック

アレルゲン等の体内侵入により、複数臓器に全身性にアレルギー症状が起こり、生命に危機を与えうる過敏反応を「アナフィラキシー」といい、それに加えて血圧低下や意識障害等、命にかかわる危険な状態を、アナフィラキシーショックという。食物のほか、虫刺され、薬物、ラテックス（ゴム）との接触などが原因となる。
→第9講参照

心的外傷後ストレス障害（PTSD）
→第10講参照

3　児童・生徒等の精神疾患

健康相談が必要な児童・生徒等のなかには、医療的な対応が必要な児童・生徒等がいます。医療的な対応が必要な児童・生徒等については、医療機関や専門機関との連携が必要になります。ここでは、そのなかで精神疾患について理解していきましょう。

精神科医の佐々木司は、「児童・生徒のメンタルヘルス」（日本学校保健会『学校保健の動向（平成29年度版）』）で、思春期・青年期に始まる精神疾患に、不安症、双極性障害、うつ病、統合失調症をあげています。

〈精神疾患の主な症状〉
- 落ち込み、意欲の減退　・不安、イライラ、怒りっぽさ
- 恥ずかしがり、怖がり　・猜疑心　・頭痛、腹痛、だるさ、疲労感
- 不眠、過眠、食欲の減退、食欲増加　等

（これらは誰もがふだんから経験し得るもの。主な例外は幻聴で、通常は経験しない）

　上記のような精神疾患の主な症状について、佐々木は、幻聴を除けば、誰もが経験することばかりで気づきにくく、もし気づいたとしても対処にとまどうことを指摘しています。そして、教職員に考えてもらいたいこととして、次の3点をあげています。

①専門家につながることは、「対応の完了」ではなく、「スタートラインに立てた」と考えること。
②迷いながら治療を進めている担当医を助けるのは教員であること。
③教員から医師に情報提供を行うことについて、本人、保護者に了解してもらうこと（守秘義務）。

　このように、精神疾患をはじめ、医療的な対応が必要な児童・生徒等を専門家につなげることは、専門家に任せてしまうということではありません。教職員は専門家と連携しながら、児童・生徒等への理解を深め、児童・生徒等を支えていきます。

4　健康相談のあり方

　健康相談は1回で終わるとは限りませんし、断続的・継続的な支援が必要な児童・生徒等は少なくありません。
　ここからは、継続した支援が必要な児童・生徒等の健康相談のプロセスをみていきましょう。
　健康相談の進め方の一例として、次のような流れがあります。

① 対象者の問題把握

　はじめに、教職員は、誰が、何について、どのようなことを問題と思っているのかについて把握する必要があります。
　教職員が問題と考えていても、児童・生徒等自身が問題と思っていない場合があります。たとえば、摂食障害のある児童・生徒等の場合、周囲の人々が本人の成長や発達を心配していたとしても、本人は自分の心身の状況が理解できていないことがあります。
　逆に、本人は困っているのに、まわりの人が困っていることをわかってくれないと悩んでいる場合もあります。教職員は、自分自身の経験や価値観に基づいて「それくらいは大丈夫」といった判断をしないように、児童・生徒等の話をよく聞いていきます。

② 情報の収集

児童・生徒等について、周囲の人（教職員・家族・友人など）から、次のような情報を収集します。

> 本人の生育歴・既往歴・性格など
> 健康面……身体面および精神面の状況、欠席や遅刻の状況など
> 心理・社会面……人間関係（友人、保護者、教職員、その他）、趣味、特技、部活動、社会体育、塾、習い事など
> 学習面（進路面）……学習面や進路に関する状況など

図表7-1 健康相談個人記録（例）

作成日	作成者	
年組（男・女）氏名		家族構成
問題（特に気になるところ）		
プロフィール	生育歴	
	既往歴	
	性格	
	健康面	
	心理・社会面	
	学習面	

＊プロフィールの健康面、心理・社会面、学習面はよい点についても記入します。

図表7-2 支援会議・支援計画書（例）

会議日： 年 月 日 場所：	参加者		記録者	
〈目標〉 長期目標： 短期目標：				
支援計画・支援方針		支援①	支援②	支援③
	誰が			
	いつからいつまで			
	どこで			
	具体的支援			
次回の予定日 年 月 日（時分）場所：				

教職員が情報をたくさん集めることは、児童・生徒等を多面的に理解するために大切です。人間関係が身体症状に影響することがあります。たとえば、ストレス対処行動が上手にとれない児童・生徒等の場合、ストレスに対処できないとき、おなかが痛くなることがあります。さらに、友だちと遊ぶときに心配になり、友だちと疎遠になってしまうことがあるかもしれません。

③ 情報の分析
　教職員が情報を分析するとき、児童・生徒等のよい面について情報を収集しているかを確認します。児童・生徒等のよい面を伸ばした結果、問題解決につながったという例は少なくありません。教職員は、**児童・生徒等のよい面に目を向ける力**が必要です（図表7-1）。

支援方針・支援方法の検討（支援計画の作成）
　教職員は、児童・生徒等の情報を共有し、その児童・生徒等の支援方針を検討していきます。児童・生徒等の持っている力を伸ばすことを含めた具体的な支援計画の作成が重要です。教職員は、できるだけ具体的な行動レベルでの支援方法について計画します（図表7-2）。

> 【具体的な支援計画】
> ○目標（長期・短期）　○誰が（担当者）　○いつからいつまで
> ○どこで　○どのような支援を行うか

　不登校の児童・生徒等への支援方針として、長期と短期で方針を立てることがあります。長期の方針としては、社会的自立をめざし、学年が上がる時期や学期の変わり目などを目安にします。短期の方針としては、1ヵ月や数週間が目安にあげられます。たとえば、本人が登校しやすい環境づくりや学校での過ごし方について具体的に関係者で計画を作成し共有します。

④ 支援の実践と評価
　立案された計画に基づき、各担当者が支援を実施していきます。実践後、教職員は忘れないうちにメモをとるなど、記録を残します。その際、児童・生徒等の反応だけでなく、教職員の具体的な働きかけを記録することで、児童・生徒等への効果的な働きかけがみえてくることがあります。
　その記録をもとに、各支援担当者が評価し、次の支援方針や支援方法を考えていきます。うまくいっている支援は継続し、うまくいっていない支援は見直し、改善を図っていきます。

5　学校内支援組織

① 学校内組織
　児童・生徒等の支援内容によっては、組織で長期的に支援していくことが重要になります。新たに支援組織をつくる場合もありますが、支援内容によっては、既存の組織を活用します。健康相談に関係する組織としては、健康に関する保健安全部、特別支援教育部、生徒指導部、教育相談部、給

プラスワン

児童・生徒等のよい面に目を向ける力
児童・生徒等のよい面をとらえるためには、見方をかえることが重要である。たとえば、「せっかちな子どもは活動的な子ども」「消極的な子どもは慎重な子ども」といったように、視野を広げて考えるとよい。

食に関係する組織などがあげられます。たとえば、発達障害が疑われる児童・生徒等の場合は、特別支援教育部で検討されることが考えられます。
　学校内組織の構成員は、健康相談対象者の問題内容によって異なりますが、一般的には次のような人々が考えられます。

> 〈学校内組織の構成員〉
> 校長、教頭、主幹教諭、教務主任、生徒指導主事、進路指導主事
> 保健主事、養護教諭、教育相談担当者、学年主任、学級担任
> 特別支援教育コーディネーター　スクールカウンセラー*
> スクールソーシャルワーカー*　など

　学校内組織で検討された内容は、必要に応じて、教職員全体で支援を含め共通理解を図ります。また、外部機関と連携を図る場合、管理職の参加は不可欠です。参加できない場合、その学校内組織のリーダーが検討した内容について管理職に随時、報告・相談していきます。

② **支援検討会議**
　支援検討会議を開く目的は3点考えられます。また、会の進行は図表7－3の進め方を参考にしてください。

6　地域の医療機関や専門機関との連携

　医療的な対応が必要と考えられる場合、児童・生徒等とその保護者に、医療機関や専門機関への受診や相談をすすめていくことになります。
　医療機関や専門機関と連携する場合、学校組織として作成した支援計画に基づき連携していきます。学校と連携する専門機関としては、図表7－4のような機関があります。

図表7－3　支援検討会議の目的および進め方の例

目的	①児童・生徒等の理解・問題理解を深め、よりよい支援の方法を考える。 ②教職員間の共通理解を図り、効果的な連携を行う。 ③健康相談の実践力の向上を図る。
進め方	・リーダーとなる人が参加メンバーを決定し、事前に日程を調整する。 ・司会者・記録者・報告者などは、事前に決めて連絡しておく。 ・会議のねらいを参加メンバーで共有する。 ・報告者は、支援の状況や検討してほしいことについて報告する。 ・参加メンバーで、今後の具体的な支援のあり方について検討する。 ・次回までの具体的な支援について、共通の行動をとることができるように参加メンバーで共通理解する（参加者は、現状をよりよくしていこうという積極的な態度でのぞむ）。 ・記録用紙は、健康相談の対象者に対応したものを作成し、保管について留意する（例：図表7－2）。 ・次回の日程を検討する。管理職が不参加の場合、リーダーは会で検討された内容を管理職に報告する。

文部科学省『教職員のための子どもの健康相談及び保健指導の手引』日本学校保健会、2011年をもとに作成

重要語句

スクールカウンセラー

スクールカウンセラーは、児童・生徒等の抱えている心の問題を中心に支援していく。児童・生徒等からの相談だけでなく、教職員や保護者からの相談に対応し、児童・生徒等の理解を深めるための講習や研修を行う。さらに、関係機関との連携に関わることも少なくない。臨床心理士などの資格を有し、週に数回、学校内で勤務することが多い。

重要語句

スクールソーシャルワーカー

スクールソーシャルワーカーは、問題を抱えている児童・生徒等やその保護者に対して、面接や家庭訪問などを行う。また、学校内の支援体制づくりだけでなく、学校外における社会資源を活用し、支援していく。社会福祉士や精神保健福祉士などの資格を有し、教育委員会を拠点に活動することが多い。

図表7-4 地域の主な関係機関とその役割

地域社会の主な関係機関	主な役割	主な専門職と役割
教育センター 教育委員会所管の機関	子どもの学校や家庭での様子等を聞き取り、必要に応じて各種心理検査等を実施し、総合的に判断した上で、学校・家庭での対応や配慮等の具体的支援について、相談員がアドバイスする。医療機関等との連携も行っている。	○心理職 心理カウンセリング、教職員・保護者への指導・助言等
子ども家庭相談センター（児童相談所）	子どもの虐待をはじめ専門的な技術援助及び指導を必要とする相談に応え、問題の原因がどこにあるか、どのようにしたら子どもが健やかに成長するかを判定し、その子どもに最も適した指導を行っている。	○児童福祉司 児童の保護・相談 ○児童心理司 心理判定
精神保健福祉センター	心の問題や病気、アルコール・薬物依存の問題、思春期・青年期における精神医学的問題について、専門の職員が相談に応じている。また、精神保健福祉に関する専門的機関として、地域の保健所や関係諸機関の職員を対象とする研修を行ったり、連携や技術協力・援助をとおして地域保健福祉の向上のための活動をしている。	○精神科医 精神福祉相談 ○精神保健福祉士 精神福祉領域のソーシャルワーカー ○保健師 健康教育・保健指導 ○心理職 心理カウンセリング、本人・保護者への指導・助言等
発達障害者支援センター	自閉症等発達障害に対する専門的な相談支援、療育支援を行う中核的な拠点センターとして活動を行っている。自閉症、アスペルガー症候群、学習障害（LD）、注意欠陥多動性障害（ADHD）などの発達障害のある子どもや家族にかかわるすべての関係者のための支援センターである。	○精神科医 ○心理職 心理査定、心理カウンセリング、本人・保護者への指導・助言 ○保健師 健康教育・保健指導
保健所（健康福祉事務所）保健センター	子どもの虐待及びドメスティック・バイオレンス（DV）をはじめ、難病の相談や講演会・交流会等、子どもと家庭の福祉に関する相談指導を行っている。	○医師 ○社会福祉士 ソーシャルワーカー ○保健師 健康教育・保健指導
警察 少年サポートセンター	万引き、薬物乱用等の非行、喫煙や深夜はいかい等の不良行為、また、いじめ、児童虐待、犯罪被害等で悩んでいる子どもや保護者等からの相談に応じ、問題の早期解決に向け、支援する。	○心理職 心理カウンセリング、本人・保護者への指導・助言 ○警察関係者（少年相談、本人・保護者への指導・助言）

文部科学省『教職員のための子どもの健康相談及び保健指導の手引』日本学校保健会、2011年を一部改変

3 健康相談の基本的な留意点

1 相談を始める前

　本人や保護者が健康相談を希望している場合と希望していない場合があります。健康相談を学校側から働きかける場合、対象となる児童・生徒等やその保護者は、「どうして呼ばれたのだろうか」といった不安を抱えることになります。事前に相談内容について児童・生徒等や保護者に連絡し、信頼関係づくりを心がけます。

　事前に連絡する内容として、相談の目的、時間、場所（周囲が気にならないような話しやすい場所）、参加者（学級担任・養護教諭・管理職・学校医・スクールカウンセラー等）などがあります。また、学校内の参加者は、相談内容や進行などについて事前に検討しておきます。

2 相談するとき

　基本的に、教職員は、児童・生徒等や保護者一人ひとりを尊重する気持ちをもち、一緒に考えていくという姿勢を心がけます。児童・生徒等や保護者は、話した内容が自分たちの不利益につながるのではないかという不安な気持ちをもつことになるかもしれません。また、相談の場が、原因追究の場になったり、保護者や児童・生徒等への責任転嫁の場になったりしないように気をつけます。

　相談内容について、教職員には、守秘義務があります。しかし、児童・生徒等が虐待を受けている可能性がある場合は、すみやかに児童相談所等に通告する義務があります（通告義務）。子どもへの初期対応や外部の専門機関との連携について学ぶほか、自殺をほのめかす場合などは、対応の原則（TALKの原則）を学んだうえで慎重に対応します。虐待や自殺など、子どもの命にかかわるような問題について、教職員は一人で判断したり、抱え込んだりせず、チームで対応します。

① 受容的に児童・生徒等の話を聴く

　児童・生徒等の話を聴くときは、教師のペースではなく児童・生徒等のペースにあわせることが大切です。児童・生徒等の話にうなずいたり、「そうだね」とこたえたりして、児童・生徒等を支持する態度で話を聴いていきます。

　子どもだけでなく大人でも、自分の気持ちを言葉で表現することは難しいものです。そういう意味で、児童・生徒等の発している言葉が、児童・生徒等が伝えたいことを表しているとは限りません。児童・生徒等が何を伝えたいと思っているのか、児童・生徒等の気持ちに焦点を当て、話を聴いていきます。

② 児童・生徒等の気持ちを引き出す

　児童・生徒等が話してくれたことに対して、教職員がどのような言葉を返すのがよいのか考えてみましょう。

プラスワン

虐待と守秘義務

虐待は、身体的虐待・性的虐待・ネグレクト・心理的虐待の4種類に分けられる。これらの虐待が疑われた場合、確証はなくても、すみやかに、福祉事務所や児童相談所に通告しなければならない。また、この通告は、守秘義務にふれない（「児童虐待防止法」第6条）。

プラスワン

初期対応・専門機関との連携

子どもへの初期対応や専門機関との連携などについては、文部科学省『子供たちを児童虐待から守るために　養護教諭のための児童虐待対応マニュアル』（日本学校保健会、2014年）を参考にすること。

プラスワン

TALKの原則

自殺の危険が高まった子どもへの対応
(1) Tell：言葉に出して心配していることを伝える。
(2) Ask：「死にたい」という気持ちについて、率直に尋ねる。
(3) Listen：絶望的な気持ちを傾聴する。
(4) Keep safe：安全を確保する。
文部科学省『教師が知っておきたい子どもの自殺予防』（2009年）より

たとえば、児童・生徒等が「○○がいやだった」と発言したときに、「そんなことはないよ」と言葉をかけたら、児童・生徒等は否定された気持ちになって、そのあと、黙り込んでしまうかもしれません。このとき、「いやだったんだね」と言葉を繰り返すと、児童・生徒等は「そうなんです」と話を続けてくれるかもしれません。「いやっていうのは、○○みたいな気持ち？」などと別の言葉に言い換えると、児童・生徒等は「うぅん、ちょっと違う」「そうかも」などと返事をしてくれるかもしれません。

教職員は、児童・生徒等の気持ちや感情をとらえ、話をすすめていくことが大切になります。また、児童・生徒等の気持ちを支持しながら、児童・生徒等の気持ちを明らかにしたり整理したりするよう心がけましょう。

3 相談を終えるとき

相談が終わるとき、児童・生徒等や保護者に次のようなことを確認します。

- ・今後どのようにしていきたいのか
- ・どのように支援してほしいのか
- ・今後、相談が必要か（必要なときは次回の日程について）

児童・生徒等が相談した内容は、時間の経過にともなって解決する場合があります。その場合、児童・生徒等や保護者に次回の相談を断ることができるよう伝えておきます。

ディスカッションしてみよう！

自分の「気になるところ」を探します（「気になるところ」は、人に話しても本人が困らないような内容とします）。各自が探した「気になるところ」について、グループメンバーで、別の望ましい見方（とらえ方）に変えてみましょう（たとえば、「私の気になるところは、緊張しやすいところです」）。

たとえば・・・

> 復習や発展的な理解のために
> **知っておくと役立つ話**

ネットによる子どもの性的搾取被害への支援

　周囲の大人には見えづらいネットを利用した子どもの性的搾取被害が後を絶ちません。筆者が携わっている団体を含め、いくつかの支援団体はありますが、学校の保健教育においても、子どもたちがどんなアプリやSNS等を利用し、どんな使い方をしているのかなどを話し合い、危ない使い方かもしれないと思ったら、そのことを子どもたちとともに考えてみてほしいと思います。
　ここでは支援団体への被害相談事例を2つ紹介します。

> 〈事例1〉中学生のAさんは、twitterで知り合った人に裸の写真や動画を送るように言われ、自画撮り画像を送った。さらに洋服や靴下を求められ、ネットアプリを利用して譲った。その後、Aさんの名前で別にtwitterのアカウントがつくられ、Aさんの私物やわいせつ動画が売られていることを知ることになった。

> 〈事例2〉16歳のBさんは、彼氏に携帯電話のカメラで性的な写真を撮られた。その後別れたが、数年後、そのとき撮った写真が元彼の知人から送られてきて、問いただすと「ばら撒かれたくなければ会いに来い」と言われる。どうにかして解決しなければと思い、会いに行ったが、元彼にホテルに連れて行かれ、性的に暴行され、また写真を撮られてしまう。Bさんはまたどこかで写真が拡散されているのではないかと、毎日のようにネット検索を続けている。

　〈事例2〉が違法なのは当然ですが、〈事例1〉のような18歳未満の子どもの裸や性的な写真や動画は児童ポルノにあたり、所持しているだけでも犯罪となり、警察に通報すれば加害者は逮捕されます。それでも、子どもたちは性的な画像を送ってしまったという罪悪感や不安を一人で抱え込んでしまうのです。「親を失望させてしまわないか」「家族をバラバラにしてしまわないか」「学校の友達に知られないか」という子どもの気持ちに寄り添う必要があります。
　相談の支援時に心がけるのは、①相談が難しい状況で一人で頑張ってきたこと、話しにくいことを話してくれたことをねぎらう、②相談者の心配な点、不安な点を聞く、③どのような状況になることを望んでいるかを聞く、④相談者の置かれている状況を「見える化」する（「児童ポルノ被害にあった」という事実の確認、等）、などということです。そして、解決のために大人の私たちが一緒にできることを考えていきます。子どもが自分で保護者に伝えられない場合は、支援団体のスタッフが代わりに伝えることを提案することもあります。
　また、保護者から支援団体に相談が持ち込まれるケースもあります。保護者にとっても、警察への相談はハードルが高いことなのです。そのような場合は、①相談しにくいなか、相談先を見つけ勇気を出して相談したことをねぎらい、②児童ポルノ所持は犯罪であり、送った側にではなく送らせた側に犯罪性があること、③相談団体として警察への同行ができるが、警察へ行っても勝手に学校に報告されることはない、という3点を保護者に伝えます。
　最後に、急増するアダルトビデオ（AV）出演強要被害にふれておきます。ここ3年の間に、筆者の支援団体では約300人のAV出演被害に関する相談を受けてきました。被害に遭うのは皆18歳以上ですが、高校生も含まれています。「モデル」と称してスカウトされる子や、求人サイトやSNSで知り合った人に勧誘される子も多くいます。性行為を強要すること自体が犯罪ですが、「契約」を理由にそれがビデオに撮られ、半永久的にインターネット等を介して拡散されることに被害者は苦しめられています。ここで知っておきたいことは、①契約書にサインをしたとしても、性行為やそれに類似する行為を契約書で強要することはできず、断る権利がある（判例もあり）、②性別や年齢を問わず被害者になりうるため、女性だけでなく誰もが被害者になりうるという前提で相談を受けるということです。

ちゃんとわかったかな？
復習問題にチャレンジ

(島根県 2018年)

> 次の文章は学校保健安全法の一部です。ア～キに当てはまる語を答えましょう。

【学校保健安全法】
(健康相談)
第8条　学校においては、児童生徒等の（ア）の健康に関し、健康相談を行うものとする。
(保健指導)
第9条　養護教諭その他の職員は、相互に連携して、健康相談または児童生徒等の健康状態の日常的な（イ）により、児童生徒等の（ア）の状況を把握し、健康上の問題があると認めるときは、（ウ）なく、当該児童生徒等に対して必要な（エ）を行うとともに、必要に応じ、その（オ）（学校教育法16条に規定する（オ）をいう。第24条及び第30条にて同じ。）に対して必要な（カ）を行うものとする。
(地域の（キ）機関等との連携)
第10条　学校においては、救急処置、健康相談又は保健指導を行うに当たつては、必要に応じ、当該学校の所在する地域の（キ）機関その他の関係機関との連携を図るよう努めるものとする。

第7講 健康相談

理解できたことをまとめておこう！
ノートテイキングページ

学習のヒント：健康相談のための情報収集の方法や、注意しなければいけない点について、わかったことをまとめてみましょう。

第8講 発育・発達／学校における感染症の予防と対応

理解のポイント

子どもたちの発育・発達における現状と課題を知り、成長曲線を使った発育・発達について理解しましょう。また、学校で感染症が発生した場合には大きな影響を及ぼしますから、感染症の予防と対応、予防教育についても理解して実践できるようになりましょう。

1 発育・発達における現状と課題

1 身長・体重と肥満度

「発育」とは個々の器官、身体が形態的に成熟すること、「発達」とは各臓器や器官の機能的な成熟をいいます。たとえば、身長が伸びる、肺などの臓器が増大することは発育であり、肺機能が高まることを発達といい、発育と発達は相互に関連しています。まずは、現代の子どもたちの発育・発達の現状と課題について考えてみましょう。

① 身長・体重の推移

学校保健統計調査＊は、1948（昭和23）年から、児童・生徒の発育の状態を明らかにすることを目的に毎年行われています。図表8-1は、子世代（2017＝平成29年度）、親世代（1987＝昭和62年度）、祖父母世代（1962＝昭和37年度）の男子の身長・体重について、発育状態を比較したものです。

たとえば、8歳男子の身長を例に、それぞれの年代を比較してみましょう。祖父母世代と親世代の差は4.9㎝、親世代と子世代の差は0.4㎝となっており、親世代と子世代も増加していますが、祖父母世代と親世代に比べると増加の割合は小さくなっています。

このことは、どの年代においても男女ともにみられます。

また、平均身長は、男女ともに1948（昭和23）年度以降伸びる傾向にありましたが、1994（平成6）年度から2001（平成13）年度あたりをピークとして、その後は横ばい状態にあります。

次に8歳男子の体重を例に、それぞれの年代について比較してみると、体重は、祖父母世代と親世代の増加3.3㎏、親世代と子世代の増加0.4㎏となっており、親世代と子世代もわずかに増加していますが、祖父母世代と親世代に比べると増加の割合は小さくなっています。身長と同じように体重も、どの年代においても男女ともに、親世代と子世代より祖父母世

重要語句

学校保健統計調査

国立、公立、私立幼稚園、幼保連携型認定こども園、小学校、中学校、義務教育学校、中等教育学校、高等学校の満5歳から17歳までの児童・生徒を対象に行われる調査。毎年、健康診断の結果に基づき、児童・生徒の発育状態および健康状態を調査している。

代と親世代の増加の割合が大きくなっています。

　また、肥満傾向児の出現率は、1977（昭和52）年度以降は増加傾向にありましたが、2003（平成15）年度あたりから減少傾向になっています。これに対して男子の痩身傾向児の出現率は、1977（昭和52）年度以降は増加傾向になっています。

　さらに年間発育量について、1999（平成11）年生まれ、1969（昭和44）年生まれ、1944（昭和19）年生まれで比較してみると、発育のピークは男子・女子ともに身長、体重のいずれも、現代に近い世代ほど早くなっています（図表8-2）。すなわち、現代の子どもたちの体格の増加はゆるやかですが、祖父母世代、親の世代より良好になっているといえます。

② 体力・運動能力、運動習慣

> **プラスワン**
>
> **平均体重の推移**
> 平均体重は男女ともに、1948（昭和23）年度以降増加傾向にあった。1999（平成11）年度から2006（平成18）年度あたりにピークを迎え、その後減少もしくは横ばい状態にある。
>
> **肥満度・痩身傾向児の算出方法**
> 平成17年度まで、性別・年齢別に身長別平均体重を求め、その平均体重の120％以上の体重の者を肥満傾向児、80％以下の者を痩身傾向児としていた。平成18年度から性別、年齢別、身長別標準体重から肥満度（過体重）を算出し、肥満度が20％以上の者を肥満傾向児、-20％以下の者を痩身傾向児としている。

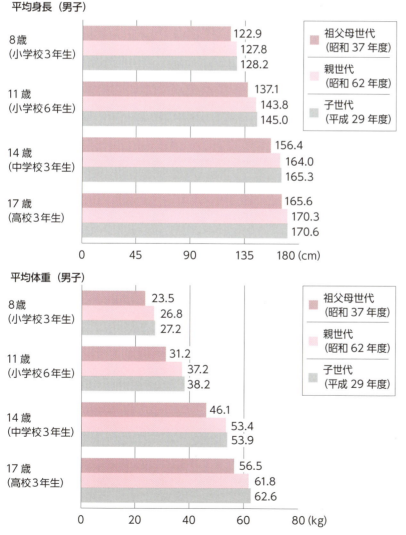

図表8-1　年間発育状態の世代間比較（男子／身長・体重）

平均身長（男子）

	祖父母世代（昭和37年度）	親世代（昭和62年度）	子世代（平成29年度）
8歳（小学校3年生）	122.9	127.8	128.2
11歳（小学校6年生）	137.1	143.8	145.0
14歳（中学校3年生）	156.4	164.0	165.3
17歳（高校3年生）	165.6	170.3	170.6

平均体重（男子）

	祖父母世代（昭和37年度）	親世代（昭和62年度）	子世代（平成29年度）
8歳（小学校3年生）	23.5	26.8	27.2
11歳（小学校6年生）	31.2	37.2	38.2
14歳（中学校3年生）	46.1	53.4	53.9
17歳（高校3年生）	56.5	61.8	62.6

文部科学省「学校保健統計調査　平成29年度」をもとに作成

図表8-2　年間発育量の世代間比較（男子/身長・体重）

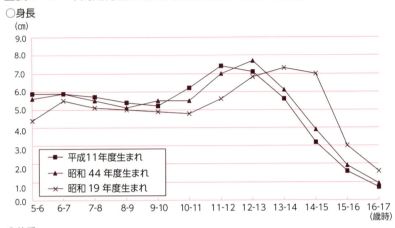
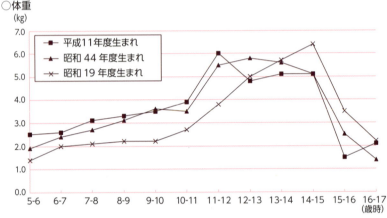

文部科学省「平成29年度学校保健統計調査」より

　2017（平成29）年度スポーツ庁の「全国体力・運動能力、運動習慣等調査」の結果から、体力と運動能力、運動習慣等の関係をみてみましょう。

　2008（平成20）年度の調査開始以降、体力合計点においては小学校および中学校の女子が最も高い合計点であり、小学校男子は、ここ数年で最も高い値を示し、中学校男子は昨年に引き続き高い値を示しています。

　1週間の総運動時間と体力合計点との関連（図表8-3）1週間の総運動時間（体育の時間の運動時間は除く）が60分未満の児童・生徒の割合は、小学校男子6.4％、中学校男子で6.5％、小学校女子11.6％、中学校女子では約19.4％を占めており、小学校では2014（平成26）年度以降ほとんど変化はなく、中学校で昨年度よりわずかに下がっています。

　体格（肥満・痩身傾向）と体力、総運動時間との関係をみると、小・中学校の男女ともに、肥満・痩身傾向の児童・生徒は1週間の総運動時間が60分未満（0分を含む）の割合が高く、体格と体力との関係でみても、小中学校の男女ともに肥満・痩身傾向の児童・生徒は体力の総合評価が低くなっています。

　また、「運動」「食事」「睡眠」をどのくらい大切だと考えているかという質問に対して、「大切」だと考えている児童・生徒の体力合計点の平均

プラスワン

全国体力・運動能力、運動習慣等調査
スポーツ庁は毎年、国民の体力・運動能力の現状について調査している。

体力の合計点
8項目の検査（握力、上体起し、長座体前屈、反復横とび、50m走、20mシャトルラン、立ち幅とび、ソフトボール投げ）を点数化し合計した点数。

図表8-3　1週間の総運動時間と体力合計点との関連

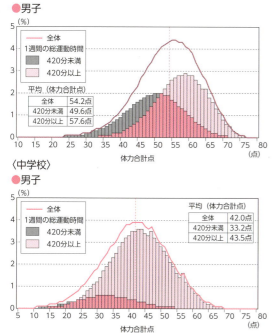

スポーツ庁「平成29年度全国体力・運動能力、運動習慣等調査結果」より

図表8-4　肥満・痩身別にみた体力の総合評価（A〜E）の割合

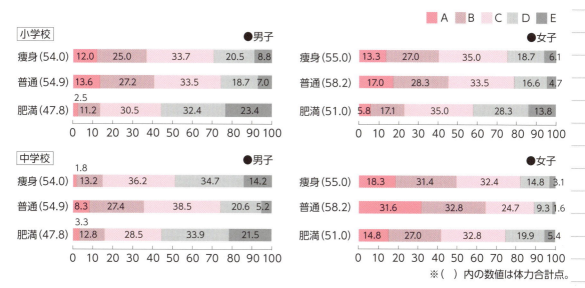

※( )内の数値は体力合計点。

※総合評価：体力合計点をもとに年齢別の基準に照らしてつけられた評価。Aが最も高く、Eが最も低い。
スポーツ庁「平成29年度全国体力・運動能力、運動習慣等調査結果」より

図表8-5 「運動」「食事」「睡眠」を大切だと考えているかと体力合計点の関連

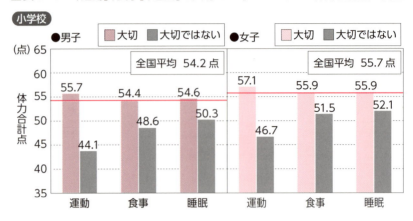
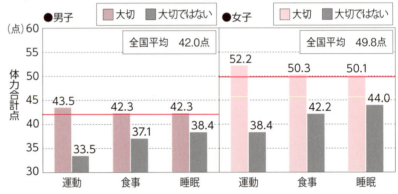

スポーツ庁「平成29年度全国体力・運動能力、運動習慣等調査」をもとに作成

値は、「大切ではない」と考えている児童・生徒より体力合計点が高い結果でした（図表8-5）。

　調査から、生活習慣を大切だと考えている児童・生徒の体力・運動能力は、大切ではないと考えている児童・生徒よりも高い傾向がみられました。

　これらのことから、学校生活のなかで日常的に外遊びを取り入れ、身体を動かす楽しさを知る機会を工夫し、運動習慣を身につくような取り組みが必要です。また、教員は生活習慣の改善について、養護教諭や栄養教諭と連携していくことが大切です。

2　成長曲線と肥満度曲線の活用

　成長期にある児童・生徒の発育・発達のバランスを評価するために活用するのが、成長曲線と肥満度曲線です。身長と体重の測定値を正しく評価するためには、身長の伸びと体重の増加を考慮しなければなりません。

① 肥満度

　肥満度は身長に対して適正に成長しているかを評価する指標であり、身長と体重を測定し、計算式に基づき肥満とやせを判定します（図表8-6、8-7）。

図表 8-6　身長別標準体重を求める係数と計算式

身長別体重＝a×実測身長－b

係数 年齢	男		女	
	a	b	a	b
5	0.386	23.699	0.377	22.75
6	0.461	32.382	0.458	32.079
7	0.513	38.878	0.508	38.367
8	0.592	48.804	0.561	45.006
9	0.687	61.39	0.652	56.992
10	0.752	70.461	0.73	68.091
11	0.782	75.106	0.803	78.846

係数 年齢	男		女	
	a	b	a	b
12	0.783	75.642	0.796	76.934
13	0.815	81.348	0.655	54.234
14	0.832	83.695	0.594	43.264
15	0.766	70.989	0.56	37.002
16	0.656	51.822	0.578	39.057
17	0.672	53.642	0.598	42.329

「児童・生徒等の健康診断マニュアル　平成27年度改訂」日本学校保健会より

図表 8-7　肥満度に基づく判定

肥満度＝｛(実測体重－身長別体重)／身長別体重｝×100（％）

	やせ傾向		普通	肥満傾向		
	－20％以下			20％以上		
判定	高度やせ	やせ		軽度肥満	中等度肥満	高度肥満
肥満度	－30％以下	－30％超 －20％以下	－20％超〜 ＋20％未満	20％以上 30％未満	30％以上 50％未満	50％以上

「児童・生徒等の健康診断マニュアル　平成27年度改訂」日本学校保健会より

② 成長曲線と肥満度曲線の意義

　成長期にある児童・生徒にあっては、発育・発達に個人差があります。小学校の早い段階から身長が急激に伸びる、逆に中学校になっても発育・発達が遅いなど、成長曲線と肥満度曲線を描くことによって、一人ひとりの児童・生徒に特有の成長の特性を評価することができます。

　また、成長曲線・肥満度曲線のパターンをみることによって、児童・生徒の発育・発達に異常がある場合には、栄養状態の変化、低身長、高身長、性早熟症の早期発見や治療につなげることができます。

③ 成長曲線と肥満度曲線の見方

　図表 8-8、8-9の上部の7本の曲線が身長の基準線で、下部にある線が体重の基準線です。

　成長曲線はパーセンタイル（％）値で示されています。パーセンタイル値とは、集団で均等に100に分けた時に何番目にあたるかを示しています。たとえば、同じ性別、年齢の児童・生徒100人のなかで、身長の低いほうから高い順にならんだ時、10パーセンタイルということは、身長が前から10番目にあたることを示します。統計学的にみると、3パーセンタイル値以下は低身長、97パーセンタイル値以上は高身長としています。

　肥満度曲線は7本の線があり、上から50％（高度肥満）、30％（中等度肥満）、20％（軽度肥満）、0％（適正体格）、－15％（やせぎみ）、－20％（やせ）、－30％（高度やせ）です。

プラスワン

スキャモンの発育曲線

誕生時を0、20歳の発育を100として、各年齢の値を100分比で示したもの。次の4つの特徴的なパターンに分かれる。
一般型：身長、体重など
神経系型：脳、神経系など
生殖器型：睾丸、卵巣、副睾丸、子宮、前立腺など
リンパ型：胸腺、リンパ節など

成長曲線と肥満度曲線を描くことで、一人ひとりの子どもの成長を見ることができます。

成長曲線と肥満度曲線の7本の曲線を「基準線」といいます。

図表8-8　成長曲線基準図と肥満度曲線基準図（男子）

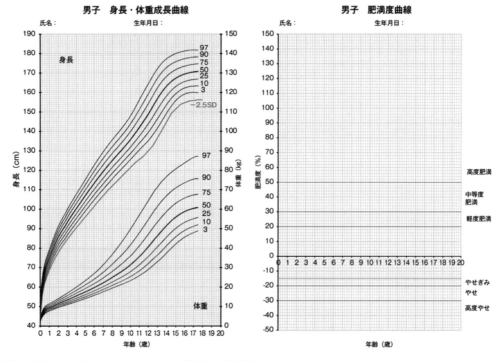

『児童・生徒等の健康診断マニュアル　平成27年度改訂』日本学校保健会より

図表8-9　成長曲線基準図と肥満度曲線基準図（女子）

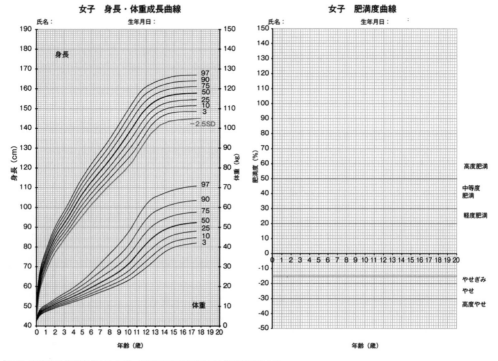

『児童・生徒等の健康診断マニュアル　平成27年度改訂』日本学校保健会より

図表 8-10　異常な成長曲線と肥満度曲線（男子）

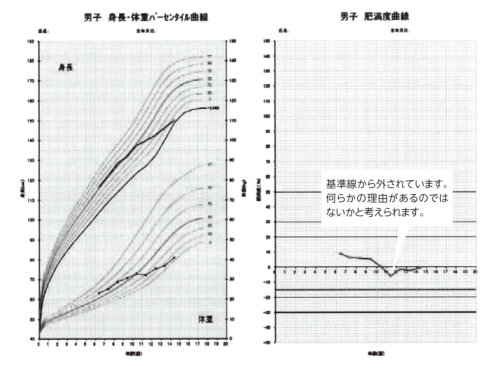

『児童・生徒等の健康診断マニュアル　平成27年度改訂』日本学校保健会より

④ 成長曲線と肥満度曲線の記入の方法

　成長曲線は、左の縦軸が身長（cm）、右の縦軸が体重（kg）、横軸が年齢です。

　たとえば6歳の男子の場合、まずは実際に身長と体重を測定します。身長は、6歳の年齢のところに身長の数値をプロットします。体重も同じように、6歳の年齢のところに体重の数値をプロットします。肥満度は、肥満度の計算式に合わせて計算を行い、6歳の年齢のところに肥満度をプロットします。

⑤ 成長曲線と肥満度曲線の評価

　成長曲線では、3パーセンタイル値と97パーセンタイル値の間に、全体の94％の児童・生徒の発育値が入るようになっています。身長と体重がこの範囲内で成長曲線に沿って成長していれば、発育はほぼ正常であると判断します。基準線と比較して上向き、あるいは下向きといった異常パターンを示す場合は注意が必要です。

　たとえば、図8-10は基準線に成長曲線、肥満度曲線ともに基準線に沿って成長していましたが、11歳ころにチャンネル＊を横切っています。

　グラフからもある程度判断できますが、発育の曲線が変だなと思ったときは、児童・生徒の発育の経過を見守ることが大切です。

　また、低身長、高身長、性早熟症の早期発見だけでなく、栄養状態の変化から摂食障害や虐待などの発見につながることもあります。その場合には、児童・生徒や保護者に対して、個別の健康相談、保健指導を行います。

重要語句

チャンネル

成長曲線および肥満度曲線の基準線と基準線の間のことをいう。

そのうえで、継続的に発育の異常がみられる場合には、医師の受診をすすめます。

このように成長曲線と肥満度曲線を使うことで、児童・生徒の発育・発達の様子を把握するとともに、個別の指導にも生かすことができます。

2 学校における感染症の予防と対応

1 学校における感染症の予防

感染症は、細菌やウイルス等の微生物が人や動物の体内へ侵入し、増殖することによって発症します。学校は、児童・生徒が集団生活を営む場です。感染症が発生した場合は大きな影響をおよぼしますから、予防が最も重要になります。

① 学校における感染症予防の意義

感染症が発生した場合、学校のみならず家族や周囲の人を巻き込み、地

図8-11　感染症対策関連法規

関連法規		内　容	項　目
学校保健安全法	第19条	**校長**は、感染症にかかっており、かかっている疑いがあり、又はかかるおそれのある児童・生徒等があるときは、政令で定めるところにより、出席を停止させることができる。	出席停止
学校保健安全法	第20条	**学校の設置者**は、感染症の予防上必要があるときは、臨時に、学校の全部又は一部の休業を行うことができる。	臨時休業
学校保健安全法施行規則	第19条	出席停止の期間の基準は、前条の感染症の種類に従い、次のとおりとする。（図表8-12）	出席停止期間
学校保健安全法施行令	第6条	**校長**は、法第19条の規定により出席を停止させようとするときは、その理由および期間を明らかにして、幼児、児童又は生徒（高等学校（中等教育学校の後期課程および特別支援学校の高等部を含む。以下同じ。）の生徒を除く。）にあってはその保護者に、高等学校の生徒又は学生にあっては当該生徒又は学生にこれを指示しなければならない。 2　出席停止の期間は、感染症の種類等に応じて、文部科学省令で定める基準による。	出席停止の指示
学校保健安全法施行令	第7条	**校長**は、前条第1項の規定による指示をしたときは、文部科学省令で定めるところにより、その旨を学校の設置者に報告しなければならない。	出席停止の報告

域まで大きな影響を及ぼします。感染症を防ぐとともに、児童・生徒が、安心して学校生活を過ごすことができるように支援することが大切です。

② 法令に基づく感染症対策

「学校保健安全法」では、感染予防のため、校長は出席停止（同第19条）等の措置をとることになっています。それを受けて、「学校保健安全法施行令」では、校長が保護者等に出席停止の指示を行うこと（第6条第1項）、出席停止の期間は省令で定める基準によること（第6条第2項）等が規定されています。

図表8-12　学校において予防すべき感染症の種類と出席停止期間の基準

	対象疾病	出席停止の期間
第一種	エボラ出血熱	治癒するまで
	クリミア・コンゴ出血熱	
	痘そう	
	南米出血熱	
	ペスト	
	マールブルグ病	
	ラッサ熱	
	急性灰白髄炎	
	ジフテリア	
	重症急性呼吸器症候群（SARS）	
	中東呼吸器症候群（MERS）	
	特定鳥インフルエンザ（H5N1およびH7N9）	
第二種	インフルエンザ（特定鳥インフルエンザを除く）	発症した後（症状が出た日の翌日を1日目として）5日を経過し、かつ、解熱した後2日（幼児にあっては、3日）を経過するまで
	百日咳	特有の咳が消失するまでまたは5日間の適正な抗菌性物質製剤による治療が終了するまで
	麻しん	解熱した後3日を経過するまで
	流行性耳下腺炎	耳下腺、顎下腺または舌下腺の腫脹が発現した後5日を経過し、かつ、全身症状が良好になるまで
	風しん	発しんが消失するまで
	水痘	すべての発しんが痂皮化するまで
	咽頭結膜熱	主要症状が消退後2日を経過するまで
	結核	病状により学校医その他の医師が感染のおそれがないと認めるまで
	髄膜炎菌性髄膜炎	病状により学校医その他の医師が感染のおそれがないと認めるまで
第三種	コレラ	症状により学校医その他の医師において感染のおそれがないと認めるまで
	細菌性赤痢	
	腸チフス、パラチフス	
	腸管出血性大腸菌感染症	
	流行性角結膜炎	
	急性出血性結膜炎	
	その他の感染症	

第8講　発育・発達／学校における感染症の予防と対応

また、学校において予防すべき感染症の種類については、「学校保健安全法施行規則」第18条において、第一種、第二種、第三種の3つが規定されています。さらに出席停止の期間の基準は、「学校保健安全法施行規則」第19条に定められています（図表8-11）。

2 感染症予防の三原則

感染症の予防の三原則は、「感染源（病原体）の除去」「感染経路の遮断」「抵抗力を高める」です。

① 感染源（病原体）の除去

感染源の除去とは、消毒などにより感染源となる病原体を除去することです。感染源の除去は、病原体によって対策が異なりますから、感染症に応じた対処方法を理解しておくことが大切です。教職員は、感染症流行の徴候を児童・生徒の健康観察や保健室来室状況で把握するとともに、地域の流行状況などの情報を入手し、感染症の拡大を予防します。

② 感染経路の遮断

教員は日常の手洗い・うがいなどを徹底し、体内に感染源を入れないようにします。また、マスクの着用、咳エチケットなど、衛生状態をよくするように、啓発を行います。教職員は、学校環境衛生管理を徹底し、換気の励行など、児童・生徒保健委員会の生徒を中心に活動をすすめます。

③ 抵抗力を高める（感受性対策）

教職員は、児童・生徒の身体の抵抗力を高めるために、規則正しい生活習慣（食事、適度な運動、睡眠）について保健教育を行います。また、インフルエンザなどの流行期の前には、予防接種を推奨します。

> **プラスワン**
>
> **咳エチケット**
> 咳やくしゃみをするときに、ハンカチ、タオル、ティッシュなどで口を覆い、周囲にウィルスが飛散しないようにすること。

3 学校における感染症対策

学校における健康観察は、児童・生徒等の心身の健康状態を把握するために、教育活動全体を通じて学級担任をはじめ全教職員で行います。他方、家庭での健康観察については、保護者に健康観察のポイントなどを記したお願い文書などを配布し、協力を得て行います。

児童・生徒は、多くの時間を学校で過ごします。日常の健康観察と臨時の健康観察について考えてみましょう。

① 日常の健康観察（朝の健康観察）

一日の始まりである朝の会では、児童・生徒がその日の学校生活を健康に過ごすことができるか、疾病や感染症等のおそれがないかを観察します。担任が児童・生徒の名前を呼びながら、健康状態を把握します。そのことは担任と児童・生徒のコミュニケーションを深める場となります。

② 臨時の健康観察

感染症発生時、あるいはその疑いがある場合、教職員は早期対応や発見に努め、特に児童・生徒の健康観察の徹底を図ります。日常の健康観察に加え、その感染症特有の症状について観察します（図表8-13）。さらに、個人の感染の有無だけでなく、学校全体、学年、クラスなど集団としての感染状況を把握します。また、地域の感染症の発生状況などについても、

図表8-13　臨時の健康観察簿

保健センターや保健所と連携して情報を収集します。

4 感染症発生時の実際

① 感染症発生時の対応

感染症にり患した疑いのある児童・生徒がいる場合は、早期に対応することが必要です。

図表8-14はインフルエンザが発生した場合の、担任、養護教諭、管理職の役割分担を示したものです。

② 二次感染予防のための汚物処理の手順

感染性胃腸炎の原因となるウイルス（ノロウイルス等）は、保菌者の吐物やふん便が乾燥して空中に飛散し、これが他の人の口に入って感染することがあります。吐物・ふん便が乾燥しないうちに、すみやかに処理することが大切です。二次感染*を予防するためにも、嘔吐物等の処理方法を学び、実践できるようにしておきましょう（図表8-15）。

5 感染症予防教育

① 日常における予防

感染症が流行した場合は、早期発見と早期対応が大切です。教職員は児童・生徒の健康観察の状況や保健室来室の様子から、それらの流行の兆しの早期発見に努めます。また、養護教諭は、厚生労働省のサーベイランス情報、地元の保健所や教育委員会が発信する情報、地域や居住区の健康情報を収集します。さらに、学校医との情報交換も行います。

② 感染拡大予防

感染した児童・生徒による他者感染を防ぐためには、体力が十分回復するまで休養させるなど、家庭での過ごし方を指導します。感染対策の基本として行われるスタンダード・プリコーション*という考え方も重要です。

また、教職員は児童・生徒の出席停止期間（図表8-12）について確認し、校内で共通理解をしておきます。出席停止期間は、それぞれの感染症が他人に感染するおそれがなくなるまでを基準としています。再登校する場合には、主治医の許可を得て登校するように、保護者に理解してもらうことが大切です。

語句説明

二次感染

ある感染症に最初に感染した人から感染を受けること。または、同じ人が別の感染症にかかることをいう。

重要語句

スタンダード・プリコーション（標準予防策）

感染症の有無にかかわらず、すべての患者の血液、分泌物、粘膜損傷、粘膜を感染性があるものとして扱おうとする考え方のこと。たとえば、嘔吐物等の処理にあたっては使い捨て手袋やマスクを使用し、感染の拡大を予防する。

③ 保健教育

現行の「学習指導要領」(平成20年)の保健学習では、小学校6年「病気の予防」、中学校「健康な生活と疾病の予防」、高校「現代社会と健康」の単元で、感染症について学習します。また教職員は、児童・生徒の発達段階に応じて感染症予防のための保健教育を行います。

④ 予防接種

予防接種は、個人の感染を予防するだけでなく、感染症の流行を予防します。学校は児童・生徒に対してはもちろん、その保護者が自らの健康を

図表8-14　インフルエンザ発生時の対応例

	担任	養護教諭	管理職
情報収集	欠席情報の把握 臨時の健康観察(発熱、気分不良など) 保護者との連絡	健康観察の徹底(症状別の健康観察) 健康状態の把握 今期のインフルエンザの症状の把握 保健室来室状況 地域の発生状況	校区状況の把握 学校医への連絡
情報の整理	登校者の健康状態の把握 り患登校者数 欠席数 出席停止者数 早退者数	学校・学年・学級における 欠席者数 出席停止者数 り患登校者数 登校者の健康状態の把握 部活動での発生状況の把握	学校全体の発生状況の把握 地域・校区の発生状況の把握
対応の検討	保健部・臨時運営委員会の開催		
	対応策の検討(短縮授業・学級閉鎖・遅延登校・臨時休業・一斉下校・部活動中止)	対応策の検討(短縮授業・学級閉鎖・遅延登校・臨時休業・一斉下校・部活動中止)学校医との連携	対応の検討 (短縮授業・学級閉鎖・遅延登校・臨時休業・一斉下校・部活動中止)、教育委員会等への報告
対応・措置	(必要時)臨時職員会議(教職員の共通理解)		
	インフルエンザに対する正しい理解、感染予防について保健指導 児童・生徒への対応措置の連絡、学級通信 消毒薬等の衛生管理 教室の換気の徹底	職員へのインフルエンザについての保健指導 健康相談 ほけんだより	インフルエンザ出席停止期間の確認と徹底 保護者への通知(学級閉鎖など) 文書作成 教育委員会等への文書報告 関係機関への連絡
事後措置	保健部・臨時運営委員会の開催		
	出席児童・生徒の回復状況の確認 記録の作成と保管 保護者への連絡	措置の延期、解除等の検討 学校医と連携 地域の発生状況の確認、記録の保管	対応の決定 地域の発生状況の把握 文書の保管
評価	児童・生徒や保護者への対応は適切であったか インフルエンザについての保健指導は適切であったか 校内の連携はスムーズであったか	予防対策は適切であったか 関係機関との連携は適切であったか 児童・生徒保護者への説明は適切であったか 校内の連携体制、役割分担は適切であったか	対応措置は適切であったか 校内の連携体制、役割分担は適切であったか 関係機関への報告は適切であったか

植田誠治・河田史宝(監修)、石川県養護教育研究会(編)『新版・養護教諭 執務のてびき 第9版』東山書房、2014年をもとに作成

図表8-15 感染性胃腸炎による二次感染防止のための汚物処理方法

感染性胃腸炎による二次感染防止のための汚物の処理方法

吐物・糞便
↓
- 教職員に連絡
- 児童・生徒を排せつ物に近づけない
↓
処理

1. 嘔吐物処理セットを職員室・保健室に取りに行く
2. マスク・使い捨て手袋（2枚）・使い捨てエプロンをつける
3. バケツに水1リットルに対して0.1％次亜塩素酸ナトリウムをペットボトルキャップ4杯（10ml）を入れる。（1000ppm）
4. 消毒液に浸したタオルで嘔吐物を中央に寄せるようにして集め、ビニール袋に捨てる。
5. 3の液に浸した新聞紙で床を覆い、10分から15分放置する。
6. その新聞紙・ペーパータオルなどはビニール袋に二重に密閉し、廃棄する。
7. 嘔吐物をふき取った床は、次亜塩素酸ナトリウムを含ませた布でしばらく覆い拭き取る。
8. 1枚手袋を外し、処理に使ったバケツ等は、同様の液に5～10分ほど浸して消毒する。

↓
吐物が付着したマスク・使い捨て手袋・エプロンをビニール袋に入れ密閉し廃棄する。
↓
処理が終わったらすみやかに薬用石けんで手を洗う。

嘔吐物処理セット
バケツ、0.1％次亜塩素酸ナトリウム、ペーパータオル、新聞紙、使い捨て手袋、ウエットティッシュ、使い捨てエプロン、マスク、靴カバー、ビニール袋など

筆者作成

> 水1ℓに対して、ペットボトルキャップ4杯（10ml）の0.1％次亜塩素酸ナトリウムをバケツに入れると、1000ppmの消毒薬ができます。

守れるように適切な情報を提供します。

6 感染症情報の入手方法

感染症情報は、「感染症発生動向調査 週報」（国立感染症研究所）、「国民衛生の動向」（厚生労働統計協会）、「学校保健ポータルサイト」（日本学校保健会）などのウェブサイトから、最新の情報を入手できます。

最近の新興感染症や再興感染症についても調べておきましょう。

また、抗生物質などの抗生剤に対する抵抗性が著しく高くなった<u>薬剤耐性菌</u>の出現があります。

「新興感染症」とは、WHOにより「かつては知られておらず、この20年間で新たに認識されるようになった、公衆衛生上問題となる感染症」で、エボラ出血熱、AIDSなどがあります。

また「再興感染症」とは、WHOにより「かつて存在した感染症で公衆衛生上ほとんど問題にならないようになっていたが、近年再び増加してきたもの、あるいは将来的に再び問題となる可能性のある感染症」で、結核、マラリアなどがあります。

最近では、<u>ジカウイルス感染症</u>が、2016年2月に「感染症の予防およ

プラスワン

予防接種
予防接種には「予防接種法」に決められた定期予防接種と、任意予防接種がある。2013（平成25）年、任意予防接種にHib感染症、小児肺炎球菌感染症が追加された。

び感染症の患者に対する医療に関する法律（感染症法）」上の4類の感染症に指定され、全数報告疾患になっています。ジカウイルスは、主に、ジカウイルスを保有する蚊に刺されることによって感染します。妊婦がジカウイルスに感染した場合は母子感染（胎内感染）により、胎児・新生児に小頭症もしくは他の中枢神経異常などの先天性ジカウイルス感染症の症状を認める場合があります。

ディスカッションしてみよう！

　4年B組は35人の学級です。朝の健康観察では、インフルエンザの出席停止者が1名、発熱による欠席が3名います。登校している児童のなかにも、頭痛や気分不良を訴える子どもが数名います。学級担任として、感染症予防の三原則（感染源〔病原体〕の除去、感染経路の遮断、抵抗力を高める）の観点からディスカッションしてみましょう。

たとえば・・・

> 復習や発展的な理解のために
> **知っておくと役立つ話**

熊本地震から感染症予防対策を学ぶ

　2016（平成28）年4月14日の午後9時26分、熊本県益城町を震源とする震度7、M6.5の地震（前震）が起きました。被災した多くの学校は翌15日から休校となりました。さらに4月16日の午前1時25分に、前震を上まわる震度7、M7.3の地震（本震）が起きました。

　この熊本地震に関して、熊本市養護教諭会は『平成28年度　教育実践・活動のまとめ～熊本地震　その時　それからの養護教諭～』として資料をまとめました。そのなかから、学校再開に向けての感染症対策について学んだことを考えてみましょう。

　前震および本震後、電気、ガス、水道などのライフラインが大きな被害を受けました。そのライフライン被害のなかで、水道被害が学校再開に向けて最も問題となりました。水道管が破損し、多くの学校は断水状態になりました。断水によって水が飲めない状況に陥りましたが、それだけでなく、手洗い、トイレなど衛生面の問題に直面することになりました。

　また多くの学校は本震後、地域住民の避難所になりました。その際、ガラスの破片などが散乱して危険な場所があるため、学校の校舎内外に関係なく避難住民は靴を履いた状況で使用しました。靴についた汚泥は、感染症が発生する雑菌が混在している可能性があります。感染症の発生のおそれのないもとの学校環境に戻すために、この汚泥の除去や衛生面の改善が大きな課題となりました。そのため、断水が解除されても、すぐに学校が再開できたわけではありません。多くの学校が再開されるまでに、1カ月近くを必要としました（多くの学校は5月11日前後に児童・生徒の登校を開始しました）。

　その間、感染症予防対策として、断水が解除されてから教職員が優先して行ったことは、校舎の清掃です。PTAや地域住民の協力も得て校舎の清掃・消毒を行いました。また、それ以外の感染症予防対策として、トイレの消毒などの衛生管理、環境衛生点検の準備、断水への対応としての水の備蓄、水質管理センターへの連絡、水質検査実施のための日程調整、水道水使用前の水質検査などを、養護教諭と教職員が協力して進めました。さらに教職員は協力して、児童・生徒や保護者に感染症予防のための保健指導や心身のケアと対応を行いました。

　このような対応をして、学校における地震後の感染症予防対策には、さまざまな課題がみえてきました。なかでも、危機管理マニュアルが実際に活用できなかった学校が多かったことは、大きな課題となりました。災害時の感染症予防対策としての危機管理マニュアルを見直し、活用できる内容かどうかを確認しておくことが大切です。また、地震に限らず災害後に多くの人が集合するところでは、感染症が発生することを前提とした対策を考えておく必要があります。この意味で、行政組織も含めた実効性のある感染症予防対策マニュアルを作成しておくことが必要です。

第8講　発育・発達／学校における感染症の予防と対応

ちゃんとわかったかな？
復習問題にチャレンジ

(東京都　2018年)

①学校保健に関する記述として、法令に照らして適切なものを次の1～5のうちから選びましょう。

1　学校においては、感染症が発生した時は、必要に応じて、臨時に児童・生徒等の健康診断を行うものとするが、食中毒が発生した時は、必ず、臨時に健康診断を行うものとする。
2　学校において予防すべき感染症のうち、出席停止の期間の基準が定められている感染症には、インフルエンザ、百日咳、風疹、伝染性膿痂疹、水痘がある。
3　校長は、感染症による出席停止を指示した際は、学校の名称、出席を停止させた理由と期間、および児童・生徒等の氏名を当該地域の保健所に報告しなければならない。
4　校長は、児童・生徒等および職員の健康の保持を図るため、感染症の予防上必要があるときは、臨時に学校の全部または一部の休業を行うことができる。
5　校長は、感染症にかかっており、かかっている疑いがあり、又はかかるおそれのある児童・生徒等があるときは、政令で定めるところにより、出席を停止させることができる。

(兵庫県　2018年)

②学校において予防すべき感染症について、次の問いに答えましょう。

(1) インフルエンザについて、次の場合、学校保健安全法施行規則第19条の出席停止の期間の基準により、登校が可能となる日付を書きましょう。

　　1月20日　　高熱等の症状が現れた
　　1月21日　　病院でインフルエンザと診断された
　　1月22日　　熱が平熱まで下がり、以後発熱はない

(2) 麻しんについて、次の①～⑤の文中下線部ア～カの記述が正しいものには○を、誤っているものには、正しい語句や数字を書きましょう。

・麻しんウィルスの感染経路は、ア経口感染、飛沫感染、接触感染である。
・麻しんを予防するためには2回の予防接種が必要であり、平成18年度から「第1期：イ3歳児」、「第2期：小学校段階入学前1年間の幼児」に該当する者が、ウ感染症法で定期接種の対象者として位置付けられた。
・麻しんの病期は、臨床的に、潜伏期、最も感染力が強いエ発熱期、麻しん期、回復期に分けられる。
・口内の粘膜に、オ潰瘍性水泡と呼ばれる麻しん特有の白いブツブツが出来ることが診断のポイントである。
・学校保健安全法施行規則第19条により、出席停止の期間の基準は、解熱後カ3日を経過するまでである。

③感染症予防の三原則(対策)をあげましょう。

理解できたことをまとめておこう！
ノートテイキングページ

学習のヒント：①運動習慣や生活習慣と発育の関係について、わかったことをまとめてみましょう。

②感染症の早期発見のために有効な方法について、わかったことをまとめてみましょう。

第8講 発育・発達／学校における感染症の予防と対応

第9講 学校生活で特に注意をすべき子どもの病気

理解のポイント

子どもは大人に比べて病気にかかりやすく、病気にかかったときに症状が強く出やすい傾向があります。しかし、自分で症状を伝えることが難しい場合もあり、ときに重症化することもあります。この講では、子どもによくみられる疾患や異常について学びましょう。

1 消化器疾患

腹痛は子どもがよく訴える症状です。腹痛をきたす主な疾患には、以下のようなものがあります。

1 腸炎

腹痛のほか、下痢、嘔吐、発熱が主な症状です。原因は、ウイルス性ではロタウイルス、ノロウイルス、アデノウイルスなどがあります。細菌性では、キャンピロバクター、サルモネラ、病原性大腸菌などが原因菌で、血便をともなうこともあります。

ウイルス性腸炎には特別な治療法はなく、対症療法で対応します。細菌性腸炎では抗生物質を服用します。これらの腸炎は、ウイルスや病原菌が人の手などを介して口に入って感染し発症する可能性があり、予防に最も効果的なことは、手をよく洗うことです。

下痢は過食による消化不良、冷え、ストレスが原因となる場合もあります。便の性状を観察し、血便や白色便の場合は、病院を受診させましょう。

嘔吐をともなう場合は、脱水になりやすいので、尿量や飲水量を把握することが重要です。水分補給には、湯ざましやお茶、食塩とブドウ糖を混ぜて水で溶かした経口補水液などが適しています。

2 便秘

排便の回数が極端に少ないか、便が出にくくて苦しい状態をいいます。多くは体質や食事、生活習慣によるものですが、注意しなければならないのは、便秘を引き起こす病気が隠れている可能性もあるということです。頑固な便秘の場合は、一度病院を受診することをすすめるとよいでしょう。

腹痛はよく遭遇する症状の一つですが、原因疾患によって、緊急の対応や治療が必要となるものがあるのですね。

3　虫垂炎（ちゅうすいえん）

いわゆる「盲腸」といわれるもので、盲腸の先の虫垂が化膿する病気です。学童に多く、診断が難しくて進行が早く、穿孔（せんこう）や腹膜炎などの合併症を起こすこともあります。下腹部を痛がり、嘔吐が激しい場合は、病院を受診させます。

4　鼠径ヘルニア（そけい）

主に小腸や大腸などの臓器が、鼠径部に飛び出して腫れてくる病気です。出たり入ったりしているときは問題ありません。嵌頓（かんとん）といって、飛び出した臓器が締め付けられてもとに戻らなくなると、血流障害をきたし、臓器が壊死に陥ります。嵌頓を起こした場合は、緊急手術が必要になります。

2　循環器疾患

心疾患による突然死は、近年減少してきています。学校定期健康診断（→第6講）での検査（学校心臓検診）が突然死の防止に貢献していると考えられます。学校心臓検診で何らかの異常を認めた場合、**学校生活管理指導表**＊に基づいて、学校での運動などの活動内容や行事への参加の仕方を確

> **重要語句**
>
> **学校生活管理指導表**
>
> 心疾患および腎疾患、アレルギー疾患を有する児童・生徒が学校で健康・安全に過ごすことができ、さまざまな事故を防止するために運動強度に関する指導区分を示したもの。指導表は保護者を通じて年に1回主治医に記載してもらい、学校で保管する。

図表9-1　学校生活管理指導表（小学生用）

認します（図表9-1）。

　これは、該当する児童・生徒の学校生活での事故を未然に防ぎ、健康・安全に過ごすことができるように、運動強度と指導区分を示したものです。小学生用と中・高校生用の2つの様式があり、腎疾患その他の疾患をもつ児童・生徒にも活用できます。

　学校心臓検診で問題となる主な心臓疾患には、以下のものがあります。

1 先天性心疾患

　先天性心疾患の生下時の頻度は、出生した1000人中8～10人の割合です。正常な心臓は、左心房、左心室、右心房、右心室の4つの部屋に分かれ、左右の心房の間には心房中隔があり、また左右の心室の間に心室中隔があって、左右の動脈血と静脈血は混ざり合わないようになっています。また、心房と心室、心室と動脈の間には弁があり、血液は常に決まった方向へ流れ、逆流が起こらないようになっています。

　症状は、チアノーゼ*、呼吸数や心拍数の増加、疲れやすさなどがあります。心電図やレントゲン検査、超音波検査、心臓カテーテル検査、心血管造影検査などで診断され、重症なものでは出生後早くに手術をしないと死亡する例もあります。先天性心疾患の発症には、何らかの形で遺伝が関係していると考えられています。

　主な先天性心疾患には下記のようなものがあります（図表9-2）。

① **心室中隔欠損症（VSD）**

　左右の心室間の壁に孔が開いている異常で、左心室から右心室に血液が流れ込みます。1/3～1/2が自然に閉鎖しますが、欠損孔の大きさと場所により重症度が違い、症状が強いものは手術が必要です。一方、聴診で心雑音があるのみで、運動も激しいもの以外は制限する必要はなく、孔も自然閉鎖するものもあります。

② **心房中隔欠損症（ASD）**

　左右の心房間の壁に孔が開いていて、血液が左心房から右心房に流れ込みます。症状が比較的少ないため、検診時に心雑音や心電図によりはじめて発見される場合も多いです。

③ **ファロー四徴症（TOF）**

　心室中隔欠損、肺動脈狭窄、右心室肥大、大動脈騎乗*の4徴候からなる異常です。出生後まもなくチアノーゼが出現し、手術を行わないと小児期に大部分が死亡します。

2 川崎病

　乳幼児に発症する原因不明の急性熱性疾患です。主な症状は、発熱、発疹、口唇や舌の異常、頸部リンパ節炎などです。心臓の冠動脈拡大や狭窄、閉塞などが合併症として知られています。冠動脈の異常があるものは、定期的な検査や運動制限などの管理が必要ですが、冠動脈に障害がないものは、管理は不要です。

チアノーゼ
血中の酸素が不足し、皮膚、特に指先や口唇が青紫色になる状態をいう。

大動脈騎乗
大動脈が両方の心室にまたがって出ている状態のこと。

図表9-2　正常な心臓と代表的な先天性心疾患

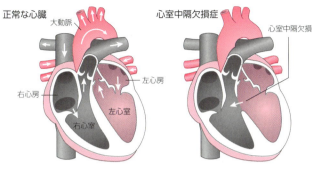

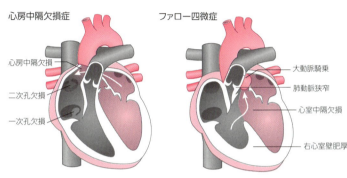

3　不整脈

　ふだん規則正しく打っている脈拍（心拍）が不規則なリズムになったり、ゆっくり、もしくは速くなったりするものを不整脈といいます。1分間に50回以下のゆっくりとした脈は「徐脈」、1分間に100回以上の脈を「頻脈」と呼びます。リズム正しく打っている脈のなかに、速く打つ脈が現れたり、脈が1拍飛んだりするものは期外収縮といいます。

　不整脈の症状には、動悸、胸部不快感、めまい、失神などがあります。不整脈は年齢が上がると頻度が高くなりますが、健康な子どもにしばしばみられるものや、突然死の危険性のあるものなど、さまざまです。

　突然死のリスクの高い不整脈には、完全房室ブロック、洞機能不全、QT延長症候群、心室頻拍、WPW症候群などがあります。不整脈については、専門医を受診し、危険性の有無を判断することと、必要な管理を行うことが重要です。

4　心筋疾患

　心機能異常をともなう原因不明の心筋疾患を「心筋症」といい、拡張型心筋症、肥大型心筋症、拘束型心筋症などがあります。動悸、胸痛、呼吸困難などが症状です。

　また、心筋に炎症をきたす疾患を「心筋炎」といいます。原因は、感染症、免疫異常による炎症、薬物や放射線などによるものなどです。症状は、炎症、心不全、不整脈によるものです。

　心筋症、心筋炎のいずれも、突然死の原因となることがありますので、

> 心疾患や腎疾患などには、運動や学校行事に制限が必要なものがあります。それを把握し、学校生活を安全に送るために「学校生活管理指導表」を活用するのですね。

必ず専門医を受診し、管理を行う必要があります。

5 起立性低血圧

　自律神経の失調によるもので、起立時に下肢静脈から血流が十分に戻らないために低血圧が生じ、立ちくらみ、めまいなどが出現します。年齢が上がると徐々に起こらなくなるため、成長にともなう生理現象とも考えられています。

　注意することは、起立時にいきなり立ち上がらない、生活リズムの調整、塩分と水分の摂取などで、防止には弾性ストッキングなどの血圧低下防止装具の利用などがあります。

3　内分泌・代謝疾患

　1977（昭和52）年から行われるようになった新生児マス・スクリーニング検査により、内分泌・代謝疾患を早期に発見、早期に治療開始することが可能となりました。2014（平成26）年から全国の自治体で採用されていて、現在の対象は17疾患以上となっています。

　ほかに身近にみられる代謝疾患として、ケトン性低血糖症があります。子どもは、絶食や感染、疲れなどのストレスにより、容易にブドウ糖不足に陥ります。そのような状態のときには、ブドウ糖の代わりに脂肪を分解してエネルギーとして利用しますが、その際にケトンが生成されます。低血糖症状や嘔吐、腹痛、頭痛などが主な症状で、ブドウ糖を含む補液が治療に用いられます。

　そのほかに、下記の疾患が特に重要です。

1 糖尿病

　インスリン（血糖値を下げる働きをする体内ホルモン）が分泌されなかったり、分泌量が少なかったり、十分に作用しなかったりするため、血糖値が高い状態が持続する疾患です。診断には、早朝空腹時血糖値や75gOGTTなどの検査が用いられます。高血糖が長期にわたると血管傷害が進み、目や腎臓などの臓器に重大な障害をきたします。

　インスリンがつくられる膵臓のβ細胞が破壊されてしまう1型糖尿病と、肥満や運動不足などによりインスリンの働きが悪くなる2型糖尿病があります。このうち、2型糖尿病では食事療法、運動療法が重要で、場合により治療として薬物やインスリン注射が選択されます。

　その一方、1型糖尿病では、インスリン注射による治療が必須です。食後の血糖値を下げる速効型と長時間作用する持効型とを組み合わせて、頻回に注射が必要です。近年では、持続皮下インスリン注入療法を行う患児も増えています。

　インスリン療法では、血糖値が下がりすぎて、低血糖症状が出現するこ

> **プラスワン**
>
> **インスリン**
> 炭水化物（糖質）は、消化分解されるとグルコース（ブドウ糖）となり、主なエネルギー源として全身で使われる。ブドウ糖を臓器や筋肉に取り込む働きをするのがインスリンで、インスリンのこの働きにより血糖値（血液中のブドウ糖濃度）が下がる。インスリンは血糖値を下げる唯一のホルモン。

図表9-3　糖尿病患児の治療・緊急連絡等の連絡票

糖尿病患児の治療・緊急連絡法等の連絡表

学校名　　　　　　　　　年　　組	記載日　平成　　年　　月　　日
	医療機関
氏名　　　　　　　　　　　男・女	医師名　　　　　　　　　　　印
生年月日　昭和・平成　　年　　月　　日	電話番号

要管理者の現在の治療内容・緊急連絡法

診断名　　① 1型（インスリン依存型）糖尿病　　② 2型（インスリン非依存型）糖尿病
現在の治療　1. インスリン注射：　1日　　回　　　　昼食前の学校での注射（有・無）
　　　　　　　　学校での自己血糖値測定　（有・無）
　　　　　　2. 経口血糖降下薬：薬品名（　　　　　　　　　）学校での服用　（有・無）
　　　　　　3. 食事・運動療法のみ
　　　　　　4. 受診回数　　　　回／月
緊急連絡先　保護者　氏名　　　　　　　　　　　　　自宅TEL
　　　　　　　　　　勤務先（会社名　　　　　　　　　　　　　TEL　　　　　　　　　　）
　　　　　　主治医　氏名　　　　　　　施設名　　　　　　　　TEL

学校生活一般：基本的には健常児と同じ学校生活が可能である

1. 食事に関する注意
　学校給食　　①制限なし　②お代わりなし　③その他（　　　　　　　　　　　　　　）
　宿泊学習の食事　①制限なし　②お代わりなし　③その他（　　　　　　　　　　　　）
　補食　　　　①定時に（　　　時　食品名　　　　　　　　　　　　　　　　　　　　）
　　　　　　　②必要なときのみ　（どういう時　　　　　　　　　　　　　　　　　　
　　　　　　　　　　　　　　　　　食品名　　　　　　　　　　　　　　　　　　　　）
　　　　　　　③必要なし
2. 日常の体育活動・運動部活動について
　「日本学校保健会　学校生活管理指導表」を参照のこと
3. 学校行事（宿泊学習、修学旅行など）への参加及びその身体活動
　「日本学校保健会　学校生活管理指導表」を参照のこと
4. その他の注意事項

低血糖が起こったときの対応＊

程度	症状	対応
軽度	空腹感、いらいら、手がふるえる	グルコース錠2個 （40kcal＝0.5単位分。入手できなければ、スティックシュガー10g）
中等度	黙り込む、冷汗・蒼白、異常行動	グルコース錠2個 （あるいは、スティックシュガー10g）食べる。 さらに多糖類を40〜80kcal（0.5〜1単位分）食べる。 （ビスケットやクッキーなら2〜3枚、食パンなら1/2枚、 　小さいおにぎり1つなど） 上記補食を食べた後、保健室で休養させ経過観察する。
高度	意識障害、けいれんなど	保護者・主治医に緊急連絡し、救急車にて主治医または近くの病院に転送する。救急車を待つ間、砂糖などを口内の頬粘膜になすりつける

＊軽度であっても低血糖が起こったときには、保護者・主治医に連絡することが望ましい。

とがあります。その場合、早く症状に気づき、ブドウ糖を摂取する必要があります。ブドウ糖の摂取が遅れると意識を失うことから、血糖値を一時的に上昇させるグルカゴン注射やブドウ糖注射、補食が必要となるため、病院へ救急搬送しなければなりません。図表9-3の連絡票を活用しながら、保護者や主治医と連携して、子どもが安心して学校生活を送れるよう援助していくことが必要です。

2　甲状腺疾患

　甲状腺ホルモンは、成長期の脳や身体の発達に重要なホルモンの一つです。先天性甲状腺機能低下症は、新生児マス・スクリーニング検査の普及により発症前に発見されることが多く、早期から甲状腺ホルモン補充療法

が行われています。
　甲状腺機能亢進症であるバセドウ病は小児期にも発症し、甲状腺腫、眼球突出、体重減少、過成長、いらいら、頻脈、発汗などの症状でみつかります。

3　肥満症

　小児の肥満症とは、肥満に起因または関連した健康障害を合併する場合をいいます。不健康な生活習慣は、子どもにおいても肥満、メタボリックシンドロームの発症に関与します。小児では生活習慣病と関連が深いのが肥満です。
　ただし、肥満傾向児は平成18（2006）年度以降、減少傾向にあります。
　小児肥満は成人後、若年で健康障害が発症するため、障害を受ける時間が長くQOLの低下や健康寿命の短縮を招きます。予防として、小児期に健全な生活習慣を体得することで、小児自身のみならず、家族全員の生活習慣病の発症や進展予防につながります。また、その体験を通して健全なこころの発達と自立の促進にもつながります。

4　思春期早発症

　性ホルモンの分泌過剰により、早期より思春期（性的成熟）が始まり、骨の成熟も早まるため、身長が著しく伸びます。しかし、早く成長が止まるため、最終的には低身長となることが多く、治療が必要となる注意すべき疾患です。

4　泌尿器・腎疾患

　腎疾患の早期発見・治療を目的として、1974（昭和49）年から学校検尿が始まりました。尿蛋白と尿潜血を測定します。尿蛋白検出者の割合は、年齢が上がるにつれて増加傾向にあります。
　起立性蛋白尿といって、治療が不要なものもあります。これは腎臓に特に異常はなく、起立したり身体を前にかがめたりすると蛋白尿をきたす状態です。早朝の尿では尿蛋白が陰性なのに、起床して身体を動かしたあとや運動後に尿蛋白が陽性になるものです。
　蛋白尿と血尿が合併すると、腎炎の可能性が高くなります。運動に関しては、「学校生活管理指導表」（図表９−１）により判断し、体育の授業に参加できるよう配慮します。

1　急性腎炎症候群

　血尿や蛋白尿、浮腫などを急激に発症し、腎機能障害や高血圧などがみられる疾患です。小児では溶連菌感染後急性糸球体腎炎が代表的で、２〜12歳の男児に多くみられます。扁桃腺やのどの炎症が治まって１〜２週

プラスワン

小児メタボリックシンドロームの診断基準
①腹囲80cm以上（小学生では75cm以上）、②中性脂肪120mg/dl以上、もしくはHDLコレステロール40mg/dl未満、③収縮期血圧125mmHg以上、もしくは拡張期血圧70mmHg以上、④空腹時血糖100mg/dl以上、のうち①は必須項目、②〜④のうち2項目を有する場合。

肥満傾向児
肥満度（過体重）20％以上の子どもを指す。
→第8講 図表8-6、8-7参照

間後に症状が出現します。症状に応じた治療が行われ、通常は数カ月の経過で治る予後のよい疾患です。

2 ネフローゼ症候群

血液中の蛋白が尿に大量に漏れ出てしまう状態です。その結果、低蛋白血症あるいは低アルブミン血症となり、全身に浮腫をきたし、高脂血症をともないます。2～6歳の男児に多くみられます。発症時には、顔面ことに眼瞼や下腿の浮腫で見つかることが多くあります。

原因としては、腎疾患による原発性のものと、糖尿病や全身性エリテマトーデス、アミロイドーシス、アレルギー性紫斑病などによる続発性のものがあります。全身性エリテマトーデスによるものはループス腎炎、アレルギー性紫斑病によるものは紫斑病性腎炎といいます。

治療はステロイド剤や免疫抑制剤です。病状によっては学校生活における管理が必要です。

3 尿路感染症

腎臓から尿道までの感染を尿路感染症といいます。上部尿路（尿管、腎う、腎臓）での症状は、発熱、背部痛などがみられます。下部尿路（膀胱、尿道）では通常、発熱はみられずに、排尿時痛、頻尿、残尿感、下腹部痛などがみられます。

尿の培養検査で起因菌を調べ、起因菌に効果のある抗生物質を投与します。代表的な起因菌は大腸菌です。

4 急性陰嚢症（いんのう）

陰嚢に急な痛みが生じ、腫れや発赤をともないます。精巣上体炎や精巣捻転症が含まれます。治療により精巣を救出できる時間は発症後6時間といわれていて、症状が出現した場合はすぐに小児外科や小児泌尿器科を受診させる必要があります。

5 アレルギー疾患

アレルギー疾患とは、ウイルスや細菌などの外敵から身体を守る免疫が、特定の抗原に対して過剰に反応する病気の総称です。通常の生活で触れる程度の量では本来害のない食物や花粉などにも反応し、さまざまな症状を引き起こします。

現在、アレルギー疾患をもつ子どもは増加しています。「学校生活管理指導表（アレルギー疾患用）」（図表9-4）を毎年提出するよう、保護者に要請し、教職員が閲覧できる状況で一括管理し、日常定期および緊急時にそれぞれ適切に対応できるようにしておく必要があります。これにより、学校、保護者、主治医（学校医）と連携をとり、それぞれに応じた対応を

アレルギー疾患は全体的に増加傾向です。

図ります。

代表的な疾患には以下のものがあります。

1 ぜんそく

発作性に喘鳴をともなう呼吸困難を繰り返す疾患です。気管支が刺激に対して非常に敏感になっているため、アレルゲン*や刺激物質によって気道が狭くなり、呼吸時に「ゼーゼー」「ヒューヒュー」という雑音がします。小児ぜんそくはアトピー素因*を認めることが多く、アレルゲンとしては特にダニに注意が必要です。また発作の誘因には、季節の変わり目や温度差、ストレス、激しいスポーツ（運動誘発ぜんそく）、かぜなどの感染症、大気汚染やたばこの煙などがあげられます。

治療は、長期管理薬と発作治療薬があります。長期管理薬はふだんから気道での過剰な免疫反応が起こらないようにするコントローラーで、発作治療薬は発作時に気管支を広げ、ぜんそく発作をしずめるために用います。また、ピークフローメーターを用いて息の強さを測定し、気道がどの程度閉塞しているかを把握して、ぜんそく発作の管理を行います。小児ぜんそくは、思春期までに約60％が寛解、治癒するといわれています。

発作時にはまず本人の楽な姿勢で休ませ、水分を摂らせて痰を出しやすくします。顔色が悪い、会話ができない、呼吸困難で眠れないといった症状の場合は強い発作の可能性が高く、すみやかに医療機関を受診させます。

2 アトピー性皮膚炎

皮膚にかゆみをともなう湿疹ができ、よくなったり悪くなったりを繰り返す疾患です。アトピー性皮膚炎に罹患する子どもは、小児ぜんそくと同じように、アトピー素因をもっていたり、皮膚が乾燥しやすい体質だったりします。

アトピー性皮膚炎の増悪因子は、汗、乾燥、紫外線やせっけんなどの物理的な化学物質、環境因子、ストレスなどです。治療は、アレルギーの原因を除去する、スキンケア（皮膚の清潔と保湿）、薬物（塗り薬、内服薬）です。

3 食物アレルギー

原因となる食物を摂取することによって、皮膚・粘膜症状、呼吸器症状、消化器症状、全身性症状（アナフィラキシー症状）などを引き起こすものです。食物摂取後2時間以内に発症する即時型、食物依存性運動誘発アナフィラキシーなどに分類されます。

アレルゲンは、乳幼児では鶏卵や乳製品が多くを占めますが、その他にも、小麦、ピーナツ、大豆、そば、エビ、カニなど多くの食品がアレルゲンとなり、原因となる食物の除去が唯一の予防法です。

食物アレルギー症状が起こってしまった場合は、すみやかに処置をする必要があります。アナフィラキシーは生命に関わる可能性があるため、すみやかに医療機関に搬送しますが、搬送までにアナフィラキシーショック

重要語句
アレルゲン
アレルギーの原因となる物質。ぜんそくの場合はダニ、ホコリ、動物の毛などが多い。

重要語句
アトピー素因
アレルギー疾患になりやすい遺伝的素質。

プラスワン
食物依存性運動誘発アナフィラキシー
食後2時間以内の運動負荷により全身性にアレルギー症状が起こる。原因食物は、小麦製品と甲殻類が多い。好発初発時期は中学・高校生から青年期。

図表9-4　学校生活管理指導表（アレルギー疾患用）

【表】学校生活管理指導表（アレルギー疾患用）

名前＿＿＿＿　男・女　平成＿＿年＿＿月＿＿日生（＿＿歳）　学校＿＿年＿＿組　提出日　平成＿＿年＿＿月＿＿日

気管支ぜん息（あり・なし）

病型・治療
A. 重症度分類（発作型）
1. 間欠型
2. 軽症持続型
3. 中等症持続型
4. 重症持続型

B-1. 長期管理薬（吸入薬）
1. ステロイド吸入薬
2. 長時間作用性吸入ベータ刺激薬
3. 吸入抗アレルギー薬（「インタール®」）
4. その他（　　　）

B-2. 長期管理薬（内服薬・貼付薬）
1. テオフィリン徐放製剤
2. ロイコトリエン受容体拮抗薬
3. ベータ刺激内服薬・貼付薬
4. その他（　　　）

C. 急性発作治療薬
1. ベータ刺激薬吸入
2. ベータ刺激薬内服

D. 急性発作時の対応（自由記載）

学校生活上の留意点
A. 運動（体育・部活動等）
1. 管理不要
2. 保護者と相談し決定
3. 強い運動は不可

B. 動物との接触やホコリ等の舞う環境での活動
1. 配慮不要
2. 保護者と相談し決定
3. 動物へのアレルギーが強いため不可　動物名（　　　）

C. 宿泊を伴う校外活動
1. 配慮不要
2. 保護者と相談し決定

D. その他の配慮・管理事項（自由記載）

アトピー性皮膚炎（あり・なし）

病型・治療
A. 重症度のめやす（厚生労働科学研究班）
1. 軽症：面積に関わらず、軽度の皮疹のみみられる。
2. 中等症：強い炎症を伴う皮疹が体表面積の10％未満にみられる。
3. 重症：強い炎症を伴う皮疹が体表面積の10％以上、30％未満にみられる。
4. 最重症：強い炎症を伴う皮疹が体表面積の30％以上にみられる。
※軽度の皮疹：軽度の紅斑、乾燥、落屑主体の病変
※強い炎症を伴う皮疹：紅斑、丘疹、びらん、浸潤、苔癬化などを伴う病変

B-1. 常用する外用薬
1. ステロイド軟膏
2. タクロリムス軟膏（「プロトピック®」）
3. 保湿剤
4. その他（　　　）

B-2. 常用する内服薬
1. 抗ヒスタミン薬
2. その他（　　　）

C. 食物アレルギーの合併
1. あり
2. なし

学校生活上の留意点
A. プール指導及び長時間の紫外線下での活動
1. 管理不要
2. 保護者と相談し決定

B. 動物との接触
1. 配慮不要
2. 保護者と相談し決定
3. 動物へのアレルギーが強いため不可　動物名（　　　）

C. 発汗後
1. 配慮不要
2. 保護者と相談し決定
3. （学校施設で可能な場合）夏季シャワー浴

D. その他の配慮・管理事項（自由記載）

アレルギー性結膜炎（あり・なし）

病型・治療
A. 病型
1. 通年性アレルギー性結膜炎
2. 季節性アレルギー性結膜炎（花粉症）
3. 春季カタル
4. アトピー性角結膜炎
5. その他（　　　）

B. 治療
1. 抗アレルギー点眼薬
2. ステロイド点眼薬
3. 免疫抑制点眼薬
4. その他（　　　）

学校生活上の留意点
A. プール指導
1. 管理不要
2. 保護者と相談し決定
3. プールへの入水不可

B. 屋外活動
1. 管理不要
2. 保護者と相談し決定

C. その他の配慮・管理事項（自由記載）

★保護者　電話：
【緊急時連絡先】
連絡医療機関　医療機関名：　電話：

記載日　　年　月　日
医師名　　　　　　　印
医療機関名

（財）日本学校保健会作成

【裏】学校生活管理指導表（アレルギー疾患用）

名前＿＿＿＿　男・女　平成＿＿年＿＿月＿＿日生（＿＿歳）　学校＿＿年＿＿組　提出日　平成＿＿年＿＿月＿＿日

アナフィラキシー・食物アレルギー（あり・なし）

病型・治療
A. 食物アレルギー病型（食物アレルギーありの場合のみ記載）
1. 即時型
2. 口腔アレルギー症候群
3. 食物依存性運動誘発アナフィラキシー

B. アナフィラキシー病型（アナフィラキシーの既往ありの場合のみ記載）
1. 食物（原因　　　）
2. 食物依存性運動誘発アナフィラキシー
3. 運動誘発アナフィラキシー
4. 昆虫
5. 医薬品
6. その他（　　　）

C. 原因食物・診断根拠　該当する食品の番号に○をし、かつ《　》内に診断根拠を記載
1. 鶏卵　　　《　》
2. 牛乳・乳製品　《　》
3. 小麦　　　《　》
4. ソバ　　　《　》
5. ピーナッツ　《　》
6. 種類・木の実類　《　》（　　）
7. 甲殻類（エビ・カニ）《　》
8. 果物類　　《　》（　　）
9. 魚類　　　《　》（　　）
10. 肉類　　　《　》（　　）
11. その他1　《　》（　　）
12. その他2　《　》（　　）

［診断根拠］該当するもの全てを《　》内に記載
① 明らかな症状の既往
② 食物負荷試験陽性
③ IgE抗体等検査結果陽性

D. 緊急時に備えた処方薬
1. 内服薬（抗ヒスタミン薬、ステロイド薬）
2. アドレナリン自己注射薬（「エピペン®」）
3. その他（　　　）

学校生活上の留意点
A. 給食
1. 管理不要
2. 保護者と相談し決定

B. 食物・食材を扱う授業・活動
1. 配慮不要
2. 保護者と相談し決定

C. 運動（体育・部活動等）
1. 管理不要
2. 保護者と相談し決定

D. 宿泊を伴う校外活動
1. 配慮不要
2. 食事やイベントの際に配慮が必要

E. その他の配慮・管理事項（自由記載）

アレルギー性鼻炎（あり・なし）

病型・治療
A. 病型
1. 通年性アレルギー性鼻炎
2. 季節性アレルギー性鼻炎（花粉症）
主な症状の時期：　春　・　夏　・　秋　・　冬

B. 治療
1. 抗ヒスタミン薬・抗アレルギー薬（内服）
2. 鼻噴霧用ステロイド薬
3. その他（　　　）

学校生活上の留意点
A. 屋外活動
1. 管理不要
2. 保護者と相談し決定

B. その他の配慮・管理事項（自由記載）

★保護者　電話：
【緊急時連絡先】
連絡医療機関　医療機関名：　電話：

記載日　　年　月　日
医師名　　　　　　　印
医療機関名

（財）日本学校保健会作成

●学校における日常の取り組み及び緊急時の対応に活用するため、本表に記載された内容を教職員全員で共有することに同意しますか。
1. 同意する
2. 同意しない　　保護者署名：＿＿＿＿＿＿

第9講　学校生活で特に注意をすべき子どもの病気

に陥ることもあります。リスクの高い子どもに対しては、アドレナリンの自己注射薬であるエピペンが事前に主治医により処方されている場合がありますので、保護者、主治医と連携し、エピペンの保管場所、注射のタイミングなどを理解しておく必要があります（→本講「知っておくと役立つ話」）。

4 じんましん

　強いかゆみや赤みをともなう、隆起したむくみが皮膚に急速に出現し、通常は24時間以内に消退し、跡を残さないことが特徴です。症状のあるときは、入浴や運動を控えます。
　じんましんと似たむくみ（血管浮腫）が、皮膚や粘膜の深い部分で生じることもあり、気道が狭くなって窒息することがあります。じんましんをみたときは、皮膚以外の症状がないか注意が必要です。

5 アレルギー性鼻炎

　鼻に吸い込まれたアレルゲンに対して、鼻粘膜でアレルギー反応が起こり、発作性にくしゃみ、鼻水、鼻づまりの症状をきたします。通年性と季節性に分けられます。アレルゲンを避け、抗アレルギー薬の点鼻薬・内服薬を使用します。

6 アレルギー性結膜炎

　目に入り込んだアレルゲンに対して、結膜におけるアレルギー反応を起こす疾患で、目のかゆみ、ゴロゴロするような異物感、めやになどの症状を認めます。通年性と季節性に分けられ、小児の花粉症は増加傾向にあります。アレルゲンを避け、抗アレルギー薬やステロイドなどの点眼薬を使用します。プールの塩素や、花粉が飛散する時期の屋外活動などには注意が必要です。

6 中枢神経疾患

1 けいれん性疾患

　子ども、特に乳幼児期には比較的よくみられます。子ども全体で、1回でもけいれんを経験したことのある子どもは5～10％あります。けいれんをみたときに大切なことは、患児の状態をよく観察することです。いつから症状があるか、左右対称か、意識があるか、眼球の位置はどうかなどをみておくことが大切です。小児期にみられるけいれんで比較的頻度の高いものに、以下の疾患があります。

① 熱性けいれん
　6カ月から6歳くらいまでの子どもに、38℃以上の発熱にともなって起こる発作性全身性のけいれんで、数秒～10分以内で治まることがほと

んどです。けいれんを起こした子どもは衣服をゆるめて安静にし、誤嚥予防のため顔を横に向かせます。10分以上続くときは救急車を呼びます。再発予防として、ジアゼパム座薬を処方されている場合は、熱の上がり始めに使用します。

② てんかん

てんかん発作により突然意識を失い、反応がなくなるなどの症状がある疾患です。脳の一部に起こる「部分発作」と、脳の左右全体に起こる「全般発作」があります。部分発作のなかで、意識が保たれるものを「単純部分発作」、徐々に意識が遠のくものを「複雑部分発作」といいます。

抗てんかん薬の内服など適切な治療をすれば、70～80％の人で発作のコントロールが可能です。運動などを大きく制限する必要はありませんが、発作時に倒れてけがをすることがないように配慮が必要です。

てんかんのある子どもは、発作が起きる不安や、投薬や規則正しい生活を求められることでストレスを抱えがちです。受け入れ体制や心理的ケアにも留意が必要です。

2　知的障害

知能の発達が平均より遅れており、生活に障害をきたし支援が必要となることが認められるものをいいます。軽度の場合には、発達の個人差と障害の見分けがつきにくかったり、保護者にはわが子の障害を認めるのに心理的なハードルがあったりします。子どもの障害の状態を把握し、その子なりの目標を達成することを考えていくことが大切です。

7　血液・腫瘍疾患

1　貧血

赤血球数や血色素濃度（ヘモグロビン）が異常に減少した状態で、一般的には赤血球数350万/㎣以下、ヘモグロビン10g/dl以下の場合に貧血とされます。顔面蒼白になったり、軽い運動でも息切れしやすいなどの症状がみられます。

原因としては、小児では鉄欠乏性貧血が一番多く見られます。鉄はヘモグロビンの合成に不可欠ですので、鉄の需要が大きい乳幼児期と思春期に多くみられます。食事で十分な鉄の摂取を心がけ、改善が乏しい場合は鉄剤の服用が必要となります。

2　白血病

子どもの悪性腫瘍のなかで最も多いものです。未熟で異常な白血球である白血病細胞が増殖し、発熱や出血傾向*、貧血などがみられます。小児では急性リンパ性白血病が70％と多く、急性骨髄性白血病は25％を占めます。

プラスワン

てんかんの定義
WHO（世界保健機関）のてんかんの定義は「種々の成因によってもたらされる慢性の脳疾患であり、大脳ニューロンの過剰な放電に由来する反復性の発作を主徴とし、それに変異に富んだ臨床並びに検査所見の表出が伴う」とされている。

鉄には、吸収がよい「ヘム鉄」と、そうでない「非ヘム鉄」があります。ヘム鉄は肉、レバー、魚に、非ヘム鉄は野菜など植物性食品に、多く含まれます。ビタミンCには鉄吸収を高める効果があります。

語句説明

出血傾向
特に誘因なく、あるいは、わずかな外傷により出血し、かつ容易に止血しにくい状態をいう。

3 小児がん

　脳、骨髄から発生したものが脳腫瘍です。腫瘍の増大により頭蓋内圧が亢進し、頭痛や嘔吐、運動障害や麻痺、けいれんなどが出現します。
　また神経芽細胞腫は、副腎やその付近の交感神経系組織から発生した腫瘍で、乳幼児期に好発します。発熱、倦怠感、貧血、眼球突出などの症状がみられ、自然退縮する例もありますが、治療に難渋する症例もあります。

8 耳鼻科疾患

1 アデノイド・扁桃肥大

　扁桃は主に咽頭に存在するリンパ組織の総称で、免疫の一部を担っています。のどの奥の両脇に見えるのが口蓋扁桃です。上咽頭にあるのが咽頭扁桃（アデノイド）、舌根部にあるのが舌扁桃です。これらが輪を形成しているために咽頭輪あるいは「ワルダイエル咽頭輪」といいます。
　口蓋扁桃の大きさは年齢により変動し、10歳ころまでに最大となり、11〜12歳ころから小さくなります。生理的な肥大は問題ありませんが、睡眠時無呼吸症候群などの呼吸障害や嚥下障害の原因となることがあり、このようなときは扁桃摘出術が適用されます。
　アデノイド増殖症の場合は、アデノイドが腫大して呼吸障害をともないますが、成長とともに消失します。鼻呼吸ができずに口呼吸となるため、口唇や上顎、前歯の形が変わるアデノイド顔貌と呼ばれる独特な顔つきとなる原因になります。

2 中耳炎

　耳管から中耳に細菌やウイルスが入り、炎症が起きて膿がたまる病気です。粘膜からしみ出た滲出液が中耳腔にたまるものが滲出性中耳炎です。3〜10歳までに多くみられ、子どもの難聴の主な原因となっています。急性中耳炎からの進行が主な原因ですが、アデノイドや扁桃肥大、副鼻腔炎、アレルギー性鼻炎も原因となりえます。長期の治療が必要となる場合が多く、完治するまでプールは原則禁止です。

9 その他の疾患

1 視力低下

　視機能は8歳ころまでに発達します。よって、就学期にはほとんどの子どもの視力は「1.0」となります。近視は成長期に進行しやすく、原因は遺伝と環境因子があげられます。環境因子は近方視が要因で、テレビの視聴時間や視環境が影響することはよく認識されていることです。近年で

は、携帯型ゲーム機やパソコンなどのIT機器の使用について、配慮しなければなりません。これらの機器はテレビと比較して視距離が短く、長時間集中してしまうため、視力低下者の増加につながるからです。

視力低下には、近視のほかに遠視と乱視があります。軽度のものは、視力検査での発見が難しく、高学年になって眼の疲労や近見障害の症状で発見されています。

このような視力低下には、適切な眼鏡の処方と指導が不可欠です。中・高生ではコンタクトレンズの使用が増加しますが、コンタクトレンズによる目の障害も多く、正しい知識と適切な装用についても指導が必要です。

2 う歯（むし歯）

最近は、「むし歯」の児童・生徒の割合は毎年減少しています。歯磨き習慣の浸透と、フッ素配合歯磨き剤の普及が進み、むし歯の発生や進行を抑制しているものと考えられます。

「学校歯科健康診断」では、1994（平成6）年の「学校保健安全法施行規則」の改正時に、むし歯の初期様変化の歯面変化を、要観察歯（Questionable Caries under Observation、略記号CO）とすることとなりました。

適切な保健学習や保健指導によって、むし歯を予防するとともに、進行抑制を図ることが重要です。

3 整形外科疾患

脊柱および胸郭のほか、四肢や骨・関節の運動器障害について、その検診が2016（平成28）年から必須となりました。脊柱疾患の側わん症は、原因不明の特発性側わん症と、脊柱骨の先天的な形の異常に起因する先天的脊柱側わん症に大別されます。そのうち、特発性側わん症が80％前後を占め、多くが思春期に始まり女子に多くみられますが、原因はいまだ不明です。

側わん症を検査するには、前屈姿勢で背中や肩の高さに左右差がないかを確認します。進行すると胸郭の変形による心肺機能の低下をきたすため、専門医による経過観察が必要です。高度の側わん症では、装具による治療や手術を行うこともあります。

10 これからの課題と対策

2015（平成27）年に「児童福祉法」の一部改正が行われ、それまでの「小児慢性特定疾患」は「小児慢性特定疾病」へと改められました。対象疾患の拡大や医療費助成の義務的経費化、自立支援事業の実施、治療方法等に関する研究の推進など、慢性疾患を抱える子どもへの支援は広がっています。

また、病気や異常をもつ子どもが、可能な限り学校での授業や運動へ参

加できるよう配慮することが重要です。そのためには、全教職員が病気や異常について正しく理解し、保護者や主治医、学校医と連携すること、病気や異常をもつ子ども本人が生活管理の必要性を理解できるよう指導し支援すること、同級生などが病気や異常について正しく理解し、偏見や差別をしないよう指導することが重要です。

ディスカッションしてみよう！

低血糖時の対処について：
１型糖尿病でインスリン療法中の子。いつも元気なのに、今日は様子が変です。５時間目の授業中、顔色はやや青白くて、額や腕が汗ばんでいます。処置後、症状が改善し、授業に戻ることができました。そして、この子から以下のことを聞き取りました。
- 今日の給食はスパゲティとコッペパンとサラダで、スパゲティは全部食べましたが、コッペパンは半分以上残しました。食べる前にいつもどおり、昼のインスリン注射をしました。
- 昼休みは校庭でなわとびなどをして遊びました。おなかが痛かったり、吐いたりはなかったです。
- 今日は、ブドウ糖を忘れてきました。保健室へ行こうと思っていたけど、チャイムが鳴ってしまって…。

＊考えられる理由は？
＊対処は？　改善しなかったら？
＊今後の対策は？

たとえば・・・

> 復習や発展的な理解のために
> **知っておくと役立つ話**

アナフィラキシーについての理解と対応

　本講で解説したアナフィラキシーは、場合によっては生命を脅かすこともある急性のアレルギー反応です。原因となる食物の除去を徹底して予防に努めることはもちろん、アナフィラキシーが起こったときの対応を正しく把握しておかなければいけません。

原因と症状は？

　原因となる物質は、食べ物では、卵、牛乳、小麦、そば、ピーナッツ、甲殻類などです。このほか薬剤では抗生物質、解熱鎮痛剤、ワクチン、麻酔薬など、昆虫ではスズメバチなどがあげられます。

　症状として、全身の皮膚に発赤、かゆみ、じんましんが現れたり、唇や舌、口腔内の粘膜が腫れたりします。また、息切れや咳、呼吸音がゼーゼー・ヒューヒューする、強い腹痛や嘔吐、動悸や胸が苦しくなる、唇や手足のしびれ感、耳鳴り、めまい、目の前が暗くなるなどの臓器症状が現れることもあります。

予防のために気をつけることは？

　アナフィラキシーは、アレルギーの原因物質に触れたり、飲食したりしたあと、数分から数時間以内に全身に現れる激しい急性のアレルギー反応です。学校での対応としては、子どもが原因となる食べ物を口にすることがないよう、保護者や主治医、栄養士と連携し、正しい知識をもって、食事管理を行うことが重要です。

　一方で、食べる楽しさも大切にし、子どもの発育や精神的な成長に悪影響を及ぼすような過剰な食物除去とならないように注意が必要です。

アナフィラキシーが起こったときの対処法は？

　処方を受けている内服薬と自己注射剤を用います。内服薬は、抗ヒスタミン薬、気管支拡張薬、経口ステロイド薬などです。自己注射剤は、呼吸困難など重い臓器症状が現れたときに用いますが、過去に重篤なアナフィラキシーが出たことがある人は、初期症状が現れたら用います。

　また、緊急時の治療剤としてエピペンがあります。エピペンは医師の治療を受けるまでの間、症状の進行を一時的に緩和し、ショックを防ぐためのアドレナリン自己注射液です。

　使用にあたってはまず原因物質を取り除き、すぐに太ももの前外側に注射し、救急車を呼びます。注射をしたあとは足を高くして楽な姿勢にします。効果が出るまでの時間は5分以内です。

復習問題にチャレンジ
ちゃんとわかったかな？

改題（愛知県　2017年）

①ア～ウに当てはまる語の正しい組み合わせを1～4から選びましょう。

感染性胃腸炎はウィルスなどによる腸管感染症で、嘔吐と下痢が突然、始まることが特徴の疾患である。（ア）（イ）は冬季に多く、（ウ）は年間を通じて発生する。（イ）に対してはワクチンがあり、投与する場合には、乳児早期に接種（任意接種）する。

1　ア　ロタウィルス　　イ　ノロウィルス　　ウ　アデノウィルス
2　ア　ノロウィルス　　イ　ロタウィルス　　ウ　コクサッキーウィルス
3　ア　ロタウィルス　　イ　ノロウィルス　　ウ　コクサッキーウィルス
4　ア　ノロウィルス　　イ　ロタウィルス　　ウ　アデノウィルス

②次のア～カの不整脈について、突然死を起こす危険性が高く、日常の注意が必要なものをすべて選びましょう。

ア　完全房室ブロック　　イ　洞性不整脈　　ウ　QT延長症候群　　エ　不完全右脚ブロック
オ　上室期外収縮　　　　カ　WPW症候群

③糖尿病の特徴的な症状と学齢期に多い病型を答えましょう。

理解できたことをまとめておこう！
ノートテイキングページ

学習のヒント：アレルギー疾患に関連して必要となる対応や環境整備にはどのようなものがあるか、本講や第12講、第14講の内容を参考にして考えてみましょう。

第10講 こころの健康問題

理解のポイント

近年、学校現場では「こころの健康」や「メンタルヘルス」という言葉をよく耳にします。その背景には、児童・生徒が抱える心理的ストレス、こころの病気、いじめ、不登校など「こころの健康」に関する問題が多様化、深刻化していることがあげられます。この講では、児童・生徒の「こころの健康問題」の現状、その対応について考えていきます。

1 こころの健康問題とは

1 こころの健康とは

こころの健康（＝メンタルヘルス）とは何でしょうか。

世界保健機関（WHO、2003年）は、「健康とは、単に病気ではないあるいは弱っていないというだけではなく、肉体的にも、精神的にも、そして社会的にも、すべてが満たされた状態（well-being）にあること」としたうえで、こころの健康（mental health）について「人が自身の能力を発揮し、日常生活におけるストレスに対処でき、生産的に働くことができ、かつ地域に貢献できるような満たされた状態である」と定義しています。この定義から考えると、こころの健康とは、単にこころの病気にかかっていないことのみを意味するのではなく、前向きな気持ちを安定的に保ち、環境に適応することができ、いきいきとした生活が行える状態を指すといえます。

上記のようにこころの健康をとらえた場合、子どものこころの健康問題は、うつ病、統合失調症、摂食障害、心的外傷後ストレス障害（PTSD）などの「こころの病気（精神疾患）」と、不登校、いじめ、非行、自傷行為などの「学校不適応」が、それに当たると考えられます。

2 発達的観点からみたこころの健康問題

この講では、小学校・中学校段階の発達的特徴について述べます。

小学校低・中学年ごろには、言語能力のみならず、自己認識やコミュニケーションなど、もろもろの能力が不十分な点も多く、こころの健康問題は、心理面での訴えよりも、頭痛・腹痛・嘔吐など身体の症状や落ち着きのなさなど、行動面における症状として表面化してきます。

また、発達障害（自閉症、ADHD、学習障害：詳細は第11講）とされる子どもは、適切な支援が行われないと二次的障害として、こころの健康

問題が現れることがありますから、留意しておかなければなりません。

10歳前後に始まる「思春期」に該当する小学校高学年ごろから中学生の子どもは、言語能力が高まり、思考の仕方も大人に近づいてきますが、第二次性徴期でもあり、身体とこころが非常にアンバランスな状態となります。また、人間関係の中心が親から友人に変化するため、対人関係のストレスも増加する傾向にあります。さらに思春期は、「自分とはどんな人間か」といったアイデンティティを模索・確立していく時期でもあります。

思春期にさまざまな悩みを抱えることは、発達的にみれば意味がありますが、精神的には不安定になりやすく、こころの健康問題が顕著に表れます。実際、思春期は、多くの精神疾患が発症しはじめる時期とされています。子どもにみられるこころの健康問題は後述するようにさまざまな症状があり、精神症状の他に身体症状や行動の変化として表れる場合がありますので、そうしたサインを見逃さず適切に対応することが重要です。

3 ストレスについて

こころの健康問題の多くは、ストレスと関連しているといえます。

ストレスという用語は、もともと物理学の分野で使われていたもので、物体が外側からかけられた圧力によって歪みを生じる状態を指しています。医学や心理学の領域では、こころや身体にかかる外部からの刺激を**ストレッサー**といい、ストレッサーによって生じたこころや身体のさまざまな反応を**ストレス反応**といいます。

小・中学生における代表的なストレッサーは、友人や教師との関係で生じる「対人関係」のほか、「学業」、「家庭問題」、「進路」などがあります。また、子どものストレス反応としては、図表10-1のような変化が起こりやすくなるといわれています。

ストレスにみられる特徴は、同じ出来事（刺激＝ストレッサー）であっても、それに対するストレス反応は、人それぞれに異なるということです。その個人差を生むしくみには、ストレッサーにどう対処するかが関係しています。代表的なストレス対処法には、①信頼できる人に相談する、②コミュニケーションの方法を身につける、③リラクセーションの方法を身につけ

> **プラスワン**
>
> **ストレッサー**
> 現代では、ストレッサーを指してストレスという場合がある。あるいは、ストレッサーを経験してから、ストレス反応が現れるまでの過程全体を称して、ストレスという場合もある。ここでは後者の意味でストレスという用語を用いる。

図表10-1　子どものストレス反応の例

項目	ストレス反応
ストレスが体に表れる例	●頭が痛くなる　●心臓がどきどきする　●呼吸が速くなる ●首や肩がこる　●胸が苦しくなる　●手や足が冷たくなる ●冷たい汗が出る　●腹が痛くなったり、下痢をしたりする
ストレスが心に表れる例	●やる気が出ない　●いらいらする　●物事に集中できない ●なんとなく心配になる　●くよくよする ●自分がひとりぼっちだと思ってしまう（孤独感）
ストレスが行動に表れる例	●眠れない　●人に当たる　●人に会いたくない　●ものに当たる ●まわりの人や自分を攻撃する ●いつもより食欲がなくなったり、食欲が出たりする

日本学校保健会「中学校保健体育科保健分野コンテンツ」ストレス症状チェック表をもとに作成

る、④趣味をもつ、⑤見方や考え方を変える、などがあげられます。対処法が不適切であったり、ストレッサーにうまく対処できなかった場合、ストレス反応が深刻化し、精神疾患や心身症、いじめの加害行動、不登校などにつながることがあります。

　私たちが生きていくなかで、ストレスがまったくない生活は考えられません。ストレスに対処する力を育むことは、子どものこころの健康問題への予防、軽減につながるだけでなく、子どもの成長につながるため、重要な課題であると考えられます。

2　子どもに起こるこころの健康問題

1　こころの病気（精神疾患）と学校不適応

　子どもに起こる健康問題といっても、その種類や症状はさまざまです。
　精神疾患についての主な診断基準には、アメリカ精神医学会が作成したDSM*や世界保健機関（WHO）によってつくられたICD*があり、近年では日本でも広く知られるようになってきました。ここでは、DSM-5の診断基準を参考に、児童・生徒の代表的なこころの病気（精神疾患）について述べていきます。また、学校不適応では不登校といじめについて説明します。

2　こころの病気（精神疾患）

① うつ病

　かつて、子どものうつ病はまれだといわれていました。しかし、近年成人と同様の基準で診断するようになってから、子どももうつ病にかかることは専門家の間では一般的になっています。海外の調査（Harrington, 1994）では、子どものうつ病の有病率は、12歳未満で0.5～2.5％、

図表10-2　うつ病の診断基準（DSM-5より作成）

> 以下の症状のうち5つ（またはそれ以上）が同一の2週間に存在し、これらの症状のうち少なくとも1つは、1　抑うつ気分または　2　興味または喜びの喪失を含むこと。
>
> 1．ほとんど毎日の1日中続く抑うつ気分
> 　　注：小児や青年ではいらいらした気分もありうる
> 2．ほとんど毎日の1日中続く興味、喜びの著しい減退
> 3．著しい体重減少、あるいは体重増加。食欲減退または増加
> 4．ほとんど毎日の不眠または睡眠過多
> 5．ほとんど毎日の精神運動性の焦燥または制止
> 6．ほとんど毎日の疲労感、または気力の減退
> 7．ほとんど毎日の無価値観、または過剰あるいは不適切な罪責感
> 8．ほとんど毎日の思考力や集中力の減退、または決断困難
> 9．死についての反復思考、反復的な自殺念慮、自殺企図

重要語句

DSM
Diagnostic and Statistical Manual of Mental Disorders：アメリカ精神医学会による精神疾患の診断・統計マニュアル。DSM-5とは第5版を指す。

ICD
International Classification of Diseases：世界保健機関による国際疾病分類。現在はICD-10が使用されている。

12〜17歳で2.0〜8.0％との報告があります。わが国での調査の報告では、小学生の約1.6％、中学生の約4.6％がうつ病という結果が報告されています。

うつ病では、図表10-2のような症状がみられますが、子どもの場合、大人と異なる症状（抑うつ気分がイライラとした気分として表れる）が表れることがあります。悲哀感、絶望感が続き、自殺念慮が生じるため、発症が疑われる場合は特に注意が必要です。また、意欲の低下、疲労感などの症状が午前中に強く、夕方ごろから軽減するという症状の日内変動がみられることも、特徴としてあげられます。

気分の落ち込みや、やる気が起きないなど、こころの不調は誰もが経験するものですが、通常では数日のうちに回復します。しかし、うつ病の診断基準にある特徴的な症状がほとんど一日中みられ、それが2週間以上続く場合にはうつ病が疑われます。

また、うつ病と関連する精神疾患には、うつ状態と躁状態の両方が表れる躁うつ病（双極性障害）があります。

② 統合失調症

思春期から青年期という10歳代後半から20歳代に発症することが多い疾患であり、有病率は1％（100人に1人）と報告されています。主な症状は、幻覚や妄想、思考障害が生じる疾患です。

幻覚のなかでは「自分の悪口やうわさ話が聞こえる」などの「幻聴」が多く、妄想のなかでは「被害妄想」（「自分が秘密組織に狙われている」など）と「誇大妄想」（「自分は神の生まれ変わりだ」など）が多くみられます。また、その他には「自分の体が操られている」「自分の考えたことが皆に知れわたってしまう」「テレパシーで頭の中に考えが吹き込まれる」などの特異な思考がみられることがあります。子どもにおいては、ひとり言やひとり笑いの頻度が高いという報告もみられます。

③ 摂食障害

摂食障害は、食行動に問題が現れる心因性の病気です。大別すると、「神経性やせ症（拒食症）」「神経性過食症（過食症）」の2つに分けられます。

神経性やせ症の主な特徴は、不適切な食制限（絶食、節食）により体重を過剰に減らそうとすることです。また、体重増加に対する強い恐怖感をもっていたり、明らかにやせているのに「自分は太っている」という体型についての間違った認識がみられます。思春期にあたる10〜19歳の女性に多いとされます。

神経性過食症の主な特徴は、短時間に多量の食べ物を一気に摂取するむちゃ食いがみられることと、それによる体重増加への恐怖感から体重を減らすための代償行動（食後の故意による嘔吐、下剤の乱用、過度の運動など）を行うことです。こちらは、青年期後期にあたる20〜29歳の女性に多いとされます。

④ 外傷後ストレス障害（PTSD）

災害や事件・事故発生後の子どもたちへのこころのケアは、学校保健における重要な課題です。

プラスワン

子どもの自殺
自殺の背景にはさまざまな要因があるが、うつ病をはじめとした精神疾患は自殺の危険因子となる。自殺の危機が迫っている子どもには、TALKの原則をもとに対応することが重要である。
→第7講参照

プラスワン

躁状態
この症状としては、爽快な気分である、頭にたくさんの考えが浮かぶ、何でもできそうな気がする、睡眠時間が短くても疲れを感じない、などがある。

PTSD
Post Traumatic
Stress Disorder

　災害、事故、いじめ、虐待など、自分では対処できない衝撃的な体験をすると、人はこころに大きな傷を負います。それが心的外傷（トラウマ）です。トラウマを生じるような出来事を体験後、以下にあげる特徴的な4つの症状が1カ月以上持続する場合、心的外傷後ストレス障害（PTSD）と診断されます。

＜心的外傷後ストレス障害（PTSD）の主な症状＞
　①再体験症状：フラッシュバックや悪夢
　②回避症状：出来事が発生した場所に行くことができない
　③認知と感情の否定的変化：「私が悪い」「誰も信用できない」といった
　　　　過剰に否定的な思い込みなど
　④過覚醒症状：不眠やイライラ

　子どもの場合、フラッシュバックがなく、遊びのなかでトラウマ場面の一部を再現することがあります。これら以外に、一人になるのを怖がる、電気を消すのを嫌がる、幼児がえりしたように甘える（心理的退行）などの症状もよくみられます。

⑤ 心身症

　発症と経過に心理社会的要因の関与が大きい身体疾患を心身症といいます。心身症とは一つの病気ではなく、心理社会的な要因によって身体症状が出ている状態の総称を指します。心身症は「身体疾患の中で、その発症や経過に心理社会的因子が密接に関与し、器質的ないし機能的障害が認められる病態をいう。ただし神経症やうつ病など、他の精神障害に伴う身体症状は除外する」と定義されています（日本心身医学会、1991）。

　子どもに見られる心身症の主なものは、頭痛、腹痛、食欲不振などの身体症状ですが、チック、起立性調節障害、過敏性腸症候群、過換気症候群、慢性頭痛（片頭痛、緊張性頭痛など）など医療機関との連携が必要な症状が表れることがあります。心身症については、身体症状に対応しながら、心身症の特徴も踏まえ心理社会的要因に対するアプローチも必要であり、包括的な視点での対応が求められます。

3　学校不適応

① 不登校

　学校現場で深刻な状況が続いている問題の一つに、不登校があります。文部科学省は「不登校」について、連続または断続して年間30日以上欠席し、「何らかの心理的、情緒的、身体的あるいは社会的要因・背景により、

図表10-3　不登校の具体例

- 友人関係又は教職員との関係に課題を抱えているため登校しない（できない）。
- 遊ぶためや非行グループに入っていることなどのため登校しない。
- 無気力でなんとなく登校しない。迎えに行ったり強く催促すると登校するが長続きしない。
- 登校の意志はあるが身体の不調を訴え登校できない。漠然とした不安を訴え登校しないなど、不安を理由に登校しない（できない）。

児童・生徒が登校しない、あるいはしたくともできない状況（ただし、病気や経済的な理由によるものを除く）」と定義しています（図表10-3）。

文部科学省の調査では、2016（平成28）年度に「不登校」を理由に年間30日以上欠席した小・中学生は13万4398人（前年度12万5991人）であり、不登校児童・生徒の割合は1.4％（前年度1.3％）にのぼり、不登校児童・生徒数は2013（平成25）年度から増加傾向にあります。小学校3万0448人（前年度2万7583人）、中学校10万3247人（前年度9万8408人）で、特に中学生で多く33人に1人(3.0％)、つまり1クラスに1人は不登校児童・生徒がいるという状況です。

子どもが不登校になるのは、本人の要因だけでなく社会環境や学校環境、家庭環境といったさまざまな要因が複雑にからみ合って作用し、登校できない状態になります。不登校は、児童・生徒を取り巻く環境によっては、誰にも起こり得るものという認識が必要です。また、不登校の要因や背景は多様・複雑ですから、不登校というだけで問題行動であると受け取られないよう配慮し、支援を行っていく必要があります。

不登校状態が長期化することは、学力の停滞、自己肯定感の低下や健康状態の悪化など、本人の学習や社会的自立を妨げる問題にもつながります。一方で、不登校児童・生徒への支援については、「学校に登校する」という結果のみを目標にするのではなく、児童・生徒が自らの進路を主体的にとらえて、社会的に自立することをめざす必要があります。

児童・生徒によっては、不登校の時期が休養や自分を見つめ直すなどの積極的な意味をもつことがあります。教師は、不登校になった子どもが何に困り、どのような関わりを必要としているのかを把握し、子どもの意思も尊重しながら、保護者や関係機関（適応指導教室、フリースクール、児童相談所など）と連携し、子どもの社会的自立、つまり、将来につながる支援を進めていくことが求められます。

② いじめ

いじめは児童・生徒の心身の健全な発達に重大な影響を及ぼし、こころの健康問題を引き起こす背景ともなる深刻な問題です。いじめ問題について、2013（平成25）年に「いじめ防止対策推進法」*が制定されました。

図表10-4 いじめの構造

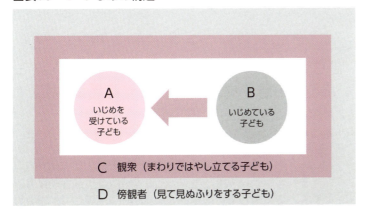

プラスワン

文部科学省の調査
「児童・生徒の問題行動・不登校等生徒指導上の諸課題に関する調査」。暴力行為、いじめ、不登校などの諸問題について毎年度の件数や発生状況などの統計データを発表している。平成27年度調査までは「児童生徒の問題行動等生徒指導上の諸課題に関する調査」の名称が使用されている。

プラスワン

教育機会確保法
2016年制定。正式名称は「義務教育の段階における普通教育に相当する教育の機会の確保等に関する法律」。第8条から13条では、不登校児童・生徒等に対する教育機会の確保について定めている。

重要語句

いじめ防止対策推進法
いじめの定義、いじめの防止等（いじめの防止、いじめの早期発見およびいじめへの対処）のための対策の基本理念、関係者の責務、学校が講ずべきいじめの防止等に関する措置、重大事態への対処等を定めている。

「いじめ防止対策推進法」では、「いじめ」とは、「児童等に対して、当該児童等が在籍する学校に在籍している等当該児童等と一定の人的関係にある他の児童等が行う心理的又は物理的な影響を与える行為（インターネットを通じて行われるものを含む。）であって、当該行為の対象となった児童等が心身の苦痛を感じているもの」（第2条第1項）と定義されています。この定義から、いじめを受けた児童・生徒が心身の苦痛を感じていることこそが「いじめ」であるととらえる必要があることがわかります。

文部科学省の調査によると、2016（平成28）年度のいじめの認知件数は、小学校23万7256件（前年度15万1692件）、中学校7万1309件（前年度5万9502件）と報告されています。小学校から特別支援学校までの全体では32万3143件（前年度22万5132件）となっています。また、同調査では「いじめの解消率」が発表されています。もちろん、いじめのない学校をめざす（認知件数を減らす）ことは重要ですが、1件でも多くいじめを発見し、いじめに対応できる学校（解消率をあげる）をめざすことも重要と考えられます。

近年のいじめの特徴として、暴力をともなわない「冷やかしやからかい、悪口」「仲間外れや無視」など、心理的なダメージを与える行為が多くみられます。さらに、ネットいじめが増加しているなど、大人からは一層見えにくいものになっています。

いじめは、「被害者」と「加害者」だけの問題ではなく、図表10-4のように周囲の「観衆」や「傍観者」の存在もいじめの助長に影響します。また、この4層の立場が短期間で入れ替わることも特徴といえます。

いじめを防止するためには、いじめが起きにくい学校・学級風土を醸成することが重要です。そのため教職員は、いじめは絶対に許されない行為であるという強い意識をもつとともに、いじめはどの子どもにも、どの学校においても起こりうるものであること、誰もが被害者にも加害者にもなりうるものであることを十分に認識する必要があります。そして、こうした意識のもと、日々の健康相談、教育相談の充実を図り、早期発見、早期対応に努める必要があります。また、「いじめ防止対策推進法」によって各学校に策定が義務づけられた「学校いじめ防止基本方針」をもとに、各教職員が「いじめとは何か」「いじめに対して校内でどのように対応するのか」などについて共通理解をしたうえで、組織的な対応をしていくことが求められます。

> **プラスワン**
>
> **認知件数**
> 2005（平成17）年度以前は「発生件数」と呼ばれていたが、2006（平成18）年度から「認知件数」と呼ぶようになった。

こころの健康問題における教職員の対応

1 こころの健康問題の対応

児童・生徒のこころの健康問題の対応で特に注意することは、こころの健康問題によって学校生活等に支障が出てきたときに、適切な対応がなされないと、その影響が悪循環していくことです。心身の不調から、学業の

遅れや学校不適応につながり、その結果、症状や不適応状態がさらに悪化してしまい、治療も社会復帰もますます困難になることもあります。また、いじめ被害のようにこころの傷につながる場合、適切な対応がなされないと大人になってからも治療が必要な場合も生じます。このことからも教職員だけでなく保護者も含め、こころの健康問題の予防、早期発見・早期対応に努めることが重要です。ここでは、個々の問題、症状への対応ではなく、こころの健康問題全般における基本的な対応について考えていきます。

2 こころの健康問題に対する「予防」

　こころの病気や学校不適応は、すべての児童・生徒に起きる可能性があることを考えると、その「予防」が重要となります。予防において不可欠なことは、こころの健康問題について基本的知識をもつことです。教職員、保護者は、児童期から青年期に至る各発達の段階で生じうるさまざまな問題（不登校、いじめ、非行など）や心理的特質、発達課題等についてよく理解しておくことが必要です。また、本講で取り上げた精神疾患の知識については、特に学校保健や教育相談の中心的な役割を担う教職員において必要とされます。一方、教職員、保護者だけでなく、児童・生徒自身が基本的知識を身につけることも重要です。

　例えば、第1節で説明したように、ストレスのしくみについて理解し、さまざまな出来事（ストレッサー）に対して、それぞれの子どもが適切な対処法を身につけられるように教育していくことが考えられます。このような教育を「ストレスマネジメント教育」といいます。一般的なストレスマネジメント教育の進め方は、①ストレスとは何かを知る段階、②自分のストレス反応を知る段階、③ストレス対処法を習得する段階、④ストレス対処法を活用する段階の4段階で構成されます。

　別の例では、精神疾患に関する知識を含めて精神保健の知識向上をめざす取り組みも近年注目されています。学ぶ知識としては、①精神不調・精神疾患がけっしてまれなものではなく、誰にでも起こり得る「よくある病気」であること、②精神不調・精神疾患は、10代で増えはじめること、③精神不調・精神疾患は、対処を躊躇している期間が長期にわたるほど病気が深刻化しやすく、生活に影響が出るため、早期対応が必要であること、などがあげられます（佐々木、2017年）。こうした取り組みは、「精神保健リテラシー教育」（メンタルヘルスリテラシー教育）と呼ばれます。

　また、教職員が行う予防の取り組みとして、日々の教育活動を充実させることは重要なことです。積極的な声かけを行うこと、達成したことをよくほめ認めること、わかりやすい授業を行うこと、などは、子どもとの信頼関係をつくることにつながり、子どもが悩みや不調を訴えやすくなることにつながります。

3 こころの健康問題に対する「早期発見・早期対応」

　こころの健康問題は、早い時期に適切な援助を受けることができるかどうかが、予後やその後の生活状況に大きく関わってくるため「早期発見・

早期対応」が重要となります。早期発見・早期対応のためには、子どもの様子をよく観察することが重要です。特に子どもは、自分の気持ちを言葉でうまく表現できなかったり、大人に相談したがらなかったりすることがあります。こころの健康問題につながるような言葉にできない悩みや苦しさは、行動や態度、頭痛・腹痛などの身体症状、対人関係に現れたりしますから、子どものこころの健康問題を早期に発見するためには、教職員による日常のていねいな健康観察が特に重要となります（図表10-5）。

　健康観察において、気になる点がみられた場合、詳細な実態把握が必要となります。子どもの実態を把握することを、「アセスメント」と呼ぶことがあります。「生徒指導提要」＊（文部科学省、2010年）によると、アセスメントとは「解決すべき問題や課題のある事例（事象）の家族や地域、関係者などの情報から、なぜそのような状態に至ったのか、児童・生徒の示す行動の背景や要因を、情報を収集して系統的に分析し、明らかにしようとするもの」とされています。

　アセスメントを行う場合、子どもの特性、問題の状況、精神疾患の可能性など、問題解決に向けた情報収集を行っていきますが、その子のマイナスの部分（できないこと、短所）のみに焦点を当てるのではなく、プラスの部分（できていること、長所、得意なこと）に焦点を当てることが大切です。

　また、早期対応という点で、問題解決を図っていく過程で子どもと実際に関わるときには、まず子どもの気持ちや思いを理解すること（共感的理解）が大切であり、そのためには「傾聴」が不可欠であるといえます。傾聴とは、ていねいかつ積極的に相手の話に耳を傾けることです。受容的で温かい雰囲気、話の内容にかかわらず傾聴する姿勢は、子どもの不安を和

> **重要語句**
>
> **生徒指導提要**
> 小学校段階から高等学校段階まで、組織的・体系的な生徒指導を進めるための要点・要領を学校・教職員向けにまとめたもの。

図表10-5　学校場面別による子どものこころの健康問題と関連するサイン

場面1　登校時、下校時
・登下校を渋る　・遅刻や早退が増加する　・あいさつに元気がない
・友だちと一緒に登下校したがらない
場面2　朝や帰りの会
・体調不良をよく訴える
・朝夕の健康観察に変化がある　・朝から眠いと訴える
・表情や目つきがいつもと違う
場面3　授業場面
・学習に取り組む意欲がない　・学業成績の低下　・学習用具の忘れ物が多い
・宿題をやらなかったり、提出物が遅れる
場面4　休み時間
・友だちと遊びたがらない　・一人で過ごすことを好む
・外で遊ぶことを嫌がるようになる
場面5　生活全般
・保健室への来室が増える　・用事もないのに職員室に来る
・今までできていたことができなくなる　・ぼんやりしている／落ち着きがない
・行事への参加を拒む　・（給食時）食欲がなくなる
・教職員に対し反抗的な態度をとる　・日記や作品に気になる表現や変化が見られる

文部科学省『学校における子供の心のケア　サインを見逃さないために』2014年を一部改変

らげ、より的確な子どもの理解へとつながると考えられます。

4 チームによる支援の重要性

こころの健康問題に対応するうえで、近年、学校現場では「**チームによる支援**」の重要性が指摘されています。チームによる支援とは、問題を抱える個々の児童・生徒について、校内の複数の教職員や専門家などがチームを編成し、協働・連携しながら子どもの支援にあたることです。

子どものこころの健康についての課題が深刻化・複雑化していることを考えると、教職員が一人で解決することは難しい場合もあります。気になる子どもがいたときや、どのように対応したらよいか困ったときは、一人で抱え込まずに、チームで情報を共有して支援することが大切です。チームで対応することは、多くの目で見守ることにより子どもへの理解を深めるとともに、共通理解を得ることで教職員自身の不安感の軽減にもつながります。

学校でこころの健康問題についてチーム支援を行う場合、養護教諭の役割は特に重要になります。身体的症状の背後にこころの問題が関係している事例も多く、学校保健の中核を担う養護教諭の専門性が必要とされます。また、近年、学校現場では心理の専門家としての**スクールカウンセラー**（SC）や、福祉の専門家として**スクールソーシャルワーカー**（SSW）の活用が進められています。もちろん、これまで教員が行ってきた児童・生徒への支援のすべてをSC、SSWが担うということではなく、互いの職務を理解し、専門性を生かしながら協働して子どもの支援にあたることが重要です。このように、子どもの支援を行うにあたり、学校内外との連携が不可欠な現状において、「**チームとしての学校**」*という新しい学校組織の在り方が示されています（→第15講）。

5 医療機関との連携

「チームとしての学校」を進めていくためには、校外の関係諸機関との連携・協働が重要となります。特に、こころの病気については、医療機関と連携しながら対応していくことが必要となります。心理社会的要因に由来すると考えられる問題であっても、精神症状や心身の不調が激しい場合には、医療機関の受診を検討する必要があります。学校で子どもの精神疾患等が疑われたら、他の教職員（学校医、養護教諭、SCなど）や関係者と一緒に、複数の目で子どもをよく観察しアセスメントを行い、本人、保護者ともよく話し合ったうえで、医療機関を受診するか否かを判断することが大切です。

受診後も治療を続けながら登校する児童・生徒が多数います。医療機関への受診は、支援の終わりではなく支援の始まりとなります。そのため、主治医と連携をとりながら、保護者とともに情報共有を行い、子どもの学校生活を学校全体で支える体制を整えていくことが重要です。

重要語句

チームとしての学校

中央教育審議会から2015（平成27）年に「チームとしての学校の在り方と今後の改善方策について（答申）」が提出された。「チームとしての学校」を実現するために、答申では、①専門性に基づくチーム体制の構築、②学校のマネジメント機能の強化、③教職員一人一人が力を発揮できる環境の整備、の3つの視点をあげている。
→第15講参照

教職員の健康については、第6講も参照してください。

6　教職員のこころの健康

最後に**教職員のメンタルヘルス**について述べておきます。近年、児童・生徒だけでなく、教職員のこころの健康が問題になっています。学校教育は、教職員と児童・生徒との相互作用によって行われます。子どもを支援するためには、教職員自身がメンタルヘルスを維持し、意欲的に職務に取り組み、やりがいをもって教育活動を行うことが重要です。児童・生徒だけでなく、教職員のこころの健康問題にも十分留意する必要があります。

ディスカッションしてみよう！

いじめとそうではない行為の境目はすごくあいまいです。たとえば、「笑いながら友だちがぶつかってきた」という行為がいじめなのか、そうではないのかは、それを見た人がその状況をどのように判断するかによって変わってきます。あなたはどのような状況であれば、その行為がいじめだと判断しますか。具体的な状況を想定して考えてみましょう。

たとえば・・・

復習や発展的な理解のために

知っておくと役立つ話

思春期の友だち関係とスクールカースト

　思春期の友だち関係には、大人になってからの関係性とは少し違った特徴がいくつかあります。ここでは、思春期の友だち関係の特徴とその関係性がはらむ問題点について、少しだけ考えてみたいと思います。

　内閣府が2013（平成25）年に行った「我が国と諸外国の若者の意識に関する調査」によれば、最も友だちが多い時期は13～18歳ころで、「仲のよい友人数」の平均は約9人だそうです。

　このころの特徴は、友だちの数が多い人ほど「日常生活に満足している」ということ。その後の人生では、その関連性はどんどん弱まっていきます。つまり、中学生や高校生は、友だちが多いか少ないかで、生活の満足度が決まる、その後の人生とは少し異なったルールの世界を生きているといえるでしょう。

　では、なぜこの時期に友だちがこんなに重視されるのでしょうか。それは日本の学校教育が「協調性」を重視する傾向にあり、かつ人間関係の閉鎖性が高いことが要因ではないかといわれています。たとえば、学校では一人でできそうなことであっても、みんなと協力してできたほうがよいとされることがあります。しかも、そこにいる構成メンバーは、自分の意思では替えることができず、一定期間はその空間から逃れることはできません。自分の力で逃げられない空間で、みんなと仲よくしないと生活に支障が出るならば、集団内では対立の回避を最優先して、なるべく多くの人と仲よくしておく必要があります。

　このような関係性を、社会学者の土井隆義は「優しい関係」と呼んでいます（土井隆義、2008年）。そして集団内に「優しい関係」が蔓延した集団では、人間関係の失敗が許されないため、常に集団内における自分のキャラや位置づけを確認し、それに見合った行動をとるようになることも指摘されています。そして、そのキャラ自体が権力性をはらんでいるという指摘もあります。

　このような同学年の生徒同士でありながら、「誰が上で、誰が下」というようなキャラの権力性が集団内で明確に共有されている状態を「スクールカースト」と呼びます。一般的な例でいえば、「インキャ（ラ）」「ヨウキャ（ラ）」といったキャラの区別は「スクールカースト」の権力性を表したものだと解釈できます。

　この「スクールカースト」の問題点は2つあります。1つは、権力性をはらんだ人間関係は歯止めがきかなくなり、それが取り返しのつかないいじめに発展する可能性があることです。集団内にいじめが起こっていたとしても、上位の生徒が下位の生徒をいじめている場合には、「いじり」と区別がつきづらいため、当事者から問題提起されにくく対処が遅れる要因になりえます。もうひとつは、たといいじめに発展しなかったとしても、スクールカーストの下位に位置づけられてしまうことで、自尊心を傷つけられてしまう一因になるということです。

　このように学校の人間関係にはある種の息苦しさがありますが、保健室は学校内であるにもかかわらず、そうした人間関係から退避できる数少ない居場所になっています。これから養護教諭をめざすみなさんは、保健室の居場所としての機能もまた、心に留めておいてほしいなと思います。

第10講　こころの健康問題

ちゃんとわかったかな？
復習問題にチャレンジ

（京都府　2017年）

①次の①〜④は「教師が知っておきたい子どもの自殺予防」リーフレット（平成21年3月文部科学省）における「対応の留意点」からの抜粋です。空欄a〜dに当てはまる語句を正しく組み合わせているものはどれか、あとのア〜オから一つ選びましょう。

①ひとりで抱え込まない
自殺の危険の高い子どもをひとりで抱え込まないことが大切です。チームによる対応は、多くの目で子どもを見守ることで生徒に対する理解を深め、共通理解を得ることで（a）にもつながります。

②急に子どもとの関係を切らない
自殺の危険の高い子どもに親身に関わっていると、しがみつくように依存してくることも少なくありません。昼夜分かたず関わっていたかと思うと、疲れてしまって急に関係を切ってしまうといった態度は、子どもを不安にさせます。子どもとの間には（b）を築くことが大切です。

③「秘密にしてほしい」という子どもへの対応
子どもが「他の人には言わないで」などと訴えてくると、一人だけで見守っていくというような対応に陥りがちです。自殺の危険にはひとりで抱えるには重すぎます。（c）ながら、保護者にどう伝えるかを含めて、他の教師ともぜひ相談してください。

④手首自傷（リストカット）への対応
自傷行為は、将来起こるかもしれない自殺の危険を示すサインです。あわてず、しかし真剣に対応して、関係機関につなげることが大切です。子どもは初めは抵抗を示すかもしれませんが（d）ような姿勢で関わってください。

	a	b	c	d
ア	教師自身の不安感の軽減	一定の距離を保った人間関係	子どものつらい気持ちを尊重し	自傷行為に至った原因を究明する
イ	きめ細かい継続的な援助	継続的な信頼関係	守秘義務の原則に立ち	本人の苦しい気持ちを認める
ウ	きめ細かい継続的な援助	一定の距離を保った人間関係	子どものつらい気持ちを尊重し	自傷行為に至った原因を究明する
エ	きめ細かい継続的な援助	継続的な信頼関係	守秘義務の原則に立ち	自傷行為に至った原因を究明する
オ	教師自身の不安感の軽減	継続的な信頼関係	子どものつらい気持ちを尊重し	本人の苦しい気持ちを認める

（大阪府　2018年）

②次の各文は、いじめ防止対策推進法の条文または条文の一部です。空欄A〜Cに、下のア〜カのいずれかの語句を入れて、これらの条文または条文の一部を完成させる場合、正しい組合せはどれでしょうか。1〜5から一つ選びましょう。

・学校の設置者及びその設置する学校は、当該学校におけるいじめを（A）ため、当該学校に在籍する児童等に対する定期的な調査その他の必要な措置を講ずるものとする。

・学校の設置者及びその設置する学校は、（B）に当たっては、家庭、地域社会等との連携の下、いじめを受けた児童等の教育を受ける権利その他の権利利益が擁護されるよう配慮するものとする。

・学校は、当該学校におけるいじめの防止等に関する措置を（C）に行うため、当該学校の複数の教職員、心理、福祉等に関する専門的な知識を有する者その他の関係者により構成されるいじめの防止等の対策のための組織を置くものとする。

ア　慎重に見極める　イ　相談体制を整備する　ウ　一時的　エ　実効的　オ　早期に発見する
カ　生徒指導体制を確立する

	A B C	A B C	A B C	A B C	A B C
	1 オカエ	2 アイエ	3 オカウ	4 オイエ	5 アカウ

ノートテイキングページ

理解できたことをまとめておこう！

学習のヒント：こころの健康問題に対応するチームによる支援において、養護教諭の役割にはどのようなものがあるか、考えてみましょう。

第11講 特別支援教育と学校保健

理解のポイント

「特別支援教育」とは、障害のある児童・生徒の自立や社会参加に向けた主体的な取り組みを支援するという視点に立ち、児童・生徒一人ひとりの教育的ニーズを把握し、そのもてる力を高め、生活や学習上の困難を改善又は克服するため、適切な指導および必要な支援を行うものです。ここでは特別支援教育の理念がどういったものであるか、どのような児童・生徒を対象としているのか、特別支援教育を行う意義がどのようなところにあるのかを理解しましょう。また発達障害の特性がどのようなところにあるのかをみたうえで特別支援教育が置かれている現状と動向を把握し、特別支援教育体制がどのように整備されているかを理解しましょう。

1 特別支援教育の理念と動向

1 特別支援教育の理念

2007（平成19）年4月の「学校教育法」改正により幼稚園、小学校、中学校、義務教育学校、高等学校および中等教育学校において、通常の学級も含め、障害による学習上または生活上の困難を克服するための特別支援教育を行うことが規定されました。また国際連合における「障害者の権利条約」の採択等を踏まえての2013（平成25）年9月の「学校教育法施行令」の改正によって障害のある子どもの就学先決定のしくみが改められるなど、各学校において、発達障害に限らず、さまざまな障害のある児童・生徒に対する指導や支援の充実が求められています。こうしたことを背景に教育支援体制の整備が見直され、とりまとめられた「発達障害を含む障害のある幼児児童・生徒に対する教育支援体制整備ガイドライン」（文部科学省、2017年）の冒頭には次のような内容の特別支援教育の理念・対象・意義が示されています。

> 障害のある幼児児童・生徒の自立や社会参加に向けた主体的な取組を支援するという視点に立ち、幼児児童・生徒一人一人の教育的ニーズを把握し、その持てる力を高め、生活や学習上の困難を改善又は克服するため、適切な指導および必要な支援を行うものである。また、特別支援教育は、これまでの特殊教育の対象の障害だけでなく、知的な遅れのない発達障害も含めて、特別な支援を必要とする幼児児童・生徒が在籍する全ての学校において実施されるものである。

さらに、こうした特別支援教育は、障害のある幼児児童・生徒への教育にとどまらず、障害の有無やその他の個々の違いを認識しつつ様々な人々が生き生きと活躍できる共生社会の形成の基礎となるものであり、我が国の現在および将来の社会にとって重要な意味を持っている。

2　特別支援教育の現状

　ここでは日本の特別支援教育（義務教育）の現状についてみていきましょう。特別支援教育（義務教育）には、図表11-1に示されているように特別支援学校のほか小・中学校に設置されている特別支援学級や通級といった形態があります。2017（平成29）年5月1日現在で全児童・生徒の約4.2％が特別支援教育を受けています。

① 特別支援学校

　2007（平成19）年の「学校教育法」の改正によって、一部の学校を除いて盲学校、聾学校、養護学校が一本化されてでき、視覚障害、聴覚障害、知的障害、肢体不自由、病弱・身体虚弱の子どもを対象としています（図表11-2）。特別支援学校には幼稚園、小学校、中学校、高校に対応した幼稚部、小学部、中学部、高等部が設置されています。なお特別支援学校に在籍する幼児・児童・生徒の数は図表11-3に、在籍者の推移は図表11-4に示されているとおりです。

図表11-1　特別支援教育の対象の概念図（義務教育段階）

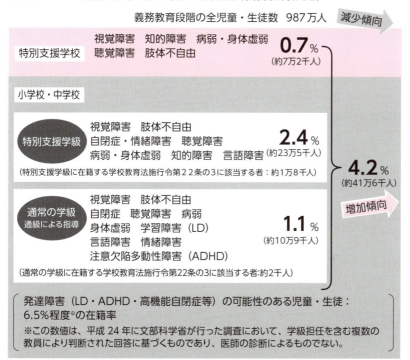

文部科学省「特別支援教育資料（平成29年度）」をもとに作成

図表11-2　特別支援学校の対象とする障害の程度

区　分	障害の程度
視覚障害者	両眼の視力がおおむね0.3未満の者または視力以外の視機能障害が高度の者のうち、拡大鏡等の使用によっても通常の文字、図形等の視覚による認識が不可能または著しく困難な程度の者
聴覚障害者	両耳の聴力レベルがおおむね60デシベル以上の者のうち、補聴器等の使用によっても通常の話声を解することが不可能または著しく困難な程度の者
知的障害者	1 知的発達の遅滞があり、他人との意思疎通が困難で日常生活を営むのに頻繁に援助を必要とする程度の者 2 知的発達の遅滞の程度が前号に掲げる程度に達しない者のうち、社会生活への適応が著しく困難な者
肢体不自由者	1 肢体不自由の状態が補装具の使用によっても歩行、日常生活における基本的な動作、学習活動のための基本的な動作が不可能または困難な程度の者 2 肢体不自由の状態が前号が掲げる程度に達しない者のうち、常時の医学的観察指導を必要とする程度の者
病弱者	1 慢性の呼吸器疾患、腎臓疾患および神経疾患、悪性新生物その他の疾患の状態が、継続して医療または生活規制を必要とする程度の者 2 身体虚弱の状態が継続して生活規制を必要とする程度の者

備考
1　視力の測定は、万国式試視力表によるものとし、屈折異常がある者については、矯正視力によって測定する。
2　聴力の測定は、日本工業規格によるオージオメータ
「学校教育法施行令」第22条の3をもとに作成

図表11-3　特別支援学校に在学する幼児・児童・生徒数（国・公・私立計）

区　分	学校数（校）	在籍幼児・児童・生徒数（人）				
		計	幼稚部	小学部	中学部	高等部
視覚障害	82	5,317	199	1,550	1,228	2,340
聴覚障害	116	8,269	1,141	2,935	1,853	2,340
知的障害	776	128,912	247	37,207	27,662	63,796
肢体不自由	350	31,813	102	13,578	8,381	9,752
病弱	149	19,435	38	7,306	5,158	6,933

注：複数の障害種を対象としている学校、また、複数の障害を併せ有する幼児児童・生徒については、それぞれの障害種ごとに重複してカウントしている。
文部科学省「特別支援教育資料（平成29年度）」をもとに作成

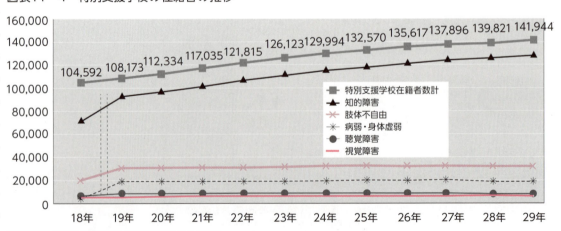

図表11-4　特別支援学校の在籍者の推移

文部科学省「特別支援教育資料（平成29年度）」もとに作成

図表11-5　小・中学校の特別支援学級に在籍する児童・生徒数（国・公・私立計）

区　分	小学校 学級数（学級）	小学校 児童数（人）	中学校 学級数（学級）	中学校 生徒数（人）	合計 学級数（学級）	合計 児童・生徒数（人）
知的障害	18,371 (43.9%)	77,743 (46.5%)	8,683 (47.4%)	35,289 (51.7%)	27,054 (44.9%)	113,032 (48.0)
肢体不自由	2,244 (5.4%)	3,418 (2.0%)	790 (4.3%)	1,090 (1.6%)	3,034 (5.0%)	4,508 (1.9%)
病弱・身体虚弱	1,468 (3.5%)	2,480 (1.5%)	643 (3.5%)	1,021 (1.5%)	2,111 (3.5%)	3,501 (1.5%)
弱視	358 (0.9%)	413 (0.2%)	119 (0.6%)	134 (0.2%)	477 (0.8%)	547 (0.2%)
難聴	793 (1.9%)	1,242 (0.7%)	329 (1.8%)	470 (0.7%)	1,122 (1.9%)	1,712 (0.7%)
言語障害	539 (1.3%)	1,570 (0.9%)	126 (0.7%)	165 (0.2%)	665 (1.1%)	1,735 (0.7%)
自閉症・情緒障害	18,091 (43.2%)	80,403 (48.1%)	7,636 (41.7%)	30,049 (44.0%)	25,727 (42.7%)	110,452 (46.9%)
総計	41,864	167,269	18,326	68,218	60,190	235,487

注：特別支援学級は、小・中学校に障害の種別ごとに置かれる少人数の学級（8人を上限）であり、知的障害、肢体不自由、病弱・身体虚弱、弱視、難聴、言語障害、自閉症・情緒障害の学級がある。
文部科学省「特別支援教育資料（平成29年度）」をもとに作成

図表11-6　小・中学校における通級による指導を受けている児童・生徒数（公立）

区　分	小学校 計（人）	小学校 自校通級（人）	小学校 他校通級（人）	小学校 巡回指導（人）	中学校 計（人）	中学校 自校通級（人）	中学校 他校通級（人）	中学校 巡回指導（人）	合計 計（人）	合計 自校通級（人）	合計 他校通級（人）	合計 巡回指導（人）
言語障害	37,134	15,795	19,973	1,366	427	161	211	55	37,561 (34.5%)	15,956	20,184	1,421
自閉症	16,737	9,289	6,756	692	2,830	1,329	1,237	264	19,567 (18.0%)	10,618	7,993	956
情緒障害	12,308	7,965	3,827	516	2,284	933	1,234	117	14,592 (13.4%)	8,898	5,061	633
弱視	176	27	134	15	21	1	17	3	197 (0.2%)	28	151	18
難聴	1,750	309	1,228	213	446	69	284	93	2,196 (2.0%)	378	1,512	306
学習障害	13,351	9,402	2,710	1,239	3,194	2,007	746	441	16,545 (15.2%)	11,409	3,456	1,680
注意欠陥多動性障害	15,420	9,962	4,318	1,140	2,715	1,475	926	314	18,135 (16.6%)	11,437	5,244	1,454
肢体不自由	100	9	9	82	24	4	−	20	124 (0.11%)	13	9	102
病弱・身体虚弱	20	11	2	7	9	4	1	4	29 (0.03%)	15	3	11
計	96,996 (89.0%)	52,769	38,957	5,270	11,950 (11.0%)	5,983	4,656	1,311	108,946 (100.0%)	58,752 (53.9%)	43,613 (40.0%)	6,581 (6.0%)

注：自校通級・他校通級・巡回指導のうち複数の方法で指導を受けている児童・生徒は、該当するもの全てカウントしている。
文部科学省「特別支援教育資料（平成29年度）」をもとに作成

② **特別支援学級**

　小・中学校に置かれている8人を上限とする少人数学級で知的障害、肢体不自由、身体虚弱、弱視、難聴、その他障害のある者で特別支援学級において教育を行うことが適当な者を対象としています。特別支援学級に在籍する児童・生徒数は図表11-5のとおりです。

③ **小・中学校における通級**

　通常の学級に在籍する言語障害、自閉症、情緒障害、弱視、難聴、学習障害（LD）、注意欠陥多動性障害（ADHD）、その他障害のある者でこの「学校教育法」の規定により特別の教育課程による教育を行うことが適当な児童・生徒を対象としています。主として各教科などの指導は通常の学級で行い、障害に基づく学習上または生活上の困難の改善・克服に必要な指導を特別の場で行っています。通級による指導を受けている児童・生徒数は図表11-6のとおりです。

3　就学指導の在り方

　就学基準は「学校教育法施行令」第22条3で定められており、社会のノーマライゼーションの進展や教育の地方分権の観点から就学指導の在り方が

図表11-7　特別支援教育の推移

法律施行日等年月日	法制度の推移	特別支援教育に関係する内容
平成19（2007）年4月1日	「学校教育法等の一部を改正する法律」施行（平成18年法律80号、6月21日成立）	従来の「特殊教育」は「特別支援教育」に改められ、盲学校、聾学校、養護学校が特別支援学校に一本化された。
平成19（2007）年9月28日	「障害者の権利に関する条約」に署名（「障害者権利条約」国連で平成18年12月13日採択）	日本国内の関係法令等の整備にとりかかる。
平成23（2011）年8月5日	「障害者基本法」改正公布・施行（平成23年法律90号）	「可能な限り障害者である児童および生徒が障害者でない児童および生徒と共に教育を受けられるよう配慮」する（第16条第1項）。
平成24（2012）年7月23日	「共生社会の形成に向けたインクルーシブ教育システム構築のための特別支援教育の推進（報告）」（中央教育審議会初等中等教育分科会）	合理的配慮の提供と、その基礎となる環境整備の充実の重要性について提言されている。
平成25（2013）年8月26日	「学校教育法施行令の一部を改正する省令」	障害のある子どもは特別支援学校に原則就学するという従来の就学先決定のしくみを改め、障害の程度をはじめとする総合的観点から就学先を決定する。
平成26（2014）年1月20日	「障害者権利条約」に批准	批准国は障害者の権利を認め、あらゆる段階における障害者を包容する教育制度および生涯学習を確保する。
平成26（2014）年5月28日	日本精神神経学会が「DSM-5病名・用語翻訳ガイドライン」発表	児童青年期の精神疾患は病名「障害」を「症」に変更する。
平成28（2016）年4月1日	「障害を理由とする差別の解消の推進に関する法律」（「障害者差別解消法」平成25年6月26日公布　平成25年法律第65号）	「合理的配慮の提供」が義務づけられる。ただし私立学校等は努力義務。

○竹内まり子「特別支援教育をめぐる近年の動向─「障害者の権利に関する条約」締結に向けて─」国立国会図書館ISSUE BRIEF NO.684（2010.6.10）
○中央教育審議会初等中等教育分科会報告「共生社会の形成に向けたインクルーシブ教育システム構築のための特別支援教育の推進」
○日本精神神経学会精神科病名検討連絡会「DSM-5病名・用語翻訳ガイドライン（初版）」『神経学雑誌』第116巻6号、2014年、429-457頁。

見直されました。市町村の教育委員会は「学校保健安全法」（「学校保健法等の一部を改正する法律」2008年）に基づいて小学校等への就学予定者を対象として就学時の健康診断を行い就学に関し指導等適切な措置をとらなければならないとされています（「学校保健安全法」第11条）。また健康診断の結果の事後措置として特別支援学級への編入についての指導や助言を行うことが決められています（「学校保健安全法」第12条、「学校保健安全法施行規則」第9条）。就学の通知は総合的な観点から決定し（学校教育法施行令第5条および第11条）、通知をしようとするときはその保護者および教育者、医学、心理学その他の障害のある児童・生徒の就学に関する専門的知識を有する者の意見を聴くことになっています（「学校教育法施行令」第18条の2）。

4 特別支援教育の推移

国連総会において2006（平成18）年12月に採択された「障害者の権利に関する条約（障害者権利条約）」に、日本は2007（平成19）年に署名しました。それ以後図表11-7にみるように障害者にかかる、あらゆる分野で改革が進められてきました。「障害者権利条約」の第24条、「障害者基本法」第16条は教育に関するものであり、学校においてその実現を図るべく特別支援教育が進められています。日本は「障害者権利条約」はを2014（平成26）年1月に批准し、2月19日に発効しました。

2 発達障害について

1 発達障害とは

自閉症、アスペルガー症候群その他の広汎性発達障害、学習障害、注意欠陥多動性障害その他これに類する脳機能の障害で、その症状が通常低年齢において発現するものをいいます（「発達障害者支援法」総則第2条）。一般的にコミュニケーションや対人関係をつくるのが苦手です。他方で発達障害の特性を本人や家族・周囲の人がよく理解し、その子どもに合ったやり方で日常生活や学校での過ごし方を工夫することができれば、もっている本来の力を発揮することができるといわれています。

2 発達障害のタイプと特性

① 広汎性発達障害

コミュニケーション能力や社会性に関連する脳の領域に関係する発達障害の総称をいいます。自閉症、アスペルガー症候群のほか、特定不能の広汎性発達障害を含みます。

自閉症

「言葉の発達の遅れ」「コミュニケーションの障害」「対人関係・社会性の障害」「パターン化した行動・こだわり」などの特徴がみられます。急

プラスワン

自閉症スペクトラム障害（自閉スペクトラム）

自閉症スペクトラム障害は人との相互交渉、コミュニケーション、想像力の障害を共通にもつ障害で自閉症を中心にその特徴を重度から軽度まで広く連続的にとらえるものをいう。アメリカ精神医学会による精神疾患の診断・統計マニュアルや世界保健機関による疾病および関連保健問題の国際統計分類では広汎性発達障害という語が使われ、臨床上はほぼ同じものを指している。（平井清、細井創「発達障害―自閉症スペクトラム障害と注意欠陥多動性障害を中心に」『京府医大誌』119(6)、389-396頁、2010）

> **プラスワン**
>
> **DSM-5の診断名**
> 自閉症、アスペルガー症候群：「自閉スペクトラム症」または「自閉症スペクトラム障害」というひとつの診断名に統合されている。
> 注意欠陥多動性障害（ADHD）：「注意欠如・多動症」または「注意欠如・多動性障害」とされている。
> 学習障害：「限局性学習症」または「限局性学習障害」とされている。

> **プラスワン**
>
> **ADHD**
> Attention Deficit Hyperactivity Disorder
> **LD**
> Learning Disorders、Learning Disabilities

に予定が変更になる、はじめての場所に行くなどした場合に不安になり、動けなくなることがあります。さらに不安が高まると突然大きな声を出してしまうことがあります。よく知っている場所では一生懸命に活動に取り組むことができます。

アスペルガー症候群

広い意味での自閉症に含まれる一つのタイプです。「コミュニケーションの障害」「対人関係・社会性の障害」「パターン化した行動・興味・関心のかたより」がみられます。自閉症のように幼児期に言葉の発達の遅れがないため障害がわかりにくいですが、成長とともに不器用さがはっきりしてきます。周囲の人と話をしているときに自分のことばかり話し続け、他の人から「もう終わりにしてください」と言われないと止まらないことが多々みられます。他の人から「自分勝手でわがままな子」と思われることがあります。その一方で大好きなことについては専門家も負けてしまうほどの知識をもっていることもあります。

② **注意欠陥多動性障害（ADHD）**

「集中できない（不注意）」「じっとしていられない（多動・多弁）」「考えるよりも先に動く（衝動的な行動）」などの特徴がみられます。大事な仕事の予定を忘れたり、大切な書類を置き忘れたりすることがよくあります。周囲の人からは「いくら注意しても忘れてしまう人」と思われることがあります。一方で、困っている人がいると誰よりも早く気づき、手助けできる場合があります。

③ **学習障害（LD）**

全般的な知的発達に遅れはないのに聞く、話す、読む、計算する、推論するなどの特定のことを行うのが著しく困難であるといった特徴がみられます。

図表11-8　発達障害のタイプと特性

- 言葉の発達の遅れ
- コミュニケーションの障害
- 対人関係・社会性の障害
- パターン化した行動、こだわり

知的な遅れをともなうこともあります

自閉症
広汎性発達障害
アスペルガー症候群

- 基本的に、言葉の発達の遅れはない
- コミュニケーションの障害
- 対人関係・社会性の障害
- パターン化した行動、興味・関心のかたより
- 不器用（言語発達に比べて）

それぞれの障害の特性

注意欠陥多動性障害　AD/HD
- 不注意（集中できない）
- 多動・多弁（じっとしていられない）
- 衝動的に行動する（考えるよりも先に動く）

学習障害　LD
- 「読む」、「書く」、「計算する」等の能力が、全体的な知的発達に比べて極端に苦手

※このほか、トゥレット症候群や吃音（症）なども発達障害に含まれます。

政府広報オンライン「発達障害って、なんだろう？」をもとに作成

たとえばメモをとることが苦手です。書くことに必死になりで会議の内容がわからなくなってしまうからです。そのため周囲の人からは「仕事ができない人」と思われることがあります。このような場合はボイスレコーダーを使うなどして解決を図ることができます。

3 特別支援教育を行うための体制の整備と取り組み

障害のあるすべての幼児・児童・生徒の教育の一層の充実を図るため、学校において特別支援教育が推進されています。文部科学省が進める特別支援教育を行うための体制の整備と取り組みの内容は以下のとおりです（「特別支援教育についての通知（2007年）」）。

1 特別支援教育に関する校内委員会の設置

校長のリーダーシップのもと、全校的な支援体制を確立し、発達障害を含む児童・生徒の実態把握や支援方策の検討を行うため、校内に特別支援教育に関する委員会を設置します。

〈委員会の構成メンバー〉

校長、教頭、特別支援教育コーディネーター、教務主任、生徒指導主事、通級指導教室担当教員、特別支援学級教員、養護教諭、対象の幼児・児童・生徒の学級担任、学年主任、その他必要と思われる者等

2 実態把握

①各学校において在籍する幼児・児童・生徒の実態の把握に努め、特別な支援を必要とする幼児・児童・生徒の存在や状態を確かめます。
②特別な支援が必要と考えられる幼児・児童・生徒については、特別支援教育コーディネーター等と検討を行ったうえで、保護者の理解を得ることができるよう慎重に説明を行い、学校や家庭で必要な支援や配慮について、保護者と連携して検討を進めます。医療的な対応が有効な場合には保護者と十分に話し合いながら支援を進めていきます。各学校長が、特別支援教育について学ぶ意欲があり、学校全体、そして関係機関との連携・協力にも配慮ができ、必要な支援を行うために教職員の力を結集できる力量を有する人材を学校長が教職員の中から指名します。
③幼稚園、小学校においては、発達障害等の障害は早期発見・早期支援が重要であることに留意し、実態把握や必要な支援を着実に行うようにします。

〈特別支援コーディネーターの役割〉

支援にあたっては、特別支援教育コーディネーター*や養護教諭がリーダーシップをとり、全教職員の共通認識を進め、学校全体で取り組む必要があります。その際には家庭や学校医等の学校関係者や福祉

重要語句

特別支援教育コーディネーター

特別支援教育コーディネーターは、各学校における特別支援教育の推進のため、主に、校内委員会・校内研修の企画・運営、関係諸機関・学校との連絡・調整、保護者からの相談窓口などの役割を担う。現在多くの学校で学級担任など兼務する形で配置されている特別支援教育コーディネーターの専門家化が要望されている。2016（平成28）年5月20日の教育再生会議第9次提言に特別支援教育コーディネーターの選任化が盛り込まれた。

関係機関の関係外部機関と連携を図りつつ、さらに卒業後まで長期的な視野をもって支援をしていく必要があります。

3 「個別の教育支援計画」と「個別の指導計画」の作成と活用

「個別の教育支援計画」と「個別の指導計画」は、児童・生徒の効果的な特別支援教育を進めていくために関係する人々や機関協力、情報を共有して連携を進めていくための有効なツールです。あくまでも児童・生徒の支援のために関係機関との連携の、またより細やかな指導のためのツールであるため、作成することが目的ではありません。有効的な支援を進めていくには計画、実施、評価、改善を繰り返す必要があります。

① 「個別の教育支援計画」

特別支援学校には学校が主体となって、障害のある子ども一人ひとりのニーズを正確に把握し、教育の視点から適切に対応していくために長期的な視点に立ち、乳幼児期から学校卒業後まで一貫した教育的支援を行うことを目的として関係機関（医療、福祉、労働等）との連携を図ることが求められています。そのため児童・生徒一人ひとりのニーズに対応した「個別の教育支援計画」を策定・活用し、効果的な支援を進めていきます。小・中学校等も必要に応じて「個別の教育支援計画」を作成・活用し、効果的な支援を進めていきます。

特別な支援を必要とする子どもに提供されている「合理的配慮*」の内容については、障害のある子どもを生涯にわたって支援していく必要があることから「個別の教育支援計画」に明記し、引き継ぐことが重要です。

② 「個別の指導計画」

特別支援学校では「個別の教育支援」を一層効果的に進めていくために、きめの細かい指導目標や内容・方法などを盛り込んだ教育課程を個別化、

> 保護者が不安に思ったことや気になったことを各学級担任や特別支援教育コーディネーター等に率直に相談できるように、保護者と教員との信頼関係を築いておきましょう。

重要語句

合理的配慮

教育についての障害者の権利を認め、この権利を差別なしに、かつ、機会の均等を基礎として実現するため、障害者を包容する教育制度（inclusive education system）等を確保することとされている。そして、その権利の実現にあたり確保するものの一つとして、「個人に必要とされる合理的配慮が提供されること」を位置づけている。「障害者の権利に関する条約」第24条「教育」

図表11-9 「個別の支援計画」と「個別の教育支援計画」

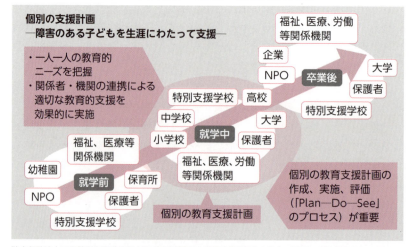

独立行政法人国立特別支援教育総合研究所『「個別の教育支援計画」の策定に関する実際的研究』2006年、17頁より　http://www.nise.go.jp/kenshuka/josa/kankobutsu/pub_c/c-61.html

具体化した指導計画を保護者と連携しながら学校が主体となって作成します。単元や学期、学年ごとに作成した個別の指導計画に基づいた指導を行います。

③ 特別支援教育コーディネーターの役割
　特別支援教育を支援するための学校内体制の窓口として担任や保護者から相談を受け、特別の教育支援が必要なケースは、校内委員会開催への連絡調整、外部関係機関等との連携をすすめます。そのうえで学校による「個別の教育支援計画」と「個別の指導計画」作成を実現していきます。

④ 作成・活用と管理における留意事項
　保護者が最も重要な支援者の一人であるため、「個別の教育支援計画書」の作成にあたっては、保護者に作成の趣旨や作成手続きについて十分に説明し、進学や転学によって「個別の教育支援計画書」の引き継ぎが行われることについても理解を求めておく必要があります。その際「個別の教育支援計画」に記載された個人情報は計画に参加・支援を実施する関係機関が共有することになるため、各機関の担当者を明確にしたうえで、個人情報の取り扱いに十分な配慮をする必要があります。なお「個別の教育支援計画」は本人・保護者のものであるため、本人・保護者が管理するものです。とはいえ、記載や活用については支援者や機関が行うことが多いことからほとんど主たる支援者・機関である学校が本人・保護者から委任を受けて管理を行っています。その際に個人情報の漏洩や滅失発生しないように適切な管理が必要です。なお、「個別の指導計画」についても学校において適切な期間の保存と個人情報の漏洩や滅失が発生しないように適切に管理しなければなりません。

4　教員以外の専門スタッフの活用

① 特別支援教育支援員
　幼稚園、小・中学校、高等学校において障害のある児童・生徒に対し、食事、排せつ、教室の移動補助等学校における日常生活動作の介助を行ったり、発達障害の児童・生徒に対し学習活動上のサポートを行ったりします。

② スクールカウンセラー
　学校教育に関する心理の専門家として児童・生徒へのカウンセリングや困難・ストレスへの対処方法に資する教育プログラムの実施が期待されています。それとともに児童・生徒への対応について教職員、保護者への専門的な助言や援助、教員のカウンセリング能力等の向上を図る研修を行うことも期待されています。

③ スクールソーシャルワーカー
　福祉の専門家として課題を抱える児童等が置かれた環境への働きかけや関係機関等とのネットワークの構築、連携・調整、学校内におけるチーム体制の構築・支援の役割を果たします。

④ 看護師
　日常的にたんの吸引や経管栄養等の「医療ケア」を必要とする児童が在籍する学校には配置が進められています。

⑤ 就労コーディネーター
　キャリア教育・就労支援を進めるための労働等の関係機関と連携を図るために必要に応じての配置が進められています。

4 障害のある児童・生徒に対する健康に関する支援

1 医療的ケア

① 特別支援学校における医療的ケア
　医療的ケアを必要とする児童・生徒の状態に応じ看護師等を適切に配置し、看護師等を中心に教員等が連携協力して特定行為（診療の補助）にあたります。なお、看護師等が直接特定行為を行う必要がない場合であっても、看護師等による定期的な巡回や医師等といつでも相談できる体制を整備するなど医療安全を確保するための十分な措置を講じる必要があります。

② 特別支援学校以外の学校における医療的ケア
　小中学校においては学校と保護者との連携協力を前提に、原則として看護師等を配置または活用しながら、主として看護師等が医療的ケアにあたり、教員がバックアップする体制が望まれています。

呼吸、排泄、栄養補給などの点で、医療的ケアが必要な子どもたちのための体制整備と環境の充実が求められています。

2 保健・安全管理

　それぞれの障害の状況や特性、重度・重複化にともない、障害特有の課題等一人ひとりの健康状態に応じた配慮が求められています。成長発達の段階や付随する慢性疾患に応じた保健管理や児童・生徒の一人ひとりが安全な学校生活を送ることができるように安全管理に十分に注意を払う必要があります。

① 保健管理
　児童・生徒の一人ひとりの健康状況を的確に把握（保護者や学校医、主治医の助言も求める）したうえで全職員がその情報を共有し生活管理も含めて支援していきます。また感染予防などの対策も常に施しておかなければなりません。服薬等に関する管理や補装具等に関する情報を主治医および医療関係者と連携共有しておく必要があります。

② 生活管理
　学校医と連携して「学校生活管理指導表」（→第9講）を活用して運動に関する教育活動を支援します。

③ 安全管理
環境整備
　児童・生徒の転倒、追突、転落等の事故を防止するために学校環境に留意していきます。特別支援学校においては通学を支援するためにスクールバスの運行や遠隔地からの在籍者のために寄宿舎が設置されている場合があり、夜間の緊急体制など整備にも目を配っておく必要があります。また児童・生徒の感染症や気管支ぜん息等の発作を予防するための室内清掃に

ついての情報を管理職と養護教諭を中心に全教員が共有しておく必要があります。

災害への対応

・学校防災マニュアルの作成

　災害発生時の対応について教職員の役割等を明確にし、学校防災体制を確立します。そのうえで家庭や地域、関係機関等に周知し、地域全体で災害に対する意識を高めて体制整備の構築、推進を図ります。

・点検

　学校の施設および設備等の安全点検は「学校保健安全法」第27条で計画的に実施するように定められています。災害発生時に児童・生徒の安全を確保するとともに安全に避難させるために校内の施設の整備だけでなく、避難経路や避難場所を点検しておきます。

・避難訓練

　避難訓練は災害発生時に児童・生徒等が常に安全に避難できるように実践的な態度や能力を養うとともに、災害時に地域や家庭において自ら進んで他の人々や集団、地域の安全に役立つことができるようになることをめざして行います。

・教職員研修

　教職員は災害から児童・生徒の生命や身体の安全を守るために学校における防災体制や防災教育の重要性と緊急性を十分認識し、防災に関する自らの意識や対応能力、防災教育に関する指導力を一層高めることが求められます。そのためには学校や地域の実態に即した実践的な研修を行う必要があります。

3　保健・安全教育

　一般の児童・生徒に対する保健指導に加えて特別支援学校の教育課程に設けられている「自立活動」をも踏まえた教育目標を設定し、指導する必要があります。「自立活動」の内容には「健康の保持」「心理的な安定」「人間関係の形成」「環境の把握」「身体の動き」「コミュニケーション」の6項目が示されています。これを踏まえた保健・安全教育を有効に進めるための「個別指導計画」では「健康の保持」を中心に、各項目と関連づけて作成します。たとえば生活リズムや生活習慣の形成、病気の状態や身体各部の状態を理解します。加えて改善または維持するための適切な自己管理能力の養成、障害の状況を理解し、起こりうる変化に対応できる力や障害による学習や生活上の困難を改善・克服する意欲の向上、他者との関わり（他者の意図や感情の理解、自己の理解と行動調整、集団への参加）について理解してもらう内容を取り入れた教育が考えられます。

プラスワン

「防災マニュアル」の作成

「学校保健安全法」第29条に、「危険等発生時対処要領の作成等」が定められている。

プラスワン

自立活動

個々の児童又は生徒が自立を目指し、障害による学習上又は生活上の困難を主体的に改善・克服するために必要な知識、技能、態度および習慣を養い、もって心身の調和的発達の基盤を培う。

「特別支援学校小学部・中学部学習指導要領」第7章「自立活動」より

ディスカッションしてみよう！

発達障害のある児童・生徒に対して感染症予防に関する情報を伝える場合に、どのような配慮や工夫が必要でしょうか。発達障害のタイプや特性を踏まえて考えましょう。
（1）掲示物
（2）板書（表記方法）
（3）指示（声かけ）
（4）上記のすべてに共通する配慮や工夫

たとえば・・・

復習や発展的な理解のために

知っておくと役立つ話

医療的ケア児

第11講 特別支援教育と学校保健

　医療の発達により救命率も高まる一方、生まれたときから重い障害があるなど、日常的に医療行為を受けている子どもたちもいます。2017（平成29）年の文部科学省の調査によれば、医療的ケア対象の児童・生徒数は、特別支援学校で8218名、小・中学校で858名（うち特別支援学級587名、通常学級271名）です。

　ちなみに、いわゆる「医療的ケア」とは、法律上に定着されている概念ではありませんが、一般的に学校や在宅等で日常的に行われている、たんの吸引、経管栄養、気管切開部の衛生管理などの医行為を指します。

　本来、医師免許や看護師等の免許をもたない者は、医行為を反復継続する意思をもって行うことはできません、しかし、冒頭のような状況を踏まえ、2012（平成24）年に制度が改正され、看護師等の資格を有しない者も、医行為のうち、たんの吸引等の5つの特定行為に限り、研修を修了し、都道府県知事等に認定された場合には「認定特定校医業務従事者」として一定の条件下で実施できるようになりました。

　学校では、医療的ケア児童・生徒の健康と安全を確保するために、医師等、保護者等との連携協力のもとで、組織的な校内体制の整備とさまざまな配慮が必要です。文部科学省も、できる限り本人と保護者が希望した学校に通えるよう環境を整えることを自治体に求めていますが、人的・環境面などで課題も残されているのが現状です。学校における医療的ケアの実施に関しては、その基本的な考え方や教育委員会における管理体制の在り方、学校における実施体制の在り方、実施にあたっての役割分担例が示されるなどしており、現在整備が進められています。

　大阪府をはじめ特別支援学校以外の学校で、ほぼマンツーマンの看護師配置に取り組んでいる自治体もあり、今後その広がりが期待されます。

学校における医療的ケア

学校における医療的ケア

特定行為（※）
・口腔内の喀痰吸引
・鼻腔内の喀痰吸引
・気管カニューレ内の喀痰吸引
・胃ろうまたは腸ろうによる経管栄養
・経鼻経管栄養

特定行為以外の、学校で行われている医行為（看護師等で実施）

※特定行為・認定された教員等が登録特定行為事業者において実施可

ちゃんとわかったかな？
復習問題にチャレンジ

(東京都　2018年)

①発達障害や情緒障害のある子どもの特性とその特性に応じた指導に関する記述ア～エのうち、「教育支援資料」（文部科学省平成25年10月）に照らして正しいものを選んだ組み合わせとして最も適切なものを下の1～5から選びましょう。

ア　学習障害のある子どもは、学習に必要な基礎的能力のうち、一つないし複数の特定の能力についてなかなか習得できなかったり、うまく発揮することができなかったりする傾向がある。文字を正確に書くことが苦手な場合には、教師は、適切な文字を思い出すことができないのか、細かい部分を書き間違えるのかなど、そのつまずきのパターンを把握した上で、文章や段落ごとの関係を図示したり、重要な箇所に印を付けたりするなどの指導方法を組み合わせる。

イ　注意欠損多動性障害のある子どもは、おおよそ、身の回りの特定のものに意識を集中させる脳の働きである注意力に様々な問題がある。忘れ物が多い場合には、教師は、興味のあるものとないものなど事柄により違いがあるのかなど、その実態を把握した上で、その子供にあったメモの仕方を学ばせ、忘れやすいものを特定の場所に入れることを指導するなど、家庭と連携しながら決まりごとを理解させ、その決まりごとを徹底させる。

ウ　アスペルガー症候群の子供は、知的発達と言語発達に遅れがあり、一方的に自分の話題を中心に話し、直接的な表現が多く、相手の話を聞かなかったり、相手が誰であっても対等に話をしたりするというコミュニケーションの障害が比較的目立つという特徴がある。教師は、言葉の内容を理解させるために、人の言葉に注意を向ける、人の話を聞くなどの必要な態度を形成し、人との関わりを深めるための基礎作りをねらいとして指導する。

エ　情緒障害のある子供は、心理的な不安定さから、気持ちを落ち着けて集中することができず、書くことや読むことなどの学習に時間を要したり、指示や説明を断片的に聞いていたりすることがある。通常の学級においては、個別に指導内容を設定することはできないことから、学級における単位等の指導計画による指導内容を焦点化したり重点化したりして、基礎的・基本的な事項の定着に留意することが大切である。

1　ア・イ
2　ア・ウ
3　ア・エ
4　イ・ウ
5　イ・エ

ノートテイキングページ

理解できたことをまとめておこう！

学習のヒント：自閉症、アスペルガー症候群、注意欠陥多動性障害（ADHD）、学習障害（LD）のある子どもについて、それぞれの子どもが苦手とすることをまとめてみましょう。

第11講 特別支援教育と学校保健

第12講 学校環境衛生

理解のポイント

現代社会では、人々を取り巻く社会環境、生活環境の汚染や変化により、人の健康などに悪影響を及ぼす可能性（環境リスク）が増大している懸念があります。特に、子どもたちが一日のうちの多くの時間を過ごす学校の環境衛生の悪化は、発達段階にある子どもたちの健全な成長・発達に大きな影響を及ぼします。そのため学校環境には、最も安全で健康に適した環境に向けた整備が求められます。この講では学校環境衛生について、その歴史や法的枠組み、学校環境衛生を考える視点などを押さえてから、学校現場での取り組みの実際について学んでいきます。

1 学校環境衛生とは

　学校環境衛生は、健康的で快適な学校環境をめざすため、環境を衛生的に保持し、必要に応じて環境衛生検査等を行うなど、衛生に関する学校環境の維持・改善を図る保健管理活動です。
　学校環境衛生の目的として、次の3点があげられます。

> ①児童・生徒の生命を守り、心身の発育発達を促し、健康の増進を図る。
> ②児童・生徒の学習能率の向上を図る。
> ③児童・生徒の豊かな情操の陶冶（育成）を図る。

　また、学校環境衛生活動の内容には、子どもたちにとって身近な環境教育の題材としての価値が高いものもあります。環境を衛生的に保つことの重要性を認識させるための、指導教材として取り扱うこともできます。

1 学校環境衛生がめざすもの

　まずは、学校環境衛生の法的根拠について、そのあゆみからみていきましょう。
　学校環境衛生に関しては、1890（明治23）年の「小学校令」第19条を受けて、翌1891（明治24）年に「小学校設備準則」が定められ、学校環境衛生対策として学校の立地条件、教室の大きさや換気、温度、机、椅子の数、便所を校舎外に設置するなど、十数の規制がなされました。

プラスワン

環境問題
近年の環境問題には次の特徴がある。
・健康・生活環境の被害と自然環境の破壊をともにもたらす性質を有している。（たとえば、廃棄物の増大、オゾン層の破壊、酸性雨発生等）
・大規模特定発生源ではなく、主として国民の日常生活や事業者の通常の事業活動から生じる環境への負荷によってもたらされる。（たとえば、増加し続ける廃棄物、自動車や小型燃料機器の使用により発生する窒素酸化物、家庭の生活排水、エネルギー消費の増大による地球温暖化等）
（『国民衛生の動向 2017/2018』vol.64 No.9、厚生労働統計協会）

プラスワン

「小学校令」
1886（明治19）年「学校令」の一つとして、小学校の設置・運営に関する基本的事項が示された。1890（明治23）年に廃止され、新たに教育制度の詳細を規定した「小学校令」が発布された。

しかしながら、これだけでは衛生環境を十分に保つことはできないため、長い間、児童・生徒の健康への影響が心配されていました。

1958（昭和33）年にようやく「学校保健法」が公布され、「学校においては、換気、採光、照明及び保温を適切に行い、清潔を保つ等環境衛生の維持に努め、必要に応じてその改善を図らなければならない」（第6条）と明記され、環境衛生に関する内容が盛り込まれるようになりました。

その後、学校環境衛生の重要性に対する認識の高まりによって、1972（昭和47）年の保健体育審議会答申「児童生徒等の健康の保持増進に関する施策について」で、学校環境衛生活動の推進の必要性が示されました。当時まだ十分に整備されていなかった学校環境衛生の改善の必要により、1978（昭和53）年3月に「学校保健法」の一部が改正され、その第2条に「学校においては、環境衛生検査の計画を立てて、実施しなければならない」と明記されました。

さらに、近年の生活環境の変化や検査技術等の発展により、学校環境衛生の基準についても改訂が迫られ、1992（平成4）年6月、科学的な知見等を踏まえて内容を全面改訂した「学校環境衛生の基準」が策定され、新たなガイドラインが示されました。

図表12-1　学校環境衛生の関係法令等

関係法令等	関係条項等	内容
学校教育法	第12条 健康診断	学校においては、別に法律で定めるところにより、幼児、児童、生徒及び学生並びに職員の健康の保持増進を図るため、健康診断を行い、その他その保健に必要な措置を講じなければならない。
学校保健安全法	第2章 学校保健	第5条　学校保健計画の策定等 学校においては、児童生徒等及び職員の心身の健康の保持増進を図るため、児童生徒等及び職員の健康診断、環境衛生検査、児童生徒等に対する指導その他保健に関する事項について計画を策定し、これを実施しなければならない。 第6条　学校環境衛生基準 文部科学大臣は、学校における換気、採光、照明、保温、清潔保持その他環境衛生に係る事項について、…児童生徒等及び職員の健康を保護する上で維持されることが望ましい基準…を定めるものとする。 2　学校の設置者は、学校環境衛生基準に照らしてその設置する学校の適切な環境の維持に努めなければならない。 3　校長は、学校環境衛生基準に照らし、学校の環境衛生に関し適正を欠く事項があると認めた場合には、遅滞なく、その改善のために必要な措置を講じ、又は当該措置を講ずることができないときは、当該学校の設置者に対し、その旨を申し出るものとする。
学校保健安全法施行規則	第1章 環境衛生検査等	第1条　環境衛生検査 学校保健安全法第5条の環境衛生検査は、他の法令に基づくもののほか、毎学年定期に、法第6条に規定する学校環境衛生基準に基づき行わなければならない。 2　学校においては、必要があるときは、臨時に、環境衛生検査を行うものとする。 第2条　日常における環境衛生
学校環境衛生基準（文部科学省告示第60号）	学校環境衛生基準	学校環境衛生基準 第1　教室等の環境に係る学校環境衛生基準 第2　飲料水等の水質及び施設・設備に係る学校環境衛生基準 第3　学校の清潔、ネズミ、衛生害虫等及び教室等の備品の管理に係る学校環境衛生基準 第4　水泳プールに係る学校環境衛生基準 第5　日常における環境衛生に係る学校環境衛生基準

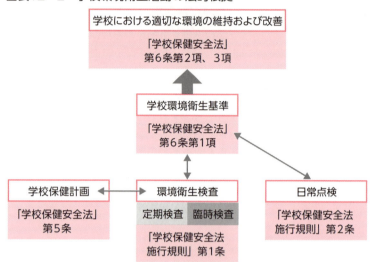

図表12-2 学校環境衛生活動の法的根拠

文部科学省『学校環境衛生管理マニュアル（平成30年度改訂版）』2018年をもとに作成

　このガイドラインは、法的な位置づけがない基準であったことから、学校現場ではガイドラインに基づいた検査が十分に実施されない状況がありました。その実態の改善に向けて、2008（平成20）年の中央教育審議会答申において、「学校環境衛生の基準」の位置づけを明確にするための法整備の必要性が指摘されました。
　「学校保健法」は「学校保健安全法」に改正され、定期的に行われる環境衛生検査は「学校環境衛生基準」に基づくものと規定されました。それを受けて、臨時検査および日常点検についての規定が示されるなど、検査項目が明確となりました。
　現在では、「学校保健安全法」および「学校保健安全法施行規則」の学校環境衛生の維持・管理の規定により、国、学校の設置者および校長の責務としての学校環境衛生活動が法的に定められています。
　学校環境衛生に関する法令は、図表12-1、12-2のようになります。

2　学校環境衛生を考える視点

　学校環境には、児童・生徒の学習や生活を取り巻く「学校内部の環境」と、学校そのものを取り巻く「学校外部の環境」の2つの側面があると考えられます。
　学校内部の環境としては、教職員、学校の施設・設備等、外部環境としては、社会全体、地域、家庭があげられます。これらの学校環境は、社会全体・地域・家庭の変化の影響を受けます。
　学校は子どもたちの成長の場、学習の場であるとともに、教職員の労働の場であり、時には地域住民の生涯学習の場、災害時の地域住民の避難場所ともなります。学校環境衛生活動の目的達成に向けては、「学校」という"場"がもつさまざまな機能を前提に、教育環境・健康環境・安全環境など多方面の視点から考えていくことが重要です。

> **プラスワン**
>
> **学校の設置者**
> 「教育基本法」第6条には、「法律に定める学校は、公の性質を有するものであって、国、地方公共団体及び法律に定める法人のみが、これを設置することができる」と示されている。

学校での環境衛生活動の円滑な実施を図るために、文部科学省は2010（平成22）年3月、『改訂版 学校環境衛生管理マニュアル』を全国の学校に配布し、検査方法の詳細や留意事項等を示しました。その後、2018（平成30）年に、『学校環境衛生管理マニュアル（平成30年度改訂版）』が発表されました。

2 学校環境衛生活動

1 学校での環境衛生活動

　「学校保健安全法」第5条（学校保健計画の策定等）に、環境衛生検査の計画を策定し、これを実施しなければならないことが明記されています。学校においては、毎年定期および必要があるときに臨時に、学校環境衛生基準による環境衛生検査を行うことになっています（→第1講）。

　校長は環境衛生検査の結果、問題があることがわかった場合はすみやかに、その改善のために必要な措置をとらなければなりません。その措置が校内では難しいと判断したときは、学校の設置者に対応を申し出ることが法的に決められています。

【「学校環境衛生基準の一部改正について（通知）」】
第3 学校環境衛生活動に係る留意事項
1　学校の設置者の責務について
　学校の設置者においては、学校環境衛生活動が適切に実施されるよう、学校保健安全法（昭和33年法律第56号。以下「法」という。）第4条の規定に基づき、当該学校の施設及び設備並びに管理運営体制の整備充実その他の必要な措置を講ずるよう努められたいこと。
　なお、「施設及び設備並びに管理運営体制の整備充実」については、例えば、検査器具など物的条件の整備、学校環境衛生検査委託費の財政措置等が考えられること。
　また、学校の環境衛生に関し適正を欠く事項があり、改善措置が必要な場合において、校長より法第6条第3項の申出を受けた場合は、法第6条第2項を踏まえて適切な対応をとるよう努められたいこと。

　また、学校では常にその環境の維持改善を行うために、環境衛生検査のほかに、日常的な点検を行うことになっています。
　学校環境衛生活動は校長の責任のもとで学校医、学校薬剤師を含めたすべての教職員により、計画性をもって組織的に行われる必要があります。
　環境衛生活動の内容とそれを中心的に担う関係職員は、図表12-3のようにまとめられます。

プラスワン

災害時の避難場所
「災害対策基本法」に規定されている。2013（平成25）年6月に改正された「災害対策基本法」では、切迫した災害の危険から逃れるための緊急避難場所と、一定期間滞在し、避難者の生活環境を確保するための避難所が明確に区別された。

プラスワン

『学校環境衛生管理マニュアル（平成30年度改訂版）』文部科学省サイトからダウンロードできる。
http://www.mext.go.jp/component/a_menu/education/detail/__icsFiles/afieldfivle/2018/07/31/1292465_01.pdf

図表12-3　環境衛生の実施に関しての関係職員の役割

環境衛生活動	関係教職員等
学校保健計画の策定	園長・校長・学長、副校長・教頭等、保健主事、養護教諭、栄養教諭（学校栄養職員）、学校薬剤師、学校医等
環境衛生検査実施前の事前打ち合わせ	保健主事、養護教諭、施設管理実務担当者、学校薬剤師等
日常点検の実施	学級担任、教科担任、園長・校長・学長、副校長・教頭等、養護教諭、栄養教諭（学校栄養職員）等
定期検査の実施	学校薬剤師、検査機関、保健主事や養護教諭等
定期検査実施後の報告	園長、校長・学長、副校長・教頭等、保健主事、養護教諭、学校薬剤師、検査機関等
定期検査結果の設置者への報告	園長・校長・学長、副校長・教頭等
学校保健委員会	園長・校長・学長、副校長・教頭等、学校医、学校歯科医、学校薬剤師、保健主事、養護教諭、栄養教諭（学校栄養職員）、学年主任、PTA、地域の保健関係者等
臨時検査の実施	園長、校長・学長、副校長・教頭等、保健主事、養護教諭、学校医、学校薬剤師等

2　学校環境衛生活動の実際

　学校環境衛生活動においては、環境衛生検査（定期検査、臨時検査）のほか、日常的な点検を行い、環境の維持または改善が図られます（図表12-4）。

図表12-4　定期検査、日常点検および臨時検査

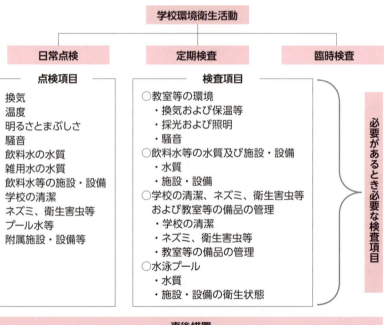

文部科学省『学校環境衛生管理マニュアル（平成30年度改訂版）』2018年をもとに作成

① **定期検査**

定期検査は各検査項目について、その状態を客観的・科学的な方法で定期的に調べ、その結果によって環境の維持および改善に必要な措置を行うために実施します。実施する検査項目の内容により、学校薬剤師が行う検査、学校薬剤師の指導により公衆衛生関係の検査機関に検査を依頼するもの、そのほか教職員が検査を行うものがあります。

定期検査は学校保健計画に位置づけて、校長の責任のもとで実施することになっているので、実施時期や担当者を明らかにしておく必要があります。

② **日常点検**

日常点検は毎授業日に教職員が実施し、問題があればすみやかに改善を図るためのもので、学校環境衛生管理には最も重要な活動です。

この日常点検に児童・生徒を参加させることは、身のまわりの環境への理解・関心を深め、良好な環境を維持する実践力を学ぶ活動につながるため、教育活動としての意義も高いといえます。また、学校における日常点検への児童・生徒の参加を教育活動として位置づけることは、環境教育における実践学習へと展開することも期待できます。

③ **臨時検査**

必要な検査項目を定めて臨時検査をする場合は、次のようになります。

①感染症または食中毒のおそれがある、または発生したとき。
②自然災害により環境が不潔または汚染され、感染症発生のおそれがあるとき。
③新築、改築、改修等および新たな学校備品（机、いす、コンピュータ等）の搬入等により、揮発性有機化合物の発生のおそれがあるとき。
④その他必要なとき。

これらの検査は、定期検査に準じて行うことになっています。

また、定期検査および臨時検査の結果に関する記録は5年間保存することとなっていますが、日常点検の記録は3年間保存するよう努めることが決められています。

1年間の学校環境衛生活動の一例を図表12-5に示します。

3 学校環境衛生活動の進め方

学校環境衛生活動は、校長の責任のもとで、すべての教職員（学校薬剤師、学校医も含む）が職務分掌上の役割を明確にして、それぞれの立場により、計画的に進められます（図表12-6）。

学校環境衛生活動をスムーズに進めるには、学校環境衛生活動について、児童・生徒および職員の健康安全の保持増進を図るために必要な活動であるという教職員の共通理解が大切です。

図表12-5　1年間の学校環境衛生活動（例）

月	活動内容（主に定期検査）
4月〜6月	・学校保健計画の確認および修正 ・黒板面の色彩の検査 ・照度、まぶしさ、騒音レベルの検査 ・飲料水等の水質および施設・設備の検査 ・水泳プールの水質および施設・設備の検査 ・雑用水の水質および施設・設備の検査 ・一酸化炭素および二酸化窒素の検査
7月〜9月	・換気、温度、相対湿度、浮遊粉じんおよび気流の検査 ・ネズミ、衛生害虫等の検査 ・水泳プールの水質の検査 ・大掃除の実施の検査 ・揮発性有機化合物の検査 ・ダニまたはダニアレルゲンの検査
10月〜12月	・照度、まぶしさ、騒音レベルの検査 ・雑用水の水質および施設・設備の検査 ・大掃除の実施の検査
1月〜3月	・換気、温度、相対湿度、浮遊粉じん・気流、一酸化炭素および二酸化窒素の検査 ・大掃除の実施の検査 ・雨水の排水溝等、排水の施設・設備の検査 ・学校保健委員会（定期検査の報告および評価） ・学校保健計画案の作成（学校環境衛生活動に関する計画立案）

文部科学省『学校環境衛生管理マニュアル（平成30年度改訂版）』2018年をもとに作成

図表12-6　学校環境衛生活動の進め方

①環境衛生に関する情報を収集
②環境衛生活動の基本的計画作成
③定期検査、日常点検の実施計画作成
④定期検査、日常点検の計画に基づいた実施
⑤定期検査、日常点検結果の記録、まとめ
⑥検査、点検結果より事後措置
⑦評価し次年度計画に生かす

4　学校環境衛生基準

「学校保健安全法」第6条1には、「文部科学大臣は、学校における換気、採光、照明、保温、清潔保持その他環境衛生に係る事項について、児童生徒等及び職員の健康を保護する上で維持されることが望ましい基準を定めること」と規定されています。

文部科学省は「学校保健安全法」に基づいて、各学校や地域の実情により柔軟に対応できる「学校環境衛生基準」（文部科学省告示第60号）を告示しました。さらに、『学校環境衛生管理マニュアル（平成30年度改訂版）』のなかで、次のように検査方法の詳細や留意事項等を提示しています。

第1	教室等の環境に係る学校環境衛生基準：換気及び保温等、採光及び照明、騒音
第2	飲料水等の水質及び施設・設備に係る学校環境衛生基準：水質、施設・設備
第3	学校の清潔、ネズミ、衛生害虫等及び教室等の備品の管理に係る学校環境衛生基準：学校の清潔、ネズミ、衛生害虫等、教室等の備品の管理
第4	水泳プールに係る学校環境衛生基準：水質施設・設備の衛生状態
第5	日常における衛生管理に係る学校環境衛生基準：教室等の環境、飲料水等の水質及び施設・設備、学校の清潔及びネズミ、衛生害虫等、水泳プールの管理
第6	雑則：臨時検査、検査の記録等

一例として、『学校環境衛生管理マニュアル（平成30年度改訂版）』の「第1　教室等の環境に係る学校環境衛生基準：換気及び保温等」をみると、図表12-7のようになっています。ここでいう「教室等」とは、普通教室、音楽室、図工室、コンピュータ室、体育館、職員室等の児童・生徒等および職員が通常使用する部屋を指しています。

検査項目にあげられている（1）～（7）については、学校の授業中などに、各階1以上の教室等を選び、適当な場所1か所以上の机上の高さにおいて検査を行うことが指定されており、検査項目によって条件や留意点等が細かく示されています。

> **プラスワン**
>
> 「学校環境衛生基準の一部改正について（通知）」
> （文部科学省、平成30年4月2日）
> 「学校保健安全法」第6条第1項の規定に基づき、学校環境衛生基準の一部を改正する件（平成30年文部科学省告示第60号）が公布され、平成30年4月1日から施行されるという通知。
> 「学校保健安全法」の第6条第1項には、学校での換気、採光、照明、保温、清潔保持その他環境衛生関係について、児童生徒等および職員の健康保護のために望ましい基準を定めることが書かれている。

図表12-7 「教室等の環境に係る学校環境衛生基準:換気及び保温等」

検査項目		基 準
換気及び保温等	(1)換気	換気の基準として、二酸化炭素は、1500ppm以下であることが望ましい。
	(2)温度	17℃以上、28℃以下であることが望ましい。
	(3)相対湿度	30%以上、80%以下であることが望ましい。
	(4)浮遊粉じん	0.10mg/m^{3}以下であること。
	(5)気流	0.5m/秒以下であることが望ましい。
	(6)一酸化炭素	10ppm以下であること。
	(7)二酸化窒素	0.06ppm以下であることが望ましい。
	(8)揮発性有機化合物	
	ア.ホルムアルデヒド	100μg/m³以下であること。
	イ.トルエン	260μg/m³以下であること。
	ウ.キシレン	870μg/m³以下であること。
	エ.パラジクロロベンゼン	240μg/m³以下であること。
	オ.エチルベンゼン	3800μg/m³以下であること。
	カ.スチレン	220μg/m³以下であること。
	(9)ダニ又はダニアレルゲン	100匹/m²以下又はこれと同等のアレルゲン量以下であること。

文部科学省『学校環境衛生管理マニュアル(平成30年度改訂版)』2018年をもとに作成

ディスカッションしてみよう！

　環境衛生活動は地味な活動といわれ、人の目に触れにくい側面をもっています。しかしながら、発達段階にある子どもたちの健全な成長・発達に大きな影響を及ぼす重要な教育活動です。
　みなさんの出身校ではどのような環境衛生活動が行われていたのか振り返り、環境衛生活動の充実を図るにはどうしたらよいか、また、子どもたちに学校環境衛生について関心をもたせるためにはどんな働きかけが必要か、その対策を考えてみましょう。

たとえば・・・

第12講　学校環境衛生

> 復習や発展的な理解のために
> **知っておくと役立つ話**

スポーツにおける頭部外傷のリスクマネジメント

■スポーツにケガはつきもの？

　スポーツは子どもたちの身体と精神の成長を促します。けれども、それと同時に考えなければならないのは、スポーツでは負傷事故がよく発生し、場合によっては死亡や障害といった重大事故も起こりうるということです。

　スポーツ事故に関する問題提起をすると、必ずといっていいほど「スポーツにケガはつきもの」という意見に出会います。「ケガはつきもの」という発想は、リスクマネジメントの必要性を認めない考え方です。ケガはどうせ起きるものなのだから、わざわざマネジメントに着手する意味などない、ということといえます。そして、まさにマネジメントがなされない（事故防止策が立てられない）がゆえに、ケガは起き続けてしまうのです。「ケガはつきもの」という発想自体が、ケガを再生産していく原因なのです。

　とりわけ、生命が危機にさらされるような重大事故は、できる限り抑制されなければなりません。そして、重大事故のリスクマネジメントの対象として、近年急速に注目を集めているのが、脳振盪(のうしんとう)をはじめとする頭部外傷です。日本では2010（平成22）年から2012（平成24）年にかけて、学校柔道における死亡事故が話題となって以降、スポーツ科学・医学の分野で頭部外傷に関する調査研究や啓発活動が進んできています。

■頭部外傷予防の留意点

　日本スポーツ振興センターの集計によると、1998（平成10）〜2015（平成27）年度に発生した体育活動中（運動部活動、体育の授業、運動会等）の事故で、死亡ならびに重度障害となった事例は計773件あります（『学校でのスポーツ事故を防ぐために 成果報告書』2017年）。

　最多は突然死の453件（58.6%）で、次に脊髄損傷が110件（14.2%）、頭部外傷が100件（12.9%）と続きます。頭部外傷は字義どおり、基本的には頭部に対する外的な衝撃によって生じるものです。ですから、その衝撃をいかに軽減させるかが重要となります。

　スポーツ頭部外傷の予防について、今日強調されるようになってきた事項として、ここで2つのことを紹介したいと思います。

　第一が、スポーツにおいては頭部外傷を繰り返してはならないということです。スポーツでは、短時間に頭部外傷が繰り返される可能性が高く、その繰り返しが、ときに致命傷になるということが知られつつあります。それゆえ、競技者がひとたび頭部外傷を引き起こした場合には、競技復帰には慎重さが求められるのです。

　第二が、脳振盪や急性硬膜下血腫は頭部に直接の打撃がなくても生じうるということです。脳振盪は、その字に表れているとおり、脳が「振れる」ことにより発症するものであり、頭を打ったかどうかで判断を下してはなりません。相手選手が自分の腰部に正面からぶつかってきた際に、自分の頭部はガクンと前方に揺れます。このような状況でも脳振盪が発症しうるということなのです。

　学校教育においては、突然死を防ぐための救命措置の方法が学校現場に広がりつつあります。他方で、頭部外傷への意識はまだ低いといえます。最悪の事態を防ぐためには、スポーツ科学・医学における最新の知見が早急に学校現場に伝えられる必要があるといえるでしょう。

ちゃんとわかったかな？
復習問題にチャレンジ

(高知県　2018年)

> 次の各文は、学校保健安全法において記載されている内容について説明したものです。
> 誤っているものを、下のa〜dから一つ選びましょう。

学校環境衛生基準

a 中教審答申（平成20年1月17日）において、学校環境衛生の維持・管理は健康的な学習環境を確保する観点から、全国的な学校の環境衛生水準を確保するための法制度の整備の検討が必要であると提言された。

b 厚生労働大臣は、学校における換気、採光、照明、保温、清潔保持その他環境衛生に係る事項について、児童生徒等及び職員の健康を保護する上で維持されることが望ましい基準を定めるものとする。

c 学校の設置者は、学校環境衛生基準に照らしてその設置する学校の適切な環境の維持に努めなければならない。

d 校長は、学校環境衛生基準に照らし、学校の環境衛生に関し適正を欠く事項があると認めた場合には、遅滞なく、その改善のために必要な措置を講じる。

理解できたことをまとめておこう！
ノートテイキングページ

学習のヒント：日常点検のうち、児童・生徒を参加させるのに適した活動にはどのようなものがあるか考えてみましょう。

第13講 学校安全と学校危機管理

理解のポイント

近年の子どもたちをめぐるさまざまな事件・事故災害の発生を見ると、学校安全の果たす役割がますます重要になっていることがわかります。学校安全、危機管理について、事件・事故災害の発生前と発生時・後の段階ごとに、必要な対処を考えられるようになりましょう。

1 学校安全とは

1 学校安全の構造および内容

児童・生徒等の安全を確保することは、学校教育の基盤となる最も重要なことです。学校安全は、児童・生徒等が安全な生活を営むのに必要な事柄を理解し、自ら安全な行動ができるような態度や能力を育てる「安全教育」と、児童・生徒等の安全確保のための環境を整える「安全管理」があります（図表13-1）。さらに、安全教育と安全管理の両面を学校・家庭・地域と連携して円滑に進めるための「組織活動」が加わります。

学校安全の内容として取り扱う領域は、①生活安全、②交通安全、③災害安全の3つの領域があります。図表13-2は、この3つの領域の具体的な内容を示したものです。うち「生活安全」は、「交通安全」を除いて日常生活で発生する事件、事故災害です。いじめや暴力による事件・事故も

図表13-1　学校安全の構造

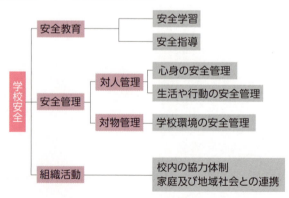

注：「対人管理」と「対物管理」の区分は省略されることもある。
文部科学省「『生きる力』をはぐくむ学校での安全教育」2010年を一部改変

プラスワン

学校安全

「学校保健法」の改正により、2009年4月1日より「学校保健安全法」が施行された。学校安全については、①総合的な学校安全計画の策定による学校安全の充実、②危険等発生時の対処要領の策定による的確な対応の確保、③警察等の関係機関、地域ボランティア等と連携した学校安全体制の強化、が各学校で取り組まれるべき事項として新たに加えられた。

また、学校安全の定義について「日本学校安全会法」では「学校における安全教育及び安全管理をいう」とされている。この定義は、「独立行政法人日本スポーツ振興センター法」などにそのまま引き継がれている。

図表13‐2　学校安全で扱う3つの領域

①生活安全	②交通安全	③災害安全
日常生活で起こる事故の内容や発生要因、結果と安全確保の方法について理解し安全に行動ができるようにする。	さまざまな交通場面における危険について理解し、安全な歩行、自転車・二輪車等の利用ができるようにする。	さまざまな災害発生時における危険について理解し、正しい備えと適切な行動がとれるようにする。
〈例〉 ・学習時における危険の理解と安全確保 ・学校行事における危険の理解と安全確保 ・誘拐や傷害などの犯罪に対する適切な行動の仕方など、学校や地域社会での犯罪被害の防止など	〈例〉 ・道路の歩行や道路横断時の危険の理解と安全な行動の仕方 ・踏切での危険の理解と安全な行動の仕方 ・交通機関利用時の安全な行動 ・自転車の点検・整備と正しい乗り方など	〈例〉 ・地震・津波発生時、火山活動、風水雪害、落雷等の気象災害発生時の危険の理解と安全な行動の仕方 ・放射線の理解と原子力災害発生時の安全な行動の仕方 ・避難所の役割と避難経路 ・災害時における心のケアなど

文部科学省「『生きる力』をはぐくむ学校での安全教育」2010年を一部改変

> **プラスワン**
> **安全管理**
> 学校保健計画の対物管理と重複する場合がある。

「生活安全」に含まれます。また、「災害安全」には、地震、津波、火山活動、風（雪）水害などの自然災害だけではなく、火災や原子力災害も含まれます。

「学校安全」を組織的に遂行するには、計画が必要です。「学校安全計画」は、安全主任などの担当者（教職員）が学校安全（保健）委員会等にはかって作成します（→第3講）。学校安全計画には安全教育、安全管理を位置づけ、両面の活動を関連づけながら、安全担当者（安全主任等）を中心として明確な役割分担のうえで連携して取り組むことが大切です。さらに学校安全の体制は、学校内だけではなく、学校外の警察や地域のボランティアなどの関係機関と連携して強化する必要があります。

> **プラスワン**
> 「学校保健安全法」第27条（学校安全計画の策定等）
> →第1講参照

2　安全教育

児童・生徒等の安全の確保は、安全な環境を整えるだけでは十分とはいえません。安全教育を通して児童・生徒自身が安全を理解し、自ら安全に行動できる「生きる力」を育むことが求められます。

以下に、文部科学省が示している安全教育の目標を取り上げます。安全教育の目標達成のための指導の機会は、関連教科、総合的な学習の時間、特別活動などがありますが、学校教育全体を通して行うことが大切です。

〈学校における安全教育の目標〉
　学校における安全教育の目標は、概説すると、日常生活全般における安全確保のために必要な事項を実践的に理解し、自他の生命尊重を基盤として、生涯を通じて安全な生活を送る基礎を培うとともに、進んで安全で安心な社会づくりに参加し貢献できるような資質や能力を養うことにある。具体的には次の三つの目標が挙げられる。

ア　日常生活における事件・事故災害や犯罪被害等の現状、原因及び防止方法について理解を深め、現在及び将来に直面する安全の課題に対して、的確な思考・判断に基づく適切な意志決定や行動選択ができるようにする。
イ　日常生活の中に潜む様々な危険を予測し、自他の安全に配慮して安全な行動をとるとともに自ら危険な環境を改善することができるようにする。
ウ　自他の生命を尊重し、安全で安心な社会づくりの重要性を認識して、学校、家庭及び地域社会の安全活動に進んで参加・協力し、貢献できるようにする。

文部科学省「『生きる力』をはぐくむ学校での安全教育」2010年

甚大な被害をもたらした阪神・淡路大震災、東日本大震災などの震災は、学校安全に多くの教訓を与えました。課題として明らかになったことは、事前、発生時、発生後の危機管理や家庭・地域・自治体との連携、学校安全計画を具体化した防災マニュアル作成と避難訓練の必要性などです。特に安全教育では、児童・生徒等の発達の段階に応じた防災教育の必要性が課題として明らかになりました。

これらの課題に対応して、文部科学省より「『生きる力』を育む防災教育の展開」が示されました。とりわけ、児童・生徒等がその発達段階に応じて、自ら危険を予知し回避する力や主体的に行動する態度等を育むことができる防災教育が一層強く求められています（図表13-3）。今後も大きな地震などの震災が予測されています。児童・生徒等が、自ら命を守る主体性を育むために、学校の特性や発達段階に応じて学校安全計画に防災教育を位置づけ、ふだんから災害に備えることが大切です。

3　安全管理

安全な環境を整える安全管理には「対人管理」と「対物管理」があります（図表13-1）。対人管理には、児童・生徒等の心身の安全管理および生活や行動の安全管理があり、対物管理には安全点検を主な活動とする学校環境の安全管理があります。

安全管理の目的は、危険の早期発見と早期対応のための安全点検を行うとともに、安全の体制確立と安全確保の措置を整えることです。安全点検のうち、定期や臨時の安全点検は、「学校保健安全法施行規則」第28条に、日常の安全点検は、「学校保健安全法施行規則」第29条に実施時期や内容が規定されています（図表13-4）。

大切なことは、担当者だけに安全管理を任せるのではなく、日常的にすべての教職員の安全意識を高めておくことです。教職員自身が関わる施設・設備や活動の場で、日常的に安全点検する習慣があれば、危険個所の見過ごしを防ぎ、大事故の未然防止につなげることができるからです。

プラスワン

避難訓練

現在、学校では多様な避難訓練が計画されている。地震、津波、火災、水害など地域の特性に合わせた防災・避難訓練、不審者侵入に対する訓練、緊急時対応の実地訓練などが行われている。突然の災害に対応できるように、予告なしの訓練も計画されるが、まず教職員自身が訓練の必要性を共通理解して取り組むことが大切である。

また、文部科学省は『学校防災マニュアル（地震・津波災害）作成の手引き』を全国の学校に配布してマニュアル作成を推奨している。マニュアルを作成して突発的な災害に備える必要がある。

図表13-3 発達段階に応じた防災教育

ア 自然災害等の現状、原因および減災等について理解を深め、現在および将来に直面する災害に対して、的確な思考・判断に基づく適切な意思決定や行動選択ができる。（知識、思考・判断）
イ 地震、台風の発生等にともなう危険を理解・予測し、自らの安全を確保するための行動ができるようにするとともに、日常的な備えができる。（危険予測、主体的な行動）
ウ 自他の生命を尊重し、安全で安心な社会づくりの重要性を認識して、学校、家庭および地域社会の安全活動に進んで参加・協力し、貢献できる。（社会貢献、支援者の基盤）

高等学校段階における防災教育の目標

安全で安心な社会づくりへの参画を意識し、地域の防災活動や災害時の支援活動において、適切な役割を自ら判断し行動できる生徒

ア 知識、思考・判断	イ 危険予測、主体的な行動	ウ 社会貢献、支援者の基盤
・世界や日本の主な災害の歴史や原因を理解するとともに、災害時に必要な物資や支援について考え、日常生活や災害時に適切な行動をとるための判断に生かすことができる。	・日常生活において発生する可能性のあるさまざまな危険を予測し、回避するとともに災害時には地域や社会全体の安全について考え行動することができる。	・事前の備えや災害時の支援について考え、積極的に地域防災や災害時の支援活動に取り組む。

中学校段階における防災教育の目標

日常の備えや的確な判断のもと主体的に行動するとともに、地域の防災活動や災害時の助け合いの大切さを理解し、すすんで活動できる生徒

ア 知識、思考・判断	イ 危険予測、主体的な行動	ウ 社会貢献、支援者の基盤
・災害発生のメカニズムの基礎や諸地域の災害例から危険を理解するとともに、備えの必要性や情報の活用について考え、安全な行動をとるための判断に生かすことができる。	・日常生活において知識をもとに正しく判断し、主体的に安全な行動をとることができる。 ・被害の軽減、災害後の生活を考え備えることができる。 ・災害時には危険を予測し、率先して避難行動をとることができる。	・地域の防災や災害時の助け合いの重要性を理解し、主体的に活動に参加する。

小学校段階における防災教育の目標

日常生活のさまざまな場面で発生する災害の危険を理解し、安全な行動ができるようにするとともに、他の人々の安全にも気配りできる児童

ア 知識、思考・判断	イ 危険予測、主体的な行動	ウ 社会貢献、支援者の基盤
・地域で起こりやすい災害や地域における過去の災害について理解し、安全な行動をとるための判断に生かすことができる。 ・被害を軽減したり、災害後に役立つものについて理解する。	・災害時における危険を認識し日常的な訓練等を生かして、自らの安全を確保することができる。	・自他の生命を尊重し、災害時および発生後に、他の人や集団、地域の安全に役立つことができる。

幼稚園段階における防災教育の目標

安全に生活し、緊急時に教職員や保護者の指示に従い、落ち着いて素早く行動できる幼児

ア 知識、思考・判断	イ 危険予測・主体的な行動	ウ 社会貢献、支援者の基盤
・教師の話や指示を注意して聞き理解する。 ・日常の園生活や災害発生時の安全な行動の仕方がわかる。 ・きまりの大切さがわかる。	・安全・危険な場や危険を回避する行動の仕方がわかり、素早く安全に行動する。 ・危険な状況を見つけたとき、身近な大人にすぐ知らせる。	・高齢者や地域の人と関わり、自分のできることをする。 ・友だちと協力して活動に取り組む。

障害のある児童生徒等については、上記のほか、障害の状態、発達の段階、特性および地域の実態等に応じて、危険な場所や状況を予測・回避したり、必要な場合には援助を求めることができるようにする。

文部科学省「『生きる力』を育む防災教育の展開」2013年をもとに作成

図表13-4　安全点検の種類

種　類	時期・回数	対　象	法的根拠
定期の安全点検	毎学期1回以上	児童生徒等が使用する施設・設備および防火に関する設備などについて	「学校保健安全法施行規則」第28条第1項
	毎月1回	運動場、教室、特別教室、廊下、昇降口、階段、便所、手洗い場、その他	明確な規定はなく、各学校の実情に応じて（同施行規則第28条第1項に準じて行われる例が多い）
臨時の安全点検	必要があるとき	必要に応じて点検項目を設定	同施行規則第28条第2項
日常の安全点検	毎授業日ごと	児童生徒等が最も多く活動を行うと思われる箇所	同施行規則第29条

学校保健・安全実務研究会（編著）『学校保健実務必携第4次改訂』第一法規、2017年を一部改変

2　学校危機管理

1　発生前・発生時・発生後の危機管理

　もし今、大きな地震が発生したとするならば、あなたはどのように行動しますか。教職員は、ふだんからその危険を意識していないと、突然の事件・事故災害のような危機的状況が発生したとき、児童・生徒等を安全に誘導したり、事故の拡大を防いだり、子どもの安全確保のために学校内外と連携しながら対応したりすることは困難です。

　そのため、学校安全の組織体制づくりの前提として整備しておくべきものが、危機管理マニュアルなのです。「危険等発生時対処要領」（以下危機管理マニュアル）は、「学校保健安全法」第29条により策定が義務づけられています（図表13-5）。

　危機管理マニュアル作成におけるポイントは、①各学校の実情に即して想定される危険を明確にし、危険等発生時に児童生徒等の生命や身体をいかに守るのか、その対処法を検討することです。②さらに、事前、発生時、事後の3段階の危機管理を想定してマニュアルを作成し、安全管理と安全教育の双方から危機管理を進めることです（図表13-5）。③危機管理マ

【「学校保健安全法」第29条】
（危険等発生時対処要領の作成等）
1　学校においては、児童生徒等の安全の確保を図るため、当該学校の実情に応じて、危険等*発生時において当該学校の職員がとるべき措置の具体的内容及び手順を定めた対処要領（次項において「危険等発生時対処要領」という。）を作成するものとする。
2　校長は、危険等発生時対処要領の職員に対する周知、訓練の実施その他の危険等発生時において職員が適切に対処するために必要な措置を講ずるものとする。

3 学校においては、事故等*により児童生徒等に危害が生じた場合において、当該児童生徒等及び当該事故等により心理的外傷その他の心身の健康に対する影響を受けた児童生徒等その他の関係者の心身の健康を回復させるため、これらの者に対して必要な支援*を行うものとする。この場合においては、第10条の規定*を準用する。

ニュアルには、全教職員の役割分担を明確にして、共通理解を図っておきます。また、学校だけでなく、④家庭、地域、関係機関と連携して児童生徒等の安全を確保する体制を整備して協働する必要があります（図表13−5）。

ただし、危機管理マニュアルは、"作成したら終わり"というのでは意味がありません。学校の規模や地域の実情を踏まえ、学校独自の危機管理マニュアルを作成して教職員に周知するとともに、危機発生時に適切に対応できるように訓練を実施することも義務づけられています。さらに、マニュアルは定期的に見直すほか、事件・事故災害の発生を契機にその不備を見直して、実際に役立つ内容や学校の実情に合うものに修正していくことが大切です。

学校の危機管理の目的は、危険を防止し、被害を最小限にするとともに、再発防止と教育の再開に向けた対応を行うことにより、「児童・生徒等や教職員の生命や心身等の安全を確保すること」です。

危機管理の対象は、自然災害や食中毒を含む感染症、授業や課外活動の事故、通学中の交通事故、犯罪など広範囲にわたります。このため、学校安全計画と危機管理マニュアルを作成して、あらゆる事態に備えます。

重要なことは、事前の危機管理（リスクマネジメント）から事後の危機管理（クライシスマネジメント）までのプロセスを通して、より機能するものに改善していくことです（図表13−6）。

繰り返しになりますが、事件・事故災害による危機的状況は、いつどこ

重要語句

危険等
危険危害のこと。

事故等
事故・加害・災害等のこと（災害等の等は、有害物質の発生）。

必要な支援
たとえば、安否の確認と心身の健康状態の把握、保健室の状況確認と整備、管理職との連携、学校医や学校薬剤師との連携、心のケアに関する啓発資料の準備、障害や慢性疾患のある子どもへの対応など。

第10条の規定
「学校保健安全法」第10条（地域の医療機関との連携）のこと。
→第1講参照

プラスワン

学校管理下における児童・生徒等の災害
毎年JSCは、子どもたちの学校管理下における災害において支給した死亡見舞金、障害見舞金、供花料の全事例を整理分類して、発生状況から事故防止の留意点を示している。

図表13−5　学校における危機管理マニュアルの全体構成

段　階	危機管理を進める上で必要な主な項目
事前の危機管理（予防する）	危機管理に関する組織体制の整備・施設設備や器具の点検、通学路の安全の点検・避難訓練・教職員研修・安全教育（危険予測・危険回避能力の育成）
個別の危機管理（命を守る）	事故等発生時の対応の基本・様々な事故への対応（頭頚部外傷への対応、熱中症への対応、食物アレルギーへの対応等）・不審者侵入への対応・登下校時の緊急事態（不審者事案）への対応・交通事故への対応・気象災害への対応・地震、津波への対応・新たな危機事象への対応
事後の危機管理（復旧・復興する）	事後の対応（児童生徒等の安否確認、引き渡しと待機、教育活動の継続）・心のケア（健康観察によるストレス症状等の把握と対応）・調査、検証、報告、再発防止等（調査による原因究明、調査結果に基づく再発防止等、保護者などへの丁寧な説明と継続的な支援）

文部科学省『学校の危機管理マニュアル作成の手引き』2018年をもとに作成

図表13-6　危機管理のプロセス

文部科学省『学校の安全管理に関する取組事例集』2003年 をもとに作成

にでも起こりうると認識し、地域の関係機関などと連携して危機管理の体制を備えておくことが基盤となります（→本講「知っておくと役立つ話」）。

2　学校管理下における事故・災害の救済制度

独立行政法人日本スポーツ振興センター（以下、JSC）は、学校管理下における児童・生徒等の災害に対して災害給付を行っています。学校管理下とは、図表13-7のような場合を指しています。

給付の対象となる災害の範囲は、図表13-8のように負傷、疾病、障害または死亡です。このうち給付件数が最も多いのは負傷です。JSCの学校安全Webの「学校事故事例検索データベース」においては、2005（平成17）年度以降に給付された死亡・障害事例を検索することができます。

事例を見ると、学校管理下において類似する死亡や重度の障害事故が繰り返し発生していることがわかります。データベースを活用して事故が発生する要因や背景を知ることで、事故防止に役立てたいものです。

3　事件・事故及び災害の発生と救急処置

事件・事故及び災害において傷病が発生した場合は、児童・生徒等の生命尊重を第一として、迅速にしかも適切な救急処置を行います。学校にお

図表13-7　学校管理下となる場合

①学校が編成した教育課程に基づく授業を受けている場合
　　（例：各教科、道徳、総合的な学習の時間、特別活動）
②学校の教育計画に基づいて行われる課外指導を受けている場合
　　（例：部活動、夏休みの水泳指導、生徒指導など）
③休憩時間に学校にある場合、その他校長の指示又は承認に基づいて学校にある場合（例：始業前、業間休み、昼休み、放課後）
④通常の経路及び方法により通学する場合（例：登校中、下校中）
⑤学校外で授業などが行われるとき、その場所、集合・解散場所と住居・寄宿舎との間の合理的な経路、方法による往復中
　　（例：鉄道の駅で集合解散が行われる場合の駅と住居との間の往復中等）
⑥学校の寄宿舎にあるとき

「独立行政法人日本スポーツ振興センター災害共済給付の基準に関する規定」をもとに作成

プラスワン

対象となる災害の範囲
医療費は初診から最長10年間支給される。また、給付事由が生じた日から2年間請求しない場合は時効となる。JSCは災害給付に加えて、学校安全の支援に関する業務や学校安全に関する資料の収集・提供などにより、学校安全の普及に取り組んでいる。

図表13-8　給付の対象となる災害の範囲

災害の種類	災害の範囲	
負傷	その原因である事由が学校の管理下で生じたもので、療養に要する費用の額が5,000円以上のもの	
疾病	その原因である事由が学校の管理下で生じたもので、療養に要する費用の額が5,000円以上のもののうち、文部科学省令で定めているもの ・学校給食等による中毒　・ガス等による中毒　・熱中症・溺水　・異物の嚥下又は迷入による疾患　・漆などによる皮膚炎　・外部衝撃などによる疾病　・負傷による疾病	
障害	学校の管理下の負傷及び上欄の疾病が治った後に残った障害で、その程度により、1級から14級に区分される	
死亡	学校の管理下の事由による死亡及び上欄の疾病に直接起因する死	
	突然死	運動などの行為に起因する突然死
		運動などの行為と関連のない突然死

「独立行政法人日本スポーツ振興センター災害共済給付の基準に関する規定」をもとに作成

ける救急処置は、医療機関に引き渡すまでの応急的な処置が基本です。

　学校における救急処置は、2つの意義があります。1つは、児童・生徒等の生命を守り、苦痛を軽減し、心身の健康を維持するための医学的意義です。もう1つは、救急処置と合わせて、発達段階に即した児童・生徒等への保健指導を行うという教育的意義です。

　疾病やけがの救急処置において、児童・生徒等が自分の心身の健康に興味関心をもち、自己管理能力の育成ができるように保健指導を行うことが、学校における救急処置の特徴の一つです。さらに、学校における救急処置の考え方で大切なことは、児童・生徒等の生命の尊厳を守るとともに、教育を受ける権利を保障することです。

　救急処置は、主に次のようなプロセスで進められます。①児童・生徒等の訴えや心身の健康状態の観察などから情報を集め、②心身の健康状態を的確に分析して、③判断し、④処置・対応、⑤事後措置を行います。保健指導は各段階で必要に応じて行いますが、身体的な訴えの背後に、心のケアが必要なケースもあります。

　よって、ふだんからクラス担任と養護教諭は相互に情報を交換し、子どもの訴えの主観的な情報に加えて、児童・生徒等の生活習慣や家庭背景に関する客観的な情報を収集しておく必要があります。「子どもにとって何が最善であるか」を視点にした学校としての判断・処置となりますから、管理職への報告・連絡・相談が重要です。また、ふだんから全教職員の共通理解と協力を得ることはもとより、保護者への報告や学校医への相談によって救急処置体制の確立を図ることが大切です。

　図表13-9に、救急および緊急体制の一例を示しています。この図表のように、校内での事件・事故発生時は、管理職への報告・連絡・相談や保護者への連絡をすみやかに行うとともに、必要に応じて専門機関や医療機関と連携して対応することが求められます。また、学校管理下の災害で述べたように、発生後は再発防止に努めることが大切です。

> **プラスワン**
>
> **学校における救急処置**
> その位置づけに関連する法律としては、次のようなものがある。「日本国憲法」第25条（生存権）・同第26条（教育を受ける権利）、「教育基本法」第1条（教育の目的）。また、「学校保健安全法」第7条（保健室）には「学校には、健康診断、健康相談、保健指導、救急処置その他の保健に関する措置を行うため、保健室を設けるものとする」とある。

> **プラスワン**
>
> **救急処置体制の確立**
> 「心肺蘇生などの応急手当に係る実習の実施について（依頼）」（文部科学省）が出された（2014年8月13日）。
> ・文部科学省と消防庁が連携し、教職員や児童生徒を対象に学校における心肺蘇生AED、応急手当等の実習が期限付きで実施された。
> ・文部科学省は、学校安全推進事業として、教職員対象の心肺蘇生法実技講習会（AED含む）を実施している。
> ・児童生徒については、中学校および高等学校の学習指導要領において、心肺停止状態におけるAEDの必要性に係る知識が盛り込まれ、その実習の重要性も記載されている。

図表13-9　校内での事件・事故発生時の対処、救急および緊急体制の一例

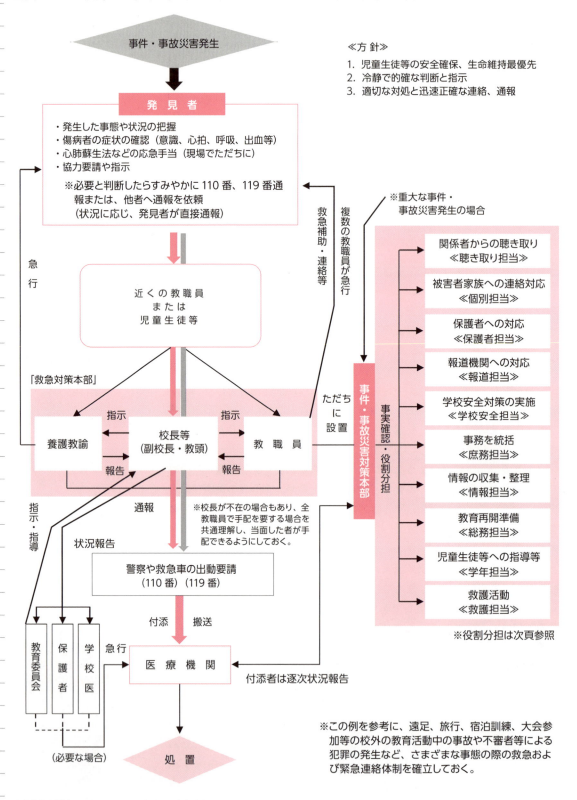

文部科学省「『生きる力』をはぐくむ学校での安全教育」2010年 をもとに作成

4 「救命の連鎖」一次救命処置の重要性

児童・生徒等が突然けがや病気になってしまったら、どのような処置が必要でしょうか。大切な命を救うためには、①心停止の予防、②早期認識と通報、③一次救命処置（心肺蘇生とAED*）、④二次救命処置と心拍再開後の集中治療、の４つの輪を迅速に連携プレーでつなげる必要があります（図表13-10）。

このように、急変した傷病者の命を救い、社会復帰をさせるための一連の行為を「救命の連鎖」といいます（「救急蘇生法の指針2015」）。４つの輪を迅速に途切れなくつなげることで救命効果が高まります。特に最初の３つの輪としては、学校において救急の現場に居合わせた人たち（バイスタンダー）が適切に救命に取り組む必要があります。

厚生労働省の「救急蘇生法の指針2015」によれば、「救命の連鎖」の１つ目の輪は、「心停止の予防」です。特に児童・生徒等の場合は、けがや溺水、窒息等を予防します。また、学校心臓検診による心電図検査や任意および定期のワクチン接種などもこの予防につながります。

２つ目の輪は、「早期認識と通報」です。ここで大切なことは、救急車を要請すべき状態であればためらわず通報し、傷病者の状態を正確に伝えることです。

〈救急車要請が必要な場合と通報のポイント〉
○119番通報が必要な場合
意識障害の持続、心停止、呼吸停止、ショック症状の持続、呼吸困難の持続、けいれんの持続、激痛の持続、大量出血、広範囲の火傷、溺水、高所からの転落、顔色不良の全身じんましん、骨の変形を起こしたもの、その他いつもと違う場合、様子がおかしい場合
○救急車が到着したときに伝える内容
・事故や具合が悪くなったときの状況（５Ｗ１Ｈ）
・救急隊が到着するまでの変化　　　・行った応急手当の内容
・その他（管理中の病気、服用している薬、医師の指示があれば伝える）
（消防庁ホームページ [http://www.fdma.go.jp/]）

図表13-10　救命の連鎖

厚生労働省「救急蘇生法の指針2015」をもとに作成

プラスワン

一次救命処置（心肺蘇生とAED）

救命処置において意識や呼吸の有無がわからない場合は、「呼吸と思えた状況が死戦期呼吸（筆者注：下あごをしゃくりあげて動かしたり、小鼻が息をしているかのように膨らんだり閉じたりするが、実際には呼吸できていない）である可能性にも留意して、意識や呼吸がない場合と同様の対応とし、速やかに心肺蘇生とAED装着を実施する」と明記されている。
文部科学省「学校事故対応に関する指針」2016年3月の「事故発生後の取組」

語句説明

AED

突然、心停止状態に陥った心臓に対して、電気ショックを与え、正常なリズムを戻すための医療機器のこと。日本語では自動体外式除細動器という。

写真提供：日本光電工業株式会社

図表13-11　主に市民が行うBLS（一次救命処置）の手順

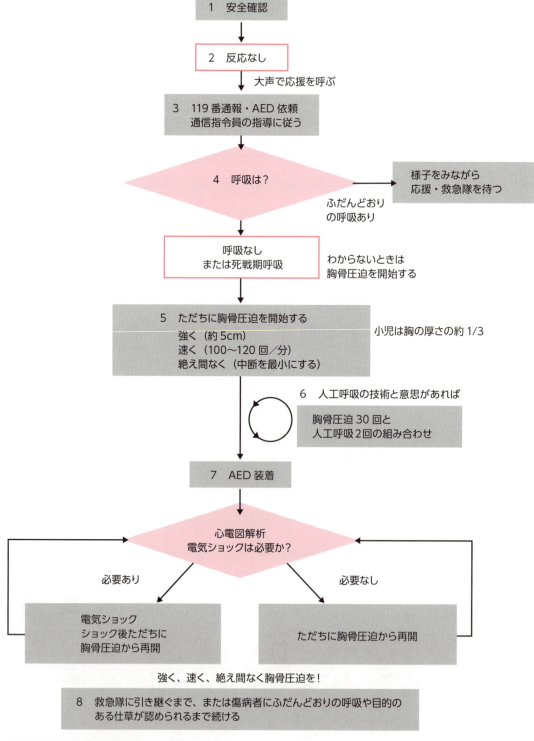

日本蘇生協議会「ガイドライン2015オンライン版」をもとに作成

たとえば児童・生徒等が突然倒れ、反応がないようだったら、第一発見者は心停止を疑い、その児童・生徒等から離れず大声で応援を呼び、応援者に119番通報して救急車を手配するように伝えるとともに、自動体外式除細動器（AED）を探して届けるように依頼します。

3つ目の輪は、「一次救命処置（心肺蘇生とAED）」です。救急隊や医師に引き継ぐまでの一次救命処置は、救命効果を高めるだけでなく、後遺症などの重度の障害を残さないうえでも的確な実施が求められます。

学校管理下において、教員は危険から児童・生徒等の生命を守る「安全配慮義務」を負っています。よって教員は、被害児童・生徒等に対して適切な応急手当てを行い、被害児童・生徒等の保護者に対して事故やけがの内容について報告する義務を果たさなければなりません。

しかし、重大事故であるにもかかわらず、心肺蘇生およびAED装着が実施されずに、当該児童・生徒等が死亡した事例もみられます。学校においては、養護教諭はもちろん、すべての教職員が一次救命処置（BLS）を実施できなければなりません（図表13-11）。

そこで、一次救命処置の練習はもとより、実際の事故を想定した模擬的な訓練（シミュレーション研修）を行うことが望まれます。

5 危機発生と心のケア

事件・事故災害に遭遇した子どもたちは、心身の健康に少なからず影響を受けます。大きな災害や虐待、暴力を目撃する体験は、トラウマ*の原因となる可能性があります。トラウマを体験すると、情緒、行動、身体、認知、学習の側面に多様なトラウマ反応が現れやすいため、注意が必要です（図表13-12）。

トラウマ反応はごく自然な反応であり、半数は自然に回復するといわれています。しかしなかには、心的外傷後ストレス障害（PTSD）*や気分障害、行動上の問題などの精神的不調につながるケースもみられます。このため、

重要語句

トラウマ
本来もっている個人の力では対処できないような圧倒的な体験をすることによって被る、著しい心理的ストレスのこと（文部科学省「学校における子供の心のケア—サインを見逃さないために」より）。

重要語句

心的外傷後ストレス障害（PTSD）
→第10講参照

図表13-12 さまざまなトラウマ反応

情緒
- 恐怖・怒り・抑うつ
- 分離不安・退行（赤ちゃん返り）
- フラッシュバック
- 感情の麻ひ
- 睡眠障害…など

行動
- 落ち着きがない
- イライラ
- 集中力の低下
- 衝動的（暴力・自傷）
- 非行・薬物乱用…など

学習
- 成績低下
- 宿題忘れ

身体
- 吐き気・おう吐
- 頭痛・腹痛などの身体の痛み
- かゆみなどの皮膚症状…など

認知
- 安全感や信頼感の喪失
- 罪悪感
- 自尊感情の低下
- さまざまな対人トラブル…など

文部科学省「学校における子供の心のケア—サインを見逃さないために」2014年をもとに作成

トラウマ反応が顕著な場合や生活に支障がある状態が持続する場合は、学校だけで対応するのではなく、専門機関と連携することが大切です。
　子どもは、心の問題が行動の変化や身体症状として表れやすいという特徴があります。このため、危機発生時に子どもに現れやすい症状をよく理解して、日頃からきめ細かな健康観察を行うことが大切です。
　事件・事故および災害における心のケアのポイントは、①毎日の健康観察の重要性、②メンタルヘルスを担う校内組織体制の構築、③心のケアに関する教職員などの研修、④心身の健康に関する支援、⑤心身の健康に関する指導、⑥医療機関をはじめとする地域の関係機関との連携を行うことです。
　一般的に心のケアは、災害後の危機管理として注目されています。しかし、実際には、事前の備えにも求められるものなのです。心のケアに関する組織体制づくりを行うとともに、危機管理マニュアルに心のケアを位置づけておかなければなりません。また、ストレス対処に関する保健教育を通して、子ども自身のレジリエンス（耐久力、回復力）を高めておくことも大切です。

ディスカッションしてみよう！

アクティブラーニングタイトル：
「緊急時の救急体制のシミュレーション」
　4年2組の鈴木さんが昼食後、教室で食物アレルギーによるアナフィラキシーショックを発症したと想定して、緊急時対応の模擬訓練（シミュレーション）をしてみましょう。エピペンが処方されているものとしますが、具体的状況は柔軟に設定し、必要物品の準備と役割分担を行います。
　実施後、緊急時対応のよかった点と改善点等についてディスカッションしましょう。

たとえば・・・

> 復習や発展的な理解のために
> **知っておくと役立つ話**

セーフティプロモーションと学校安全

今、「学校」という限られた範囲だけで安全を考えるのではなく、国や地域など広いレベルの安全づくりとその維持をとらえていく「セーフティプロモーション」(以下SP) という考え方が注目されています。

SPは、次のように定義されています。「地域や国あるいは国際レベルで、個人、コミュニティ、政府、企業やNGOなどが、安全づくりとその維持のために用いるプロセスである。このプロセスには、安全にかかわる態度や行動はもちろん、社会構造や（物理的、社会的、技術的、政治的、経済的、組織的）環境を変える上で一致したすべての努力が含まれる」（渡邊、2005年）。

SPは、部門を越えた協働や、実証的・科学的な方法によって、事故、暴力、自殺などのすべての外傷を予防しようとする取り組みです。学校安全においてもSPは重要な考え方となっています。

2012（平成24）年3月の中央教育審議会答申「学校安全の推進に関する計画の策定について」（第1次計画）において、SPやインターナショナルセーフスクール（ISS）が紹介されました。また、「今後の学校安全の推進の方向性」が示された2017（平成29）年2月の答申（第2次計画）においても、学校安全の情報収集や情報提供を強化し、科学的実証的に調査・分析する必要性が示されています。学校、家庭、地域社会が連携して、地域全体の安全を推進するための包括的な対策を「PDCA」サイクルとして効率的に推進することが大切だとされています。

多様な要因が関係するいじめや事故、暴力を含む外傷を防ぐために、SPの視点で学校安全に取り組むことが求められているのです。

第13講 学校安全と学校危機管理

ちゃんとわかったかな？
復習問題にチャレンジ

改題（島根県　2018年）

①次の事例（1）、（2）について、下記の①〜③に答えましょう。

（1）野球のボールが、胸に直撃し、その場に倒れこんだ。被災生徒は、意識を失っているようだが、<u>しゃくりあげるような不規則で時折出現する異常な呼吸</u>が認められた。

①この事例のように、心臓の直上に衝撃が加わり、致死的な不整脈が起こっている状態を何というでしょうか。

②下線部で考えられる呼吸の名称を答えましょう。

（2）心疾患について管理が必要とされている児童生徒が体調不良を訴えてきました。

③救急車の要請が必要とされる心疾患関連の症状をあげましょう。

（愛知県　2017年）

②平成2年度から平成24年度の学校の管理下の熱中症に関する記述ア〜エのうち、独立行政法人日本スポーツ振興センター（独立行政法人日本スポーツ振興センター「体育活動における熱中症予防調査研究報告書」平成26年3月）に照らして、誤っているものを選んだ組み合わせとして、最も適切なものを下の1〜6から選びましょう。

ア　災害共済給付で死亡見舞金の支給を行った熱中症での死亡事故は80件であった。中学校、高等学校での発生が多く、発生数は増加傾向にあるが、小学校では平成7年以降の死亡事例はない。

イ　「熱中症死亡事故　学校種別割合」では、小学校2.5％、中学校26.2％、高等学校68.8％である。小学校では屋外の活動（遠足、林間学校）で、中学校や高等学校、高等専門学校ではほとんどが体育活動で発生しており、「熱中症死亡事故　活動別割合」を見ると、全体では体育活動92.5％、他の活動7.5％となっている。

ウ　運動系部活動の熱中症死亡事故は6月から10月にかけて多く、特に7月〜8月の2ヶ月で全体の約88％が発生し、男女別では94％が男児であった。

エ　熱中症（負傷・疾病）の状況（平成24年度データ）によると、熱中症の症状で医療費を支給した事例は4971件であった。その中で、中学校では2911件、高等学校では2204件発生しており、全体の90％を占めている。特に、小学校6年生から高等学校3年生にかけて増加し続けている。

1　アとイ　　2　アとウ　　3　アとエ　　4　イとウ　　5　イとエ　　6　ウとエ

ノートテイキングページ

理解できたことをまとめておこう！

学習のヒント：①日常生活で発生する事件や事故を取り扱う「生活安全」の領域において、具体的なケースとして考えられるものを挙げてみましょう。

②①で挙げた事件や事故のなかから1つを選び、適切な対応を事前の危機管理（リスクマネジメント）、事後の危機管理（クライシスマネジメント）の観点から考えてみましょう。

第14講 給食・食育

理解のポイント
本講では、まず成長や発達に必要な栄養量について理解し、それを前提として考えられるわが国の学校給食のしくみと役割について学びます。また、給食を通じて行われる食育のあり方についても理解しましょう。

1 学童期の成長・発達と栄養

1 特性

　小児期のうち、小学校6年間にあたる期間を「学童期」といい、身体的には身長・体重ともに安定した増加がみられ、成人体型に近づきます。

　学童期後半になると、口腔機能・消化機能・脳や免疫機能などの生理機能も成人期に近づき、ほとんどの食品から栄養摂取が可能になり、感染症等への抵抗力が備わってきます。精神的な発達では、集団生活や団体行動での自身の役割や適応性を認識し理解するようになるほか、保護者からの自立心も芽生え、単身での行動範囲が広がる時期にもなります。さらに、思春期に現れる第二次発育急進期（思春期スパート）に備える時期でもあります。

　栄養的には、毎日の食事からとるエネルギー量や栄養素量に、過不足がないように心がけ、好ましくない生活習慣に陥らないように注意する必要があります。精神的発達による自己管理能力の確立は、自身で食品選択や食事のリズムなどの決定も可能にするため、ともすると望ましくない生活習慣や食習慣につながる危険があります。この時期に良好な生活習慣・食習慣を身につけておけば、成人期以降に「生活習慣病」を発症したり重症化したりする危険を少なくすることが期待できます。

2 食に関わる健康問題

① 肥満とやせ

　学童期は、身体的にも精神的にも成長過程にあるため、必要栄養量が人生最大になる栄養素もあります。特に、骨格筋形成に必要なたんぱく質やカルシウム、循環血液量増加にともなう鉄などは、他の年代に比べ、より多くを食べ物から摂取する必要があります。一方で、一日の活動量に個人差が大きくなる時期でもあるため、自身にとっての必要な栄養量を知ることが重要になります。

図表14-1　小児メタボリックシンドロームの診断基準（6～15歳）

(1)があり、(2)～(4)のうち2項目を有する場合、メタボリックシンドロームと診断する	
(1) 腹囲	中学生80cm以上、小学生75cm以上もしくは腹囲（cm）÷身長（cm）＝0.5以上
(2) 血清脂質	トリグリセライド120mg/dℓ以上かつ／またはHDLコレステロール40mg/dℓ未満
(3) 血圧	収縮期血圧125mmHg以上かつ／または拡張期血圧70mmHg以上
(4) 空腹時血糖	100mg／dℓ以上

大関、2008年をもとに作成

図表14-2　神経性食欲不振症の診断基準

1．標準体重の－20kg以上のやせ
2．食行動の異常（不食、大食、隠れ食いなど）
3．体重や体型についての歪んだ認識（体重増加に対する極端な恐怖など）
4．発症年齢：30歳以下
5．（女性ならば）無月経
6．やせの原因と考えられる器質性疾患がない
（備考）　1.2.3.5.は既往歴を含む。たとえば、－20％以上のやせがかつてあれば、現在はそうでなくても基準を満たすとする。
　　　　6項目すべてを満たさないものは、疑診例として経過観察する。

厚生労働省「神経性食欲不振症のプライマリケアのためのガイドライン」2007年より

図表14-3　肥満傾向児出現率　　（単位：％）

区分		肥満傾向児					
		男子			女子		
		平成29年度 A	平成28年度 B	前年度差 A－B	平成29年度 A	平成28年度 B	前年度差 A－B
幼稚園	5歳	2.78	2.68	0.10	2.67	2.44	0.23
小学校	6歳	4.39	4.35	0.04	4.42	4.24	0.18
	7	5.65	5.74	△0.09	5.24	5.18	0.06
	8	7.24	7.65	△0.41	6.55	6.63	△0.08
	9	9.52	9.41	0.11	7.70	7.17	0.53
	10	9.99	10.01	△0.02	7.74	7.86	△0.12
	11	9.69	10.08	△0.39	8.72	8.31	0.41
中学校	12歳	9.89	10.42	△0.53	8.01	8.57	△0.56
	13	8.69	8.28	0.41	7.45	7.46	△0.01
	14	8.03	8.04	△0.01	7.01	7.70	△0.69
高等学校	15歳	11.57	10.95	0.62	7.96	8.46	△0.50
	16	9.93	9.43	0.50	7.38	7.36	0.02
	17	10.71	10.64	0.07	7.95	7.95	0.00

厚生労働省「学校保健統計調査 平成29年度」より

図表14-4　痩身傾向児出現率　　　　　　　　　　　　　　　　　　　　（単位：%）

区分		痩身傾向児					
		男子			女子		
		平成29年度 A	平成28年度 B	前年度差 A－B	平成29年度 A	平成28年度 B	前年度差 A－B
幼稚園	5歳	0.33	0.24	0.09	0.29	0.44	△0.15
小学校	6歳	0.47	0.45	0.02	0.64	0.40	0.24
	7	0.53	0.41	0.12	0.61	0.64	△0.03
	8	0.93	1.16	△0.23	1.07	1.07	0.00
	9	1.57	1.48	0.09	1.86	1.86	0.00
	10	2.66	2.49	0.17	2.43	2.99	△0.56
	11	3.27	2.94	0.33	2.52	2.99	△0.47
中学校	12歳	2.96	2.75	0.21	4.36	4.29	0.07
	13	2.26	2.04	0.22	3.69	3.47	0.22
	14	2.05	1.84	0.21	2.74	2.67	0.07
高等学校	15歳	3.01	3.07	△0.06	2.24	2.30	△0.06
	16	2.50	2.25	0.25	1.87	1.84	0.03
	17	2.09	2.21	△0.12	1.69	1.51	0.18

厚生労働省「学校保健統計調査」平成29年度より

図表14-5　朝食欠食率

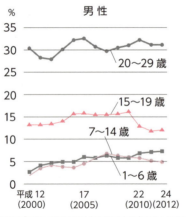
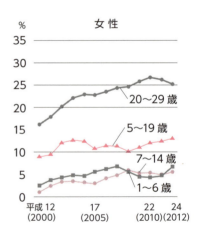

内閣府「子供・若者白書」（平成29年版）をもとに作成

　毎日の食事摂取量が活動量より多い場合は、肥満（ほとんどが単純性肥満）や小児メタボリックシンドローム（図表14-1）の心配が生じてきますし、食事摂取量が活動量より少ない場合は、やせや神経性食欲不振症（図表14-2）といった危険が生じ、正常な成長や発達を阻害するおそれがあります。学童期の肥満ややせの判定は、標準体重に対する比を用いることが多く、＋20%以上が肥満、－20%以下がやせと判断されています（→第8講）。
　この時期の体格指数には「ローレル指数」を用いることが多く、以下の計算式により、やせ100未満、平均120～140、肥満160以上としています。ただし、身長が高い場合はやせ気味に、身長が低い場合ほど肥満気味にな

図表14-6　アレルギー表示対象品目

表示	用語	名称
義務付け	特定原材料（7品目）	卵、乳、小麦、そば、落花生、えび、かに
推奨	特定原材料に準ずるもの（20品目）	あわび、いか、いくら、オレンジ、カシューナッツ、キウイフルーツ、牛肉、くるみ、ごま、さけ、さば、大豆、鶏肉、バナナ、豚肉、まつたけ、もも、やまいも、りんご、ゼラチン

消費者庁「アレルギー物質を含む食品に関する表示指導要領」2013年をもとに作成

りやすいので、注意が必要です。

$$ローレル指数 = \{体重 kg/(身長 cm)^3\} \times 10^7$$

　近年、肥満傾向児の出現率は減少傾向にあるものの、高等学校男子の肥満傾向児と中学・高校女子のやせ傾向児の出現率が、増加傾向にあることが報告されています（図表14-3、図表14-4）。この肥満傾向児や痩身傾向児の出現の背景には、朝食の欠食（図表14-5）をはじめとした子どもの食習慣の乱れや、マスメディアなどの影響が大きいことも報告されています。

② **食物アレルギー**

　子どもを取り巻く生活環境の変化にともない、子どものアレルギー疾患の増加が指摘されています。本項では、そのうち食物アレルギーについて記載します。

　食物アレルギーとは、特定の食物を摂取することによって、皮膚・呼吸器・消化器あるいは全身性に生じるアレルギー反応のことをいいます。症状は、じんましんのような軽症からアナフィラキシーショックのような命に関わる重い症状までさまざまです。治療（予防）としては、「原因食物を摂取しない」ことです（→第7講・第9講）。

　学校での食物アレルギー対応は、適切な対象食品の除去と同時に、健全な発育・発達が必要になります。除去食品については、医師の総合的診断が不可欠で、「学校生活管理指導表（アレルギー疾患用）」および「学校のアレルギー疾患に対する取り組みガイドライン」（日本学校保健会、2015年）を活用することが推奨されています。医療関係者、学校関係者、児童・生徒、保護者が、共通して理解する必要があります（→第9講）。

2　学校における給食とその歩み

1　学校給食の歴史

① **栄養不足対策**

　1889（明治22）年、山形県鶴岡町の忠愛小学校で弁当を持参できない子どもたちに僧侶がおにぎりを提供したことが、日本における最初の学校

給食といわれています。

　その後、1907（明治40）年には広島・秋田で、1911（明治44）年には岩手・静岡・岡山などでも学校給食を実施し、1919（大正8）年には東京府直轄の小学校でパンによる学校給食が実施されたことが報告されています。1923（大正12）年には文部次官通牒による学校給食の奨励、さらに1932（昭和7）年の文部省訓令18号「学校給食臨時施設方法」制定を経て、国庫補助による貧困児童救済目的の学校給食が始まり、1940（昭和15）年には栄養不良・身体虚弱児救済も含めた学校給食が実施されるようになりました。

　1941（昭和16）年の太平洋戦争開始以降、学校給食は継続困難な状態に陥りましたが、戦後の1947（昭和22）年には全国で学校給食が再開され、アメリカ合衆国から無償供与された脱脂粉乳が学校給食で提供されるようになりました。

　その後、1949（昭和24）年にユニセフ寄贈のミルク（脱脂粉乳）給食開始、1950（昭和25）年にはアメリカ合衆国寄贈の小麦粉による完全給食が8大都市で開始されるようになりました。

② **教育の一環へ**

　1954（昭和29）年には「学校給食法」が施行され、給食は教育の一環になりました。さらに1956（昭和31）年には、「学校給食法」が一部改正され、中学校と夜間課程の高等学校にも同様に適用され、1957（昭和32）年には、「盲学校、ろう学校及び養護学校の幼稚部及び高等部における学校給食に関する法律」が制定されました。

③ **食育の推進**

　昭和30年代後半には、ミルク（脱脂粉乳）が牛乳に代わり、コッペパンに加えて調理パンやソフト麺などが提供されるようになり、1976（昭和51）年には米飯給食が導入され、1987（昭和62）年にはランチルームも取り入れられるようになりました。

　一方で、1994（平成6）年のコメの不作、1996（平成8）年のO-157食中毒事件の発生、2012（平成24）年の食物アレルギー死亡事故など、学校給食実施に関わるさまざまな困難に対処すべく、「食育基本法」（2005年）、「食育推進基本計画」（2006年）、「学校給食衛生管理基準」（2009年）が次々と施行される一方、2005（平成17）年には栄養教諭制度が成立し、現在のような世界に誇れる日本の学校給食になっています（図表14-7）。

2　学校給食法と学校給食の社会的な役割

　子どもが将来にわたって健康に生活していけるようにするためには、子どもに対する食に関する指導を充実し、望ましい食習慣の形成を促すことがきわめて重要です。しかし近年は、社会環境の変化や食生活の有り様も変わってきたため、以前のように保護者が子どもの食生活を管理していくことが困難になっています。このような現状を踏まえ、子どもの食生活については、家庭が中心となりつつ、学校・地域社会が連携して次代を担う子どもたちの食環境の改善に努めることが必要となりました。

「学校給食法」第1章第1条には、「児童及び生徒の心身の健全な発達に資するものであり、かつ、児童及び生徒の食に関する正しい理解と適切な判断力を養う上で重要な役割を果たすものであることにかんがみ、学校給食及び学校給食を活用した食に関する指導の実施に関し必要な事項を定め、もって学校給食の普及充実及び学校における食育の推進を図ることを目的とする」、第2条では「学校給食を実施するに当たっては、義務教育諸学校における教育の目的を実現するために、次に掲げる目標が達成されるよう努めなければならない」とされ、以下の目標があげられています。

【「学校給食法」第2条】
（学校給食の目標）
1　適切な栄養摂取による健康の保持増進を図ること。
2　日常生活における食事について正しい理解を深め、健全な食生活を営むことができる判断力を培い、及び望ましい食習慣を養うこと。
3　学校生活を豊かにし、明るい社交性及び協同の精神を養うこと。
4　食生活が自然の恩恵の上に成り立つものであることについての理解を深め、生命及び自然を尊重する精神並びに環境の保全に寄与する態度を養うこと。
5　食生活が食にかかわる人々の様々な活動に支えられていることについての理解を深め、勤労を重んずる態度を養うこと。
6　我が国や各地域の優れた伝統的な食文化についての理解を深めること。
7　食料の生産、流通及び消費について、正しい理解に導くこと。

つまり、学校給食は「学校給食法」のもと、教育活動の一環として位置づけられており、対象者は義務教育諸学校、夜間定時制高校、盲・ろう学校、特別支援学校の幼稚部・高等部に在学する児童・生徒となっています。また、学校給食は厚生労働省「日本人の食事摂取基準」に準拠した「学校給食摂取基準」第2章第8条（図表14-8）に基づいて実施されています。

3　栄養教諭と栄養職員

「学校給食法」の「第2章 学校給食の実施に関する基本的な事項」の第7条に規定される学校給食の栄養に関する専門的事項をつかさどる職員については、「栄養教諭の免許状を有する者又は（中略）栄養士免許状を有する者で学校給食の実施に必要な知識若しくは経験を有するものでなければならない」としています。続く第8条では児童・生徒に必要な栄養量を学校給食摂取基準に基づき実施することが定められています。

また「第3章 学校給食を活用した食に関する指導」の第10条では「児童又は生徒が健全な食生活を自ら営むことができる知識及び態度を養うため、学校給食において摂取する食品と健康の保持増進との関連性についての指導、食に関して特別の配慮を必要とする児童又は生徒に対する個別的な指導その他の学校給食を活用した食に関する実践的な指導を行うものと

図表14-7 学校給食の変遷

学校給食の変遷（年代別モデル献立）その1

戦　前			脱脂粉乳時代	
明治22年 (1889年)	おにぎり、塩鮭、菜の漬物		昭和22年 (1947年)	ミルク（脱脂粉乳）、トマトシチュー
大正12年 (1923年)	五色ごはん、栄養みそ汁		昭和27年 (1952年)	コッペパン、ミルク（脱脂粉乳）、鯨肉の竜田揚げ、せんキャベツ、ジャム
昭和2年 (1927年)	ごはん、ほうれん草のホワイト煮、さわらのつけ焼き		昭和38年 (1963年)	コッペパン、ミルク（委託乳）、魚のすり身フライ、マカロニサラダ、マーガリン
昭和17年 (1942年)	すいとんのみそ汁		昭和39年 (1964年)	揚げパン、ミルク（脱脂粉乳）、おでん

学校給食の変遷（年代別モデル献立）その2

麺・パン・カレーライス			米飯給食以降、バラエティー化	
昭和40年 (1965年)	ソフトめんのカレーあんかけ、牛乳、甘酢あえ、くだもの（黄桃）、チーズ		昭和54年 (1979年)	ごはん、牛乳、がめ煮（郷土食）、ヨーグルトサラダ、チーズ
昭和44年 (1969年)	ミートスパゲティ、牛乳、フレンチサラダ、プリン		昭和60年 (1985年)	ビビンバ、牛乳、スープ、キムチ風漬けもの、ヨーグルトゼリー
昭和49年 (1974年)	ぶどうパン、牛乳、ハンバーグ、せんキャベツ、粉ふきいも、果汁		平成7年 (1995年)	あんかけやきそば、大学芋、牛乳シャキシャキ和えもの、にらたまスープ、くだもの、
昭和52年 (1977年)	カレーライス、牛乳、塩もみ、くだもの（バナナ）、スープ		平成15年 (2003年)	米粉パン、鶏肉とカシューナッツの炒め物、ツナとキャベツの冷菜、コーンスープ、くだもの、牛乳

(独)日本スポーツ振興センター学校安全部ホームページ　学校安全Web「年代別モデル献立資料」をもとに作成

図表14-8　児童・生徒1人1回当たりの学校給食摂取基準

区　分	基　準　値			
	児童（6歳〜7歳）の場合	児童（8歳〜9歳）の場合	児童（10歳〜11歳）の場合	生徒（12歳〜14歳）の場合
エネルギー（kcal）	530	640	750	820
たんぱく質（g）範囲※1	20 16〜26	24 18〜32	28 22〜38	30 25〜40
脂質（％）	学校給食による摂取エネルギー全体の25％〜30％			
ナトリウム（食塩相当量）（g）	2未満	2.5未満	2.5未満	3未満
カルシウム（mg）	300	350	400	450
鉄（mg）	2	3	4	4
ビタミンA（μgRE）	150	170	200	300
ビタミンB_1（mg）	0.3	0.4	0.5	0.5
ビタミンB_2（mg）	0.4	0.4	0.5	0.6
ビタミンC（mg）	20	20	25	35
食物繊維（g）	4	5	6	6.5

※1範囲：示した値の内に納めることが望ましい範囲

注：1. 上記のほか、次に掲げるものもそれぞれ示した摂取について配慮すること。マグネシウム：児童（6歳〜7歳）70mg、児童（8歳〜9歳）80mg、児童（10歳〜11歳）110mg、生徒（12歳〜14歳）140mg、亜鉛：児童（6歳〜7歳）2mg、児童（8歳〜9歳）2mg、児童（10歳〜11歳）3mg、生徒（12歳〜14歳）3mg
2. この摂取基準は全国的な平均値を示したものであり、適用にあたっては個々の健康及び生活活動等の実態並びに地域の実情等に十分配慮し、弾力的に運用すること。

文部科学省告示第10号「学校給食実施基準」2013年より

する」とし、さらに「学校が所在する地域の産物を学校給食に活用することその他の創意工夫を地域の実情に応じて行い、当該地域の食文化、食に係る産業又は自然環境の恵沢に対する児童又は生徒の理解の増進を図るよう努めるものとする」としています。

したがって、学校栄養管理者である栄養教諭*や栄養職員は、必要な栄養量を満たした安全・安心な給食を提供するだけではなく、その給食を教材として「食の大切さ」や「食の楽しさ」などを児童・生徒に理解させる栄養教育者であるよう努める者とされています。これは、2016（平成28）年から5年間を対象として実施されている「第3次食育推進基本計画」にある食育推進の基本的方針の5つと重複しています。

学校給食を食べた児童・生徒が、学校栄養管理者から学んだ知識を家族や地域の人々に広めていければ、以下の基本方針を達成することが容易になるものと考えられます。

〈食育推進の基本的方針〉
①若い世代を中心とした食育の推進
②多様な暮らしに対応した食育の推進
③健康寿命の延伸につながる食育の推進
④食の循環や環境を意識した食育の推進
⑤食文化の伝承に向けた食育の推進

> **プラスワン**
>
> **栄養教諭**
> 食生活の多様化が進む中、子どもが「食の自己管理能力」や「望ましい食習慣」をもつため、栄養教諭制度が創設され、2005（平成17）年度から施行された。職務は、①食に関する指導、②学校給食の管理である。ただし、栄養教諭の配置は地方公共団体や設置者の判断によるとされていること、公立小中学校の栄養教諭は県費負担教職員であることなどもあり、配置されていない学校も少なくない。文部科学省が2017（平成29）年3月作成した冊子「栄養教諭を中核としたこれからの学校の食育」で中核とされている栄養教諭の配置数は増加しつつあるものの、いまだ複数校を兼務している栄養教諭も多く、課題も残る。

4　食物アレルギー対応

　学校給食における食物アレルギー対応については、前述したように「学校生活管理指導表（アレルギー疾患用）」と「学校のアレルギー疾患に対する取り組みガイドライン」を参考に実施しますが、「必要に応じて組み合わせて対応を行う」「人的かつ物理的環境の整備を行う」ことも記載されています。

　実際には以下の4対応となりますが、このうちレベル3・4がアレルギー対応食といわれ、学校給食におけるアレルギー対応の望ましい形とされています。

> レベル1：詳細な献立表対応（学校給食から原因食物を除外して食べる）
> レベル2：一部弁当対応（除去食・代替食で困難な場合、弁当を持参）
> レベル3：除去食対応（原因食物を除いて提供）
> レベル4：代替食対応（原因食物を除き、除いたことで失われる栄養価を別の食品を用いて提供）

3　食育

　厚生労働省は、近年の子どもの偏った栄養摂取、食生活の乱れ、肥満・痩身傾向など、健康を取り巻く問題の深刻化を懸念し、農林水産省を主務官庁にして、食を通じた地域等の理解や食文化の継承、自然の恵みや勤労の大切さなどの理解を重要視した「食育基本法」を2005（平成17）年に、「食育推進基本計画」を2006（平成18）年に制定しました。

　この法律のなかでは、子どもたちが食に関する正しい知識と望ましい食習慣を身につけることができるよう、学校においても積極的に食育に取り組んでいくことが重要であるとしています。その基本になったのは、2000（平成12）年に文部省（当時）・厚生省（当時）・農林水産省が策定した「食生活指針」の具体化のために、2004（平成16）年に厚生労働省と農林水産省が作成した「**食事バランスガイド**」です（図表14-9）。

1　学校における食育の取り組み

　学校内では、校長、調理場の長などをはじめとした教諭や調理員からなる学校給食運営委員会を開催し、日々の給食内容の検討や食育についての討議を行います。

　また文部科学省では、食育の生きた教材となる学校給食の充実を図るため、栄養教諭制度の円滑な実施をはじめ食に関する指導の充実に取り組み、より一層の地場産物の活用や米飯給食の充実を進めています（図表14-10）。学校給食を教材とする食育の例としては、「給食献立の提示」「給

図表14-9 食事バランスガイドと応用した学校給食の教材

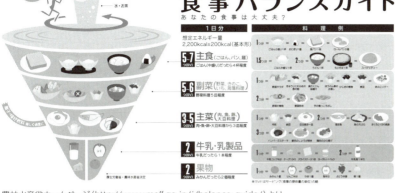

農林水産省ホームページ（http://www.maff.go.jp/j/balance_guide/）より

「食育クイズ＆ワークシート集」全国学校給食協会より

> **プラスワン**
>
> **安全・安心な給食**
> 学校給食における食中毒発生件数は激減しているが、その背景には1996（平成8）年発生の腸管出血性大腸炎O-157食中毒を契機に学校給食の衛生管理に導入された「HACCP（危害分析・重要管理点）」、それを受けた文部科学省施行の「学校給食衛生管理基準」がある。2017（平成29）年6月には、「大量調理施設衛生管理マニュアル」の改正もなされた。給食の提供にあたっては、日々、緊張感をもった取り組みが必要である。

食だより」（図表14-11）、「食育だより」を中心とした給食の時間のほか、学級活動の時間や特別活動の時間、家庭科や保健体育などの教科としての実習や授業の展開、さらには保護者や地域の人々を対象とした講習会の開催など多岐にわたります。学校における食育は、学校教育活動全体を通じて総合的に推進することにより、成果が期待できます。新「学習指導要領」では、教科等横断的に取り組む内容として、食育の推進が位置づけられています。関連科目による食領域について、学級担任や教科担任と連携しつつ、栄養教諭はその専門性を生かした指導を行うことが重要です。

2 食の自己管理能力

　学童期は、日常生活の多くの部分で保護者の管理下から離れ、自立に向かっていく時期です。食生活面では、自身の好きなときに好きな方法で好きなものを好きなだけ食べることができるようになり、ともすれば、発育にとってよくない食習慣が身についてしまう危険もあります。

　文部科学省は、約7割の小・中学生が週3回以上の間食、約5割の小・中学生が週2日以上の夜食習慣があること、最も多い食品はどちらもスナック菓子（40％以上）であることを報告しています。間食はこの時期の成長に不可欠な栄養素の不足を補うために必要な場合もありますから、自己管理能力がつくこの時期にこそ、正しい食品選択の目を養い、正常な成長・発達や将来の疾病予防につなげていく正しい食習慣を誰もが身につける食育が重要になります。

図表14-10　食育の環

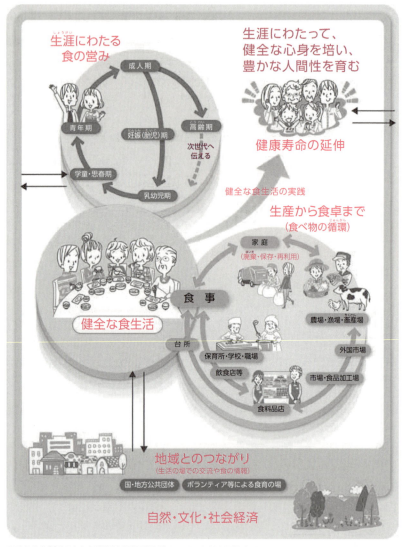

農林水産省「「第3次食育推進基本計画」啓発リーフレット」2017年より

図表14-11　給食だより(例)

『給食ニュース大百科　2018』少年写真新聞社より

3 食文化の継承

　学校教育現場では、学校給食の目標の一つとして「わが国や各地域の優れた伝統的な食文化についての理解を深めること」が掲げられています。学校給食では、最初は「地産地消」として取り組み、「その土地のものをまず地元で味わいましょう。そうすれば、地元の食文化の継承や発展にもつながります」ということから始められました。このような取り組みは、食文化の継承や発展だけでなく、地域の環境や第一次産業にも有益な結果をもたらしています。

　まず、鮮度のよいものを産地の近くで消費することは、輸送コストやエネルギーの節約になります。また、鮮度の高いまま調理することができるため、食材の栄養素損失が少なく、保存に必要な食品添加物等の使用量も控えることができ、より安全です。さらに、地元の産業が活性化され、将来的には、日本の食料自給率向上につながる可能性もあります。

　学校給食の献立には、毎日多くの地元食材を使用する努力がなされ、その食材を生かして各地域に古くから伝わる郷土料理が多数提供されています。近年は、核家族世帯が増え、家庭の食卓には郷土料理がのぼる機会が減ってきているという報告もあります。「地産地消」に始まる食文化の継承は、2013（平成25）年にユネスコの無形文化遺産に登録された「和食；日本人の伝統的な食文化」の特徴として、農林水産省があげている以下の4つのすべてにつながる取り組みです。

〈和食の特徴〉
（1）多様で新鮮な食材とその持ち味の尊重
（2）健康的な食生活を支える栄養バランス
（3）自然の美しさや季節の移ろいの表現
（4）正月などの年中行事との密接な関わり

> **ディスカッションしてみよう!**
>
> 「食事バランスガイド」で自分の食事のコマをつくってみましょう。
> ・あれ、コマの形にならない。デコボコの焼き鳥みたい⇒「野菜食べた？」
> ・あれ、コマの形にならない。ひし形みたい⇒「ご飯食べた？」
> ・あれ、紫色と青色がない。寸胴みたい⇒「牛乳飲んだ？ 果物食べた？」
>
> 栄養だけでなく時間と運動とのバランスも考慮し、望ましい食事について話し合いましょう。
>
> たとえば・・・

知っておくと役立つ話 ―復習や発展的な理解のために―

海外の学校給食事情

　海外でも、学校で給食を提供している国はたくさんあります。そのなかで、日本の学校給食が他国と違っているのは、給食が教育の一つになっているということです。

　先進国といわれるアメリカ合衆国・ドイツ・フランスなどの給食では、全員に提供することは少なく、多くの場合、弁当持参か給食のどちらかを選択します。全員給食であっても、カフェテリア式が多く、自分の食べる量や種類は本人任せになっている国も少なくありません。また、使用されている食材の生産過程・流通経路・栄養価などについては、給食以外の時間に、各教科で学ぶことが大前提で、給食時間は授業時間とは考えられていません。

　途上国といわれる国で提供されている給食の多くは、栄養不良の改善や中途退学を避けるための試みとして、国際機関やNGOなどが定期的もしくは不定期に提供している支援活動によるものです。

　本講で述べたように、わが国の公立の義務教育期間では、年齢に適した栄養量で考えられた献立の給食が、ほぼ毎日、安全な衛生管理のもとに調理され、全員に提供されています。また、その給食を教材として、生産・流通・文化・マナー・倫理にいたるまでの教育がなされています。

　わが国の食育（知育・体育と同等）は給食を食べる児童・生徒だけでなく、その保護者や地域の人々をも巻き込むものとして、将来の疾病予防、健康寿命の延伸につなげる意図が含まれた内容になっています。その結果、日本は現在、世界で有数の「健康大国」になっていると考えられますが、今後は学校給食を卒業した世代の健康問題にも注意が必要でしょう。

世界の給食事例

アメリカ	フィンランド	韓国

写真：DC Central Kitchen, Wikimedia Commons	写真：Vkem, Wikimedia Commons	写真：570cjk, Wikimedia Commons

第14講　給食・食育

復習問題にチャレンジ

ちゃんとわかったかな？

(兵庫県　2018年)

①次の文中（　①　）～（　⑤　）にあてはまる語句や数字を書きましょう。

アレルギー物質を含む食品に係る表示については、特定原材料の7品目の表示が法的に義務付けられている。そのうち、（　①　）、（　②　）、（　③　）、えび、かにの5品目は、症例が多いものであり、（　④　）、（　⑤　）の2品目は、症状が重篤であり生命に関わるために特に留意が必要なものである。

②「学校のアレルギー疾患に対する取り組みガイドライン要約版」（平成27年2月文部科学省　公益財団法人日本学校保健会）の一部抜粋です。空欄に当てはまる語句を答えましょう。

〔緊急時の対応〕
【準備】
・緊急時の対応の準備
・（　①　）の準備
・（　②　）の準備

【連絡】
・（　③　）の要請
・（　④　）を呼ぶ
・（　⑤　）への連絡

【記録】
・（　⑥　）を開始した時間
・（　⑦　）を使用した時間
・5分ごとの（　⑧　）
・内服薬を飲んだ時間

【その他】
・ほかの子供への対応
・救急車の誘導

③「学校給食における食物アレルギー対応指針」（平成27年3月文部科学省）の一部抜粋です。空欄に当てはまる語句を答えましょう。

＜学校給食における食物アレルギー対応の大原則（一部抜粋）＞
・食物アレルギーを有する児童生徒にも（①）を提供する。
・食物アレルギー対応委員会等により（②）に行う。
・「学校のアレルギー疾患に対する取り組みガイドライン」に基づき、医師の診断による「（③）」の提出を必須とする。
・安全性確保のため、原因食物の（④）対応を原則とする。

> 理解できたことをまとめておこう！

ノートテイキングページ

学習のヒント：①子どもの食生活上の課題にはどのようなものがあるか、わかったことをまとめてみましょう。

②①の内容を踏まえ、学校における食育の取り組みを自分なりに考えてみましょう。

第14講 給食・食育

第15講 講義のまとめ——これからの学校保健

理解のポイント

第15講では、これまで学んできた学校保健について、その充実を図るために教員が理解しておくべきことを整理します。子どもの権利や個人情報保護をはじめ、チームとしての学校など、今後めざされる学校教育の方向性や求められる教師像について考えましょう。

1 学校保健の充実を図るために

1 学校保健と子どもの人権

子どもの人権が広く認識されるようになったのは、「児童の権利に関する条約（子どもの権利条約）」*の締結などを通じて、それまで保護の対象ととらえられていた子どもに対し、権利行使の主体とする見方が提起されたことが大きく影響しています。

子どもの人権は、学校保健活動とも密接に関わっています。そのため、（公財）日本学校保健会が作成した『児童生徒の健康診断マニュアル』の平成27年度改訂版では、虐待の早期発見を目的とした留意事項や発達障害、プライバシーの保護及び個人情報の管理、色覚等について、新たな追加記載があります。各都道府県等の教育委員会も健康診断のガイドラインを作成し、実施にあたり子どもの人権を配慮するよう注意を促しています。

また、学校保健活動における健康相談の場には、さまざまな子どもの問題が持ち込まれます。その中には子どもの人権への配慮が求められるものも少なくなく、慎重な扱いが求められます。特に妊娠など性に関する問題については、子どもの自己決定権とも深く関わります。ここで注意したいのがパターナリズム*と子どもの自己決定権のバランスへの配慮です。教員による助言・指導が教師個人の価値観の押し付けになるのを避け、子ども自身が主体性を失うことのないように、子どもの自己決定権を尊重することは言うまでもありません。大久保（2013年）は、「無制限に子どもの意見に沿うのではなく子どもの能力、知識、事態の緊急性、重大性などを十分に考慮し、適切なサポートを行い「児童の最善の利益」を加味し考えていく必要がある」と指摘しています。

発育発達の途上にある子どもたちは、心身共に健康であることに加えて、生命と人権の尊厳が守られなければなりません。しかしながら、その一方でいじめ、体罰、虐待、児童ポルノ、ドラッグ、ネット犯罪をはじめとし

重要語句

「児童の権利に関する条約（子どもの権利条約）」

18歳未満を「児童」と定義。国際人権規約で定められている権利を児童に展開し、児童の人権の尊重および確保の観点から必要な事項を規定したもの。1989年の第44回国連総会で採択され、1990年に発効、日本は1994年に批准した。

語句説明

パターナリズム

強い立場にある者あるいは知識・経験などで勝っている者が、弱い立場にある者に対し、その利益の判断を代行すること。あるいは後者の意思に反し、その行動に介入・干渉すること。

図表15-1 教師が理解しておくべき子どもの権利

条	内容	子どもの権利
1条	子どもの定義	18際未満をいう
2条	差別の禁止	格差是正、権利確保
3条	最善の利益	判断の最優先権
6条	成長・発達権	生命尊重、生存権
12条	意見表明権	自己の意見を言う権利
13条	表現の自由	情報・口頭・芸術表現
14条	思想・良心・宗教の自由	子どもがもつ権利
15条	結社・集会の自由	子どもがもつ権利
16条	プライバシー・名誉	子どもの名誉と信頼
17条	情報資料にアクセス	健康と発達の情報収集
19条	虐待・暴力の禁止、保護	司法、措置、保護制度
23条	精神的身体的障害児童のQOL	自立・発達の促進、尊厳と社会的参加
24条	健康・医療の権利	最高水準の健康と医療
26条	社会保障の給付	社会保険・保障の実現
28条	教育の権利	機会均等、生きる力
29条	教育の目的	人権・人格・最大限の発達
31条	休暇、余暇、遊び	レクリエーション活動の保障
33条	麻薬、向精神薬禁止	取締、措置、防止教育
34条	性的搾取、虐待防止	取締、措置、防止教育
35条	誘拐、売買取引禁止	取締、措置、防止教育

教員養成系大学保健協議会（編）『学校保健ハンドブック』ぎょうせい、2016年より抜粋

て、子どもたちが被害者になり、人としての尊厳を侵害される事件等も後を絶ちません。社会問題として深刻化しているこうした現状に対し、鎌田（2016年）は、「子どもには一人一人が固有のHuman/Child Rightsをもって正しい愛に育まれ、大人になるための『育つ権利』『教育を受ける権利』『最善の利益・守られる権利』『意見表明、表現、思想、結社の自由と権利』等が使えることを教えられる必要がある」と述べています（図表15-1）。そのためにも教員は「子どもの権利」をしっかりと理解し、教育に当たることが重要であると指摘しています。

2　インクルーシブ教育

「障害者権利条約」締結に向けて関係国内法の整備が進められ、2011（平成23）年に「障害者基本法」の改正、2012（平成24）年には「障害者総合支援法」の成立、「障害を理由とする差別の解消の促進に関する法律（障害者差別解消法）」等の障害者制度改革がされました。

障害のある幼児児童生徒の自立と社会参加を目指した取組を含め、学校教育は共生社会*の形成に向けて重要な役割を果たすことから、発達障害者への支援等が進められています。共生社会の形成に向けたインクルーシブ教育*システムの構築のための特別支援教育の推進について、その基本的考え方が学校教育関係者をはじめ国民全体に共有されることが目指されています。国公立学校においては「合理的配慮」の提供が義務づけられて

重要語句

共生社会

これまで必ずしも十分に社会参加できるような環境になかった障害者等が、積極的に参加・貢献していくことができる全員参加型の社会のこと。

重要語句

インクルーシブ教育

障害のある者と障害のない者が、可能な限りともに学ぶしくみ。

図表15-2 児童虐待の分類

児童虐待の分類	内容
身体的虐待	児童の身体に外傷が生じ、または生じるおそれのある暴行を加えること
性的虐待	児童にわいせつな行為をすることまたは児童をしてわいせつな行為をさせること
監護怠慢・ネグレクト	児童の心身の正常な発達を妨げるような著しい減食または長時間の放置、その他の保護者としての監護を著しく怠ること
心理的虐待	児童に著しい心理的外傷を与える言動を行うこと

文部科学省研修教材「児童虐待防止と学校」2006年をもとに作成

> **語句説明**
> **ユニバーサルデザイン**
> 障害の有無、年齢、性別、人種等にかかわらず多様な人々が利用しやすいように環境をデザインする考え方。

> **重要語句**
> **デジタル教科書**
> デジタル教科書を正式な教科書に位置づける法案（「学校教育法等の一部を改正する法律案」）が2018（平成30）年5月25日に成立。平成31年4月1日の施行を予定している。

おり、基礎的環境整備の充実を図っていくことが課題とされています。

ユニバーサルデザイン*の充実やデジタル教科書*を正式な教科書に位置付けるための制度化は、学校生活や障害などにより教科書を使用して学習することが困難な児童生徒の学習上の支援にも繋がります。今後は共生社会の形成に向けて、一人ひとりの障害の状態や教育的ニーズだけでなく、合意形成を図った上で合理的配慮の内容を決定し、指導や支援にあたっていくことになります。

3 児童虐待

虐待は学校における健康診断や日常の健康観察、健康相談の機会等を通して発見されることもあります。そのため、教職員は栄養状態や発達の遅れ、成長曲線の経年比較からネグレクトの徴候の有無、不自然な打撲痕をはじめとした傷跡、内出血や骨折、やけど等から子どもの様子を把握し、虐待の危険性も踏まえて子どもを注視していくことが重要です。

児童虐待は、教職員が最も注意を払うべき子どもに対する人権侵害の一つです。2000（平成12）年には「児童虐待の防止等に関する法律（児童虐待防止法）」（2017年6月21日最終改正）が定められ、児童虐待の防止は法的に担保されています。この法律でいう「児童虐待」とは、保護者（親権を行う者、未成年後見人その他の者で、児童を現に監護する者をいう）が、その監護する児童（18歳に満たない者）に対して行う図表15-2のような行為をいいます。同法により「児童の福祉に職務上関係のある者は、児童虐待を発見しやすい立場にあることを自覚し、児童虐待の早期発見に努めなければならない」（第5条）ことが法的に定められました。そして学校に対しても、虐待を受けたと思われる児童を発見した際、「速やかに、これを市町村、都道府県の設置する福祉事務所若しくは児童相談所（中略）に通告しなければならない」（第6条）と義務づけています（ここでの「通告」は守秘義務に妨げられません）。

その他、地方公共団体等の講ずべき措置として、学校の教職員等に対する研修等の責務（第4条）や虐待を受けた子どもに対する教育内容・方法の改善・充実の義務（第13条の2）についても定められています。

> **プラスワン**
> 「児童虐待防止法」第5条
> ①児童虐待の早期発見、②虐待を受けた子どもの保護・自立支援に関し、関係機関への協力、③虐待防止のための子どもや保護者への教育又は啓発に努める、ことを児童福祉に職務上関係のある者の努力義務としている。
> →第1講参照

図表15-3 健康診断における児童虐待発見のポイント

健康診断の項目	児童虐待早期発見の視点
身体計測	発育不良
皮膚	不潔な皮膚、不自然な傷、あざ、火傷、骨折の既往など
眼科検診（視力検査）	外傷の放置、心因性視力低下など
耳鼻科検査（聴力検査）	外傷の放置、心因性難聴など
歯科検診	重症の齲歯、歯の萌出の遅れ、口腔内の不衛生、口腔内の外傷（歯の破片、粘膜の損傷など）
内科検診	不自然な傷・あざ、着脱を嫌がる、診察を異常に怖がるなど
事後措置状況	精密検査や再三の受診勧告に応じないなど

注：ただし、上記行動や症状があっても必ずしも虐待があるとは限らない。（筆者作成）

【虐待を受けていると思われる児童がいる場合の基本的留意事項】
①迅速な対応と子どもの安全の確保
②組織的な対応
③関係機関との連携による援助
④家族の構造的問題としての把握

多くの子どもたちが一日のほとんどの活動時間を過ごす学校においては、教職員が子どもの人権擁護にかかる事項について万全の注意を払うことが重要です。教職員が認識を高めておくことはもちろんのこと、子どもに対しては、学校では自分が安全であること、自分の命が守られることを実感として知らせることも肝要です。子どもが安心することで、様々な情報を大人に知らせてくれるようになり、早期発見、適切な早期対応へと繋がることもあります。守ってくれる大人がいるということを学ぶ、虐待の負の連鎖を断ち切ることやいのちの教育の実践にもなります。子どもが抱えているさまざまな問題の解決へと結びつけていくことが重要です。

4 性的マイノリティー

性同一性障害*や性的指向*に関しては、社会のなかで偏見や差別を受けることがあるとの指摘があり（法務省人権擁護局、2018年）、学校においても課題とされています。

アメリカでは、国民の20人に1人はLGBT*であることが推定され（日高、2015年）、他の研究においてもLGBTは人口の3～5％程度存在すると見積もられていると報告されています。日本においても国民の5％がLGBTと推定されており、クラスの1～2人にいずれかのセクシュアルマイノリティの子どもたちがいると指摘しています。

文部科学省は2010（平成22）年に「児童生徒が抱える問題に対しての教育相談の徹底について」を発出し、性同一性障害にかかる児童・生徒等の心情等に十分配慮した対応を要請しています。2014（平成26）年には全国の学校における対応について状況調査を行い、その結果、606件の報告を受け、さまざまな配慮の実例を確認しました（図表15-4）。この調

> **プラスワン**
>
> **家族の構造的問題としての把握**
>
> 児童虐待が起こる要因として、地域・家庭の養育機能の低下、家庭内トラブル、社会的孤立、過度の育児ストレスを親が抱えている、親自身や虐待経験がある、等があげられる。

> **重要語句**
>
> **性同一性障害**
>
> 生物学的な性と、性別に関する自己意識（性自認）が一致しないため、社会生活に支障がある状態のこと。世界保健機関（WHO）が2018（平成30）年6月18日に公表した「国際疾病分類」の最新版では、性同一性障害が「精神疾患」から外れ、「性保健健康関連の病態」という分類に入った。名称も変更され、厚生労働省は「性別不合」との仮訳を示し、3年ほどかけて正式な和訳を検討するとしている。
>
> **性的指向**
>
> 恋愛対象が誰であるかを示す概念。

> プラスワン

「自殺総合対策大綱」

性的マイノリティーは自殺念慮の割合等が高いことが指摘され、無理解や偏見等がその背景にある社会的要因の一つととらえ、教職員の理解を促進するとしている。

> 重要語句

LGBT

Lはレズビアン（女性の同性愛者）、Gはゲイ（男性の同性愛者）、Bはバイセクシュアル（両性愛者）、Tはトランスジェンダー（生まれたときの法的・社会的性別とは違う性別で生きる人、生きたいと望む人）のこと。

> プラスワン

SOGI

Sexual Orientation（性的指向）とGender Identity（性自認）の英語の頭文字をとった「SOGI」との表現もある。

> 重要語句

日本語指導が必要な日本国籍の児童生徒

帰国児童・生徒のほかに、日本国籍を含む重国籍の場合や、保護者の国際結婚により家庭内言語が日本語以外である者などが含まれる。

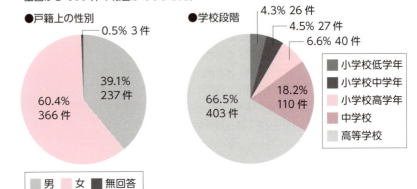

図表15-4　学校における性同一性障害にかかる対応数

学校における性同一性障害に係る対応に関する状況調査の結果、全国から606件の報告がありました。

●戸籍上の性別
- 0.5% 3件
- 39.1% 237件
- 60.4% 366件

●学校段階
- 小学校低学年 4.3% 26件
- 小学校中学年 4.5% 27件
- 小学校高学年 6.6% 40件
- 中学校 18.2% 110件
- 高等学校 66.5% 403件

■男　■女　■無回答

文部科学省『性同一性障害や性的指向・性自認に係る、児童生徒に対するきめ細かな対応の実施等について（教職員向け）』2015年をもとに作成

査を通し、不安や悩みを受け止める必要性は性同一性障害にかかる児童・生徒だけでなく、いわゆる性的マイノリティーとされる児童・生徒全般にも共通することが指摘されました。

　文部科学省は「自殺総合対策大綱」（2012年8月28日閣議決定）を踏まえ、教職員の適切な理解を促進する必要性を打ち出しています。2015（平成27）年4月30日には「性同一性障害に係る児童生徒に対するきめ細かな対応の実施等について」を通知して、支援方法や相談体制の方向性を明らかにしました。

　学校保健の活動はこれらの課題と密接に繋がっており、解決の糸口には、まず教職員がLGBTについて十分に理解を深めることが重要です。そのために文部科学省は、教職員向けのマニュアル（「性同一性障害や性的指向・性自認に係る、児童生徒に対するきめ細かな対応等の実施について（教職員向け）」）を作成しています。本人や家族の意思を尊重したうえで、教職員や地域はもちろん、必要に応じて関係機関等と連携しながらLGBTへの共通理解を醸成し、児童生徒等に対しても保健教育等を通して学習を重ねていくことが肝要です。体育や水泳などの授業参加の方法の工夫、健康診断やトイレなど保健管理の場面における適切な配慮、本人や家族の意思をふまえた校内における支援や相談体制の構築、必要に応じて外部機関との連携を進めるなどのきめ細かな対応が求められています（図表15-5）。

5　外国とつながりのある子ども

　近年、外国籍の児童生徒が増加傾向にあり、言葉や文化、生活習慣等への様々な配慮が求められています。こうした子どもたちが、安心安全な学校環境の中で元気に活動し、健やかに成長していく上でも学校保健活動は大きな役割を担います。

　文部科学省は1991（平成3）年度から日本語指導が必要な児童・生徒の教育の改善充実に資するために、公立小・中・高等学校等におけるこれ

図表15-5　学校生活の各場面での支援の事例

項　目	学校における支援の事例
服装	自認する性別の制服・衣服や、体操着の着用を認める
髪型	標準より長い髪型を一定の範囲で認める（戸籍上男性）
更衣室	保健室・多目的トイレ等の利用を認める
トイレ	職員トイレ・多目的トイレの利用を認める
呼称の工夫	校内文書（通知表を含む）を児童・生徒が希望する呼称で記す 自認する性別として名簿上扱う
授業	体育または保健体育において別メニューを設定する
水泳	上半身が隠れる水着の着用を認める（戸籍上男性） 補習として別日に実施、またはレポート提出で代替する
運動部の活動	自認する性別にかかる活動への参加を認める
修学旅行等	1人部屋の使用を認める 入浴時間をずらす

文部科学省「性同一性障害に係る児童生徒に対するきめ細かな対応の実施等について」2015年をもとに作成

らの児童・生徒の受け入れ状況等について調査（「日本語指導が必要な児童生徒の受入状況等に関する調査の結果について」）を行っています。日本の教育システムにも不慣れな場合が多いことから、健康診断等の学校保健活動についてわかりやすく説明したり、クラスの子どもたちに対しても文化的背景や配慮の仕方を伝えておくなどして、互いに尊重し受容できるような関係づくりを支援することが求められています。特に日本で育つ外国籍の児童・生徒にはアイデンティティの問題もあります。管理職や教職員、日本語指導教員との連携はもちろんのこと、地域やボランティア、教育委員会、保護者と連携しながら支援することが重要です。

6　個人情報

児童・生徒はさまざまな環境下で生活しており、プライバシー（または「秘密」）に関わる事項を扱う際は十分に留意することが肝要です。個人情報の中でまだ公には知られていない私的な事項はプライバシーとよばれていますが、これをみだりに公開されない権利もまた、「日本国憲法」の幸福追求権により保障されます。そのため個人情報の扱いについては、しっかり学校内で決めておく必要があります。

「個人情報の保護に関する法律（個人情報保護法）」*の施行に伴い、文部科学省は、児童・生徒等の個人情報を扱う機会の多い学校に対し「学校における生徒等に関する個人情報の適正な取扱いを確保するために事業者が講ずべき措置に関する指針」（2004年）で必要な事項を明確に示しています。元来、公立学校の教職員には、子どものさまざまな情報に関して「地方公務員法」や「国家公務員法」で守秘義務が課せられていますので、上記指針のほかにも地方公共団体が制定する条例等の措置に留意するように喚起しています（「学校における生徒等に関する個人情報の適正な取扱いを確保するために事業者が講ずべき措置に関する指針」解説、文部科学省、2005年1月）。

プラスワン

「日本語指導が必要な児童生徒の受入状況等に関する調査の結果について」

2016（平成28）年度の調査結果では、日本語指導が必要な外国籍の児童・生徒は3万4,335人（前年度2万9,198人）で、日本語指導が必要な日本国籍の児童・生徒*は9,612人（前年度7,897人）の計4万3947人。このうち海外からの帰国児童・生徒は2,396人（前年度1,535人）で、全体の24.9％（19.4％）を占めている。

プラスワン

プライバシー

個人情報は生存者に限定されるが、プライバシーは故人も含む。

重要語句

「個人情報の保護に関する法律（個人情報保護法）」

個人情報を扱う事業者の情報管理について定めた法律。2003（平成15）年成立、2018（平成30）年改正。同法では学校も個人情報取扱事業者として位置づけられている。

> **プラスワン**
>
> **個人情報の扱い**
> 情報の収集、保管、利用、廃棄の各段階における利用目的の特定、本人（または保護者）の同意の取得、第三者への提供に際しての本人（または保護者）の同意の取得、物理的・人的管理体制や情報の正確性・最新性の確保、本人（または保護者）からの開示・訂正・利用停止・削除要求への対応、破棄の具体的方法等がある

また、2012（平成24）年に文部科学省は「文部科学省所轄事業分野における個人情報保護に関するガイドライン」を発出し、個人情報の取扱いに対する厳重な姿勢を求めています。特に学校保健活動は、健康診断や健康相談など個人情報と密接に関わる事項を含みますので、教職員は個人情報の管理とその保護に十分に留意して業務を遂行することが重要です。

7 その他

上記の他にも学校には医療的ケア、震災被災、心的外傷後ストレス障害（PTSD）、貧困など、さまざまな課題を抱える子どもたちが在籍しています。学校保健活動はこれらを十分に考慮しつつ進めていくことが重要です。

2 「チームとしての学校」の実現をめざして

1 チームとしての学校

これまでみてきたように、社会や経済の変化に伴い、学校においても児童生徒を取り巻く状況が変化し、課題も複雑化・多様化し、学校や教員だけでは十分に解決できない課題も増え困難化しています。こうした中で中央教育審議会から2015（平成27）年12月21日に「チームとしての学校の在り方と今後の改善方策について（答申）」（以下、答申）が発出され、新しい学校の在り方が示されました（図表15-6）。

この答申では、問題を解決し、児童生徒に必要な資質・能力を育んでいくためには、個々の教員が個別に教育活動を行うのではなく、学校が組織として取り組む必要があるとしています。その実現に向けて①専門性に基づくチーム体制の構築、②学校のマネジメント機能の強化、③教職員一人一人が力を発揮できる環境の整備の3つの視点を打ち出しています。

学校保健に関連するところでは、いじめ、特別支援教育、帰国・外国人児童生徒等の増加、子どもの貧困等に対応した教職員定数の拡充など教職員の指導体制の充実、家庭や地域、関係機関等とのより一層の連携・協働ための地域との連携体制の整備があります。心理や福祉の専門スタッフを学校の職員として法令によって位置付け、職務内容を明確化して質の確保と配置の充実を図ることや、医療的ケアが必要な児童生徒の増加への対応として、医療的ケアを行う看護師等の配置の促進なども要としています。教育活動をより充実したものとするために、専門スタッフと連携・分担して教員の負担を軽減すると共に、より専門的な支援が出来るようになることが目指されています。

また、学校保健活動の中心となる保健室を経営し、教諭とは異なる専門性に基づき児童生徒に対し健康面や生徒指導面で大きな役割を果たしている養護教諭は、専門家や専門機関との連携のコーディネーター的な役割や関係職員の連携体制の中核を担っています。そのため、文部科学省は「**チームとしての学校**」を実現する具体的方策として、2017（平成29）年3月

「現代的健康課題を抱える子供たちへの支援～養護教諭の役割を中心として」において、児童生徒の健康課題解決に向けて、養護教諭に期待される役割や全ての教職員が学校医、SC、SSW等の専門スタッフとも連携した取り組みについて具体的方針を明確に示しました。ここでの基本的考え方は、児童生徒が生涯にわたって健康な生活を送るために教職員や家庭・地域と連携しつつ、日常的に行う「心身の健康に関する知識・技能」「自己有用感・自己肯定感（自尊感情）」「自ら意思決定・行動選択する力」「他者と関わる力」を育成することにあります。

「チームとしての学校」を実現する上で健康問題への対応の中核となる養護教諭は、各養成機関、教育委員会等に置いて体系的・計画的な養成・採用・研修により資質向上を図ることが求められています。

2 保健教育の充実

児童生徒の心身の健康問題の多様化・深刻化に伴い、個別の保健指導がより重要性を増しています。学校保健安全法の一部改正（2009年4月1日施行）により、養護教諭その他の職員は、児童生徒の健康課題に対し相互に連携し必要な指導を行うとして、保健指導の重要性が明確に位置づけられました。心の健康、喫煙・飲酒・薬物乱用防止教育、性に関する問題、歯・口の健康づくり、望ましい生活習慣、がん教育など、保健教育の充実が求められています。

2016（平成28）年の中央教育審議会答申「幼稚園、小学校、中学校、高等学校及び特別支援学校の学習指導要領等の改善及び必要な方策等について」では、健康・安全・食に関する資質・能力について、教科等横断的な視点で育むことができるよう、教科等間相互の連携を図っていくことが示されました。学校保健計画や学校安全計画、食に関する指導の全体計画についても、資質・能力に関する整理を踏まえて作成・評価・改善し、地域や家庭とも連携・協働した実施体制を確保していくとしています。そして、注釈として「従来、教科等を中心とした「安全学習」「保健学習」と特別活動等による「安全指導」「保健指導」に分類されている構造については、資質・能力の育成と、教育課程全体における教科等の役割を踏まえた再整理が求められている」と指摘されました。これを受けて、学習指導要領等で教科等を分類する用語である「保健学習」「保健指導」の用語を用いた分類は使用せず、教職員や国民が理解できる教科等の名称で説明することが求められるようになりました。そのため、今後は「保健教育」として示すように訂正されていく方向にあります（安全も同様）。

学校での保健教育は関連教科や総合的な学習の時間、特別活動などにおいて、それぞれの特質に応じて適切に行うことと示されています。指導にあたっては、児童生徒の発達段階を考慮し、指導計画に基づき共通理解を図って取り組むこと、教科等横断的な視点で連携を図っていくことが重要です。保健教育をより一層充実させるためには、自他の健康に関心を持たせ、指導方法の工夫、学級担任や教科担任の連携、養護教諭や学校医等の専門的な知識や技能などを保健教育に活用する等、より効果的な指導を行

2017（平成29）年3月に「栄養教諭を中核としたこれからの学校の食育～チーム学校で取り組む食育推進のPDCA～」も策定されました。

図表15-6 チームとしての学校像（イメージ図）

	従来	現在	チームとしての学校
	・自己完結型の学校 鍋ぶた型、内向きな学校構造 （「学年・学級王国」を形成し、 教員間の連携も少ない などの批判）	・学校教職員に占める教員以外の専門スタッフの比率が国際的に見て低い構造で、複雑化・多様化する課題が教員に集中し、授業等の教育指導に専念しづらい状況 ・主として教員のみを管理することを想定したマネジメント	・多様な専門人材が責任を伴って学校に参画し、教員はより教育指導や生徒指導に注力 ・学校のマネジメントが組織的に行われる体制 ・チームとしての学校と地域の連携・協働を強化
	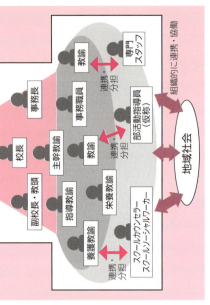	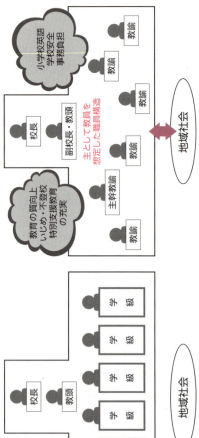	

（注）「従来」「現在」の学校に係る記述は、学校に対するステレオタイプ的な批判等を表しているものであり、具体の学校、あるいは、全ての学校を念頭において記述しているものではない。

（注）地域社会の構成員として、保護者や地域住民等の学校関係者や、警察、消防、保健所、児童相談所等の関係機関、青少年団体、スポーツ団体、経済団体、福祉団体等の各種団体などが想定される。

授業	・教員による一方的な授業への偏重	・変化する社会の中で、新しい時代に必要な資質・能力を身に付ける必要	・アクティブ・ラーニングの視点からの不断の授業改善
教員の業務	・学習指導、生徒指導等が中心	・学習指導、生徒指導等に加え、複雑化・多様化する課題が教員に集中し、授業等の教育指導に専念しづらい状況	・専門スタッフ等との協働により複雑化・多様化する課題に対応しつつ、教員は教育指導により専念
学校組織 運営体制	・鍋ぶた型の教職員構造 ・担任が「学年・学級王国」を形成	・主幹教諭の導入等の工夫 ・学校教職員に占める教員以外の専門スタッフの比率が国際的に見て低い構造	・カリキュラム・マネジメントを推進 ・多様な専門スタッフに責任を持って学校組織に参画して校務を運営
管理職像	・教員の延長線上としての校長	・主として教員のみを管理することを想定したマネジメント	・多様な専門スタッフを含めた学校組織全体を効果的に運営するためのマネジメントが必要
地域との連携	・地域に対して閉鎖的な学校	・地域に開かれた学校の推進	・コミュニティ・スクールの仕組みを活用 ・チームとしての学校と地域の連携体制を整備

中央教育審議会「チームとしての学校の在り方と今後の改善方策について（答申）」2015年をもとに作成

図表15-7 「保健教育」のイメージ図

保健教育	関連教科	体育科（保健領域）、保健体育科（体育分野、科目保健）
		生活科、理科、家庭科、技術・家庭科、道徳科等
	総合的な学習の時間	
	特別活動	学級活動・ホームルーム活動
		学校行事
		児童会活動・生徒会活動・クラブ活動
	保健室における個別指導や日常の学校生活での指導	

注：保健教育の「保健室における個別指導や日常の学校生活での指導」と対人管理における「保健指導」は厳密に区別できないことから、保健教育・対人管理にそれぞれに記載、また対人管理には新たに「生活習慣の形成」を追加する方向で検討されている（※平成31年2月現在）。

うことが必要とされています。

3 社会構造の変化と学校保健

超スマート社会（Society5.0）*の到来、グローバル化や人口減少など社会構造は急激に変化しており、今後教育を取り巻く環境は大きく変化していくことが考えられます。教員の経験や勘で踏んできたところはデーターによりAI（人工知能）が出来るようになり、教員がどこまで必要かその在り方についても進行中です。AI、ビックデータ、IoT（Internet of Things）、ロボティクス等の先端技術が高度化して社会の在り方そのものが劇的に変わることが示唆されており、これまでの社会や学校の学びの見方も変わることが指摘されています。

予測困難な社会の変化の中で子ども達をとりまく環境も大きく変わり、子どもの健康課題も変化していく事が考えられます。これからの学校保健は「時代を超えて変わらない価値あるもの」（不易）を大切にしつつ、「時代の変化とともに変えていく必要があるもの」（流行）に的確かつ迅速に対応しながら、その充実を図ることが求められています。

重要語句

超スマート社会（Society5.0）

人工知能（AI）、ビックデータ、IoT（Internet of Things）、ロボティクス等の先端技術が高度化してあらゆる産業や社会生活に取り入れられ、社会の在り方そのものが非連続的と言えるほど劇的に変わることを示唆する第5期科学技術基本計画で提唱された社会の姿。

ディスカッションしてみよう！

チームとしての学校像（図表15-6）の図をもとに、次の事例に対する効果的な活用を考えてみましょう。
課題①：健康診断で、う歯（虫歯）が見つかった（経済的に厳しく治療が困難）。
課題②：食物アレルギーがある（給食を心配している）。

たとえば・・・

> 復習や発展的な理解のために
>
> **知っておくと役立つ話**

子どもの貧困の現状とその困難

　みなさんは、日本の「貧困率」がどのくらいか知っていますか。「平成28年 国民生活基礎調査の概況」（厚生労働省、2017年）では、2015（平成27）年時点で日本全体の貧困率は15.6％、子どもの貧困率は13.9％と報告されています。そして、ひとり親世帯の子どもに限れば、その割合は50.8％まではね上がります。このような数値からわかるように、現代日本において貧困状態にある子どもはけっして少なくありません。

　上記の数値は、より正確には「相対的貧困率」と呼ばれています。相対的貧困率とは、1年間の所得が一定基準以下の世帯に属する個人が全体に占める割合のことです。この基準は「貧困線」と呼ばれ、上記の調査では単身世帯の場合122万円、2人世帯では約173万円、3人世帯では約211万円となっています。

　貧困の定義や算出方法、基準についてはさまざまな議論がありますが、相対的貧困率を算出するメリットは、貧困状態にある人々の割合を経年比較や国際比較できる点にあります。たとえば『子どもの貧困Ⅱ』（阿部彩、岩波書店、2014年）によれば、日本の子どもの貧困率は先進35カ国中9番目に高く、特にひとり親世帯の貧困率はOECD諸国のなかで最も高くなっています。このように数値で示すことで、日本が他国と比べてどのような状況にあるかを知ることができるのです。

　では、貧困状態にある子どもはどのような困難を抱えているのでしょうか。まず、十分な食事を摂ることができなかったり、病気や虫歯であっても病院を受診できなかったりすることが考えられます。また、義務教育の小・中学校では、授業料や教科書が無償であったとしても、筆記用具や体操服、給食費、部活動にかかる費用など、保護者の出費は少なくありません。そのような費用を支払えずに、学校生活の多くの場面で活動が制限される可能性もあります。

　家庭が貧困状態にあるということは、子どもが育つうえで重要な文化的資源となる余暇活動や学習環境を十分に整えられないことにもつながります。日本の場合、長時間働いているにもかかわらず、低賃金であるために貧困状態にあるという人（ワーキングプア）が少なくありません。そうした家庭では、親が仕事と家事に追われており、親と子どもが関わる時間が失われる傾向にあります。このように、貧困状態にある子どもは、経済的な欠乏を中心として、健康、文化、社会関係などさまざまな次元に課題を抱えることになります。いいかえれば、それは、憲法25条で保障されているはずの「健康で文化的な最低限度の生活を営む権利」を剥奪された状態といえるでしょう。

　マスメディアなどではあまり触れられませんが、虐待や不登校、非行といった問題の背景には貧困が横たわっていることが少なくありません。むしろ、貧困が関わっていることのほうが多いとさえいえるでしょう。他方で、子どもは教師や同級生に貧困であることを知られないように振る舞うために、子どもの貧困は「見えにくい」問題でもあります。残念ながら現在の日本の学校では、子どもの貧困を発見するシステムがまだ十分に整えられていません。そのようななかで保健室は、それを発見する重要な場となっています。

ちゃんとわかったかな？
復習問題にチャレンジ

（大阪府　2017年）

> 次は児童虐待防止等に関する法律の条文です。下線部A〜Dの語句のうち、誤っているもののみをすべて挙げているものはどれでしょうか。1〜5から一つ選びましょう。

第五条　学校、児童福祉施設、病院その他児童の福祉に業務上関係のある団体及び学校の教職員、児童福祉施設の職員、医師、保健師、弁護士その他児童の福祉に職務上関係のある者は、児童虐待を_A未然防止しやすい立場にあることを自覚し、児童虐待の_B早期発見に努めなければならない。

2　前項に規定する者は、児童虐待の予防その他の児童虐待の防止並びに児童虐待を受けた児童の_C保護及び_D生活環境の改善に関する国及び地方公共団体の施策に協力するよう努めなければならない。

3　学校及び児童福祉施設は、児童及び保護者に対して、児童虐待の防止のための教育又は啓発に努めなければならない。

1　A B　　2　A C　　3　A D　　4　B C　　5　B D

第15講　講義のまとめ——これからの学校保健

理解できたことをまとめておこう！
ノートテイキングページ

学習のヒント：現代の子どもが抱える問題について、わかったことをまとめ、学校がチームとして問題に取り組むうえで必要なことを考えてみましょう。

復習問題の解答

第1講（→19ページ）

①

解答 ①保健教育　②保健管理　③組織

解説 学校保健の3領域と内容について述べたものである。保健教育には体育科及び保健体育科を中心とした関連教科や総合的な学習の時間、特別活動、個別の保健指導などがあり、保健管理には心身・生活の管理の対人管理、学校環境の対物管理がある。学校保健委員会等は組織活動に含まれる。

②

解答　ア　調整　　イ　学校保健計画　　ウ　組織活動　　エ　管理　　オ　充て職
　　　　カ　学校保健活動　　キ　指導・助言　　ク　資質

解説 保健主事の具体的な職務や学校保健計画等については、文部科学省「保健主事のための実務ハンドブック」（平成22年3月）に詳細が記載されているので確認しておきたい。

第2講（→29ページ）

解答（例）

1. 学校保健活動の内容が極めて多岐にわたり、多くの人々の協力を得ながら展開される活動であるため
2. 学校における保健に関する課題解決や児童生徒等の健康づくりのための研究協議を行う／児童生徒の自主性・実践性を高め、保護者の保健意識、地域の健康に対する認識を深める／学校保健活動の推進／校内協力体制の整備を図る
3. 校長、教頭、保健主事、養護教諭、学校医、学校歯科医、学校薬剤師、保護者代表、地域保健関係者代表、児童生徒の代表など
4. 実践の手立てがイメージできるものにする／実情に即したものにする／参加者が興味を持つ議題を選定する／自校の課題を探り、できるだけ具体的な課題に絞る
5. 学校保健計画に関する事項／定期健康診断の実施及び結果の事後措置に関する事項／保護者の啓発と養育態度の変容を促す事項

解説 学校保健委員会は、学校における健康の問題を研究協議し、健康づくりを推進する組織である。様々な健康問題に対処するため、家庭、地域等の教育力を充実する観点から、学校と家庭、地域を結ぶ組織として学校保健活動の中心として機能させることが重要である。連携により効果的な保健活動に繋がるよう、活性化を図っていくために、保健主事が人、設備・用具、経費、情報などの各要素を調達・活用し、企画力、リーダーシップを発揮することが期待される。

第3講（→42ページ）

①

解答　1　①健康診断　②環境衛生検査　③計画　④通学　⑤研修　⑥対処要領
　　　　2　①教育目標　②組織

解説　1「学校保健安全法」は重要であり、頻出であるため、条文はほとんど暗記しておく必要がある。特に健康相談の実施者の拡大、「学校保健計画」と「学校安全計画」を独立させて策定することとなった点、安全に関する条文等追加された部分はしっかり把握しておきたい。③～⑤（第27条）の学校安全計画については、2017年度から2021年度の5年間における施策の基本的方向と具体的な方策が「第2次学校安全の推進に関する計画」（平成29年3月24日閣議決定）で示されているので、確認しておくとよい。

②

解答　1　○　2　×　3　○　4　×　5　×

解説 学校保健計画作成の中心的役割は保健主事が担う。学校保健計画で計画すべき事項については「学校保健安全法」第5条において「児童生徒等及び職員の健康診断」、「環境衛生検査」、「児童生徒等に対する指

導」、「その他保健に関する事項」と例示されている。

第4講（→57ページ）

解答 ア

解説 現行「学習指導要領」の総則では、体育・健康に関する指導として、健康・安全で活力ある生活を送るための基礎が培われるよう配慮しなければならないとしている。新「学習指導要領」については文部科学省のホームページで公開されているので、食育と併せて把握しておきたい。

第5講（→68ページ）

①

解答 ①解決 ②実践的 ③教育活動全体 ④学校行事 ⑤発達段階 ⑥実態

解説 個別の保健指導は保健室や教室で随時実施される。集団の保健指導は「学習指導要領」に位置付けられており、学校の実態に応じて発達段階を考慮し、教育活動全体を通して、計画的に行われる。

②

解答 ①セルフエスティーム ②意思決定 ③ライフスキル ④危険行動 ⑤知識 ⑥行動選択

解説 喫煙、飲酒、薬物乱用防止教育は、その一次予防として、児童生徒が、依存性薬物を使用するきっかけそのものを除く、きっかけとなる誘因を避ける、あるいは拒絶することができるようになることを目標に健康教育や生徒指導として学校の教育活動全体を通じて行われる（主に保健教育や養護教諭による指導など）。ライフスキルにはセルフエスティーム形成、意思決定、ストレス対処、コミュニケーションスキルなどが含まれるが、これらが低い子どもたちが、特にこうした危険行動を取りやすいことから、学校教育においてライフスキル教育の実践が求められている。

第6講（→82ページ）

①

解答 ア 体　イ 行動　ウ 対人
（特別支援学校における健康観察項目を作成するにあたり重要なこと）障がい等の特性を踏まえた項目を加えること／子どもの実態に応じて作成すること

解説 3つのサインの現れ方は、発達段階によって変化することを考慮する。特別支援学校においては子どもの障害等の特性が異なる為、それぞれの特性や実態を把握した上で作成する必要がある

②

解答 5

解説 「学校教育法」第12条で、幼児、児童、生徒及び学生並びに職員の健康診断の健康の保持増進を図るため、健康相談を行い、その他その保健に必要な措置を講じなければならないと規定している。「学校保健安全法」では健康診断に関することを第11～17条で明示している。「学校保健安全法施行規則」の一部改訂（平成28年4月施行）により、検査項目等が一部変更された。

③

解答 ①保護者 ②予防処置 ③予防接種 ④学習 ⑤特別支援学級 ⑥休止 ⑦修学旅行 ⑧学級 ⑨保健指導

解説 「学校保健安全法施行規則」第9条に事後措置についての規定がある。児童生徒健康診断票（一般）においては「学校医所見・月日」欄に、同条の規定によって学校において取るべき事後措置に関連して学校医が必要と認める所見を記入押印し、押印した月日を「事後措置」欄に、同条の規定によって学校において取るべき事後措置を具体的に記入する。

第7講（→95ページ）

解答 ア 心身　イ 観察　ウ 遅滞　エ 指導　オ 保護者　カ 助言　キ 医療

解説 「学校保健安全法」第9条は採用試験で頻出である。本法の一部改正により、新たに「保健指導」が加わり、現在学校で行われている保健指導が法律上明記された。学校においては、養護教諭を中心に担任等関係職員が連携し、健康相談や日常の健康観察により子どもたちの心身の健康状態を把握し組織的な保健指導をすることが求められている。本改正では、学校において救急処置や健康相談、保健指導を行う際には必要に応じて地域の医療機関等との連携を図るように努めるものとしたことも新たに盛り込まれた。

第8講（→112ページ）

①

解答 5

解説 「学校保健安全法」第19条には校長による出席停止、第20条では学校の設置者による臨時休業が規定されている。学校において予防すべき感染症の種類や出席停止期間の基準については、「学校保健安全法施行規則」に定められている。教育活動を円滑に行う上で感染症予防・対策は必須であるので、各法令を熟知しておきたい。

②

解答　(1) 1月26日
　　　　(2) ア 空気　イ 1　ウ 予防接種法　エ カタル期　オ コプリック斑　カ ○

解説 学校において予防すべき感染症の出席停止期間の算定の考え方は、「○○した後△を経過するまで」とある場合には、「○○」という現象がみられた日の翌日を第1日として算定する。この場合、治療を受けて解熱した1月22日から2日（23日、24日）を経過する日は1月25日となり、かつ、1月20日に発熱し、翌日のインフルエンザと診断された1月21日～5日間（21～25日）を経過した1月26日まで登校することが出来ない、ということになる。麻しんは空気感染するため、1名が発症した場合は速やかに発症者周辺の児童・生徒の予防接種歴を確認する必要がある。A類疾病に該当する「予防接種法」第5条第1項に規定されている定期予防接種の対象である（麻しん風しん（MR）混合生ワクチンを接種）。カタル期は発しん出現前の咳が出始めたころを指し、麻しん特有のコプリック斑は、発しん出現後2日目を目処に消失する。「学校において予防すべき感染症の解説」（日本学校保健会、2018年3月）等を確認し、各感染症の症状や学校における対応について理解を深めておきたい。

③

解答 感染源対策（感染源の除去）／感染経路対策（感染経路の遮断）／感受性者対策（抵抗力を高める）

解説 学校における感染症予防や感染拡大防止対策等を行うには、感染症予防3原則の基本を理解していることが必須である。食中毒予防3原則（食中毒菌をつけない、食中毒菌を殺す、食中毒菌を増やさない）についても覚えておきたい。

第9講（→130ページ）

①

解答 4

解説 感染性胃腸炎とは、細菌、ウィルス、寄生虫などが原因となる胃腸炎の総称である。発症の可能性が非常に高く、感染症予防の3原則を踏まえた感染拡大防止対策等が学校においても必要である。代表的な病原体の特徴について知識を深めておくことが大切である。

②

解答 ア ウ カ

解説 突然死とは「発症から24時間以内の予期せぬ内因性の（病）死」（WHOの定義）をいう。突然死を

起こす可能性がある疾患に先天性心疾患や心筋疾患、冠動脈疾患、不整脈、その他がある（突然死を起こしやすい不整脈：多形成期外収縮、RonT型心室期外収縮、心室頻拍、洞結節機能不全、3度房室ブロック（完全房室ブロック）、高度房室ブロック、QT延長症候群、ブルガタ症候群など）。学校では、突然死を予防するために①学校心臓検診（健康診断）と事後措置を確実に行う、②健康観察、健康相談を行う、③健康教育を充実し、体調が悪い時は無理をしない、④運動時には準備運動、整理運動を十分に行う、などに留意することが大切である。

③ ・・・

解答　〔症状〕喉の渇き、ひっきりなしに水を飲む／尿の回数・量が増える／疲れやすくなる／やせてくる／吐き気や嘔吐／腹痛　〔病型〕1型

解説　学齢期に多い糖尿病の発症要因として自己免疫異常や突発性があげられる。2型糖尿病には、遺伝的要因と環境的要因がある。

第10講（→144ページ）

① ・・・

解答　オ

解説　「教師が知っておきたい子どもの自殺予防」についてはリーフレットだけでなくマニュアルも併せてよく読み、理解を深めておく必要がある。TALKの原則に基づいて適切な対応をとり、教職員間及び家庭、専門機関と十分な連携を図っていくことが大切である。

② ・・・

解答　4

解説　「いじめ防止対策推進法」（平成25年法律第71号）では、いじめの防止等のための対策の基本理念やいじめの禁止、関係者の責務等が規定されている。第1章、総則　第8条（学校及び学校の教職員の責務）、第4章いじめの防止等に関する措置（いじめに対する措置）第23条などの条文をしっかり把握しておきたい。

第11講（→160ページ）

解答　5

解説　学校教育は、障害のある子供の自立と社会参加を目指した取組を含め、「共生社会」の形成に向けて重要な役割を果たすことが求められている。共生社会の形成に向けたインクルーシブ教育システムの構築のための特別支援教育の推進が必要とされ、環境整備が進められている（→第15講）。個別の教育的ニーズのある子供に対して、自立と社会参加を見据えて、その時点で教育的ニーズに最も的確に応える指導を提供できる多様で柔軟な仕組みを整備することが重要であり、小中学校における通常の学級、通級による指導、特別支援学級、特別支援学校といった連続性のある「多様な学びの場」を用意していくことが必要である。

第12講（→173ページ）

解答　b

解説　平成20年に改正された「学校保健安全法」（平成21年4月1日施行）において、文部科学大臣が、学校における環境衛生に係る事項について、児童生徒等及び職員の健康を保護する上で維持されることが望ましい基準（学校環境衛生基準）を定めると規定し、「学校環境衛生基準」の法的位置付けが明確にされた。学校環境衛生基準は一部改訂（平成30年4月1日施行）され、新たに『学校環境衛生管理マニュアル（平成30年度改訂版）』（文部科学省）が出されている。

第13講（→188ページ）

①
解答　（1）①心臓震盪　②死戦期呼吸（喘ぎ呼吸）
　　　（2）③意識消失、チアノーゼの出現又は増強、呼吸数の増加
解説　①は外部的要因により心室細動になることをいう。前胸部に受けた衝撃で比較的軽いものでも、心臓に直接ショックがかかり、心室細動になるケースもある（例えば、ソフトボール中、ボールが直撃した等）。大人に比べ子どもの虚部の骨が柔らかいため、心臓に直接ショックがかかることにより起こることもあり、注意が必要である。③は基礎心疾患がある子どもが（1）チアノーゼの出現又は増強、（2）呼吸困難、（3）呼吸数増加、（4）脈の乱れ又は触れない、（5）血圧低下、（6）胸部の痛み、（7）意識喪失、（8）失禁などの症状が見られた場合は、救急車の要請が必要である。

②
解答　3
解説　同報告書では、熱中症は中学校、高等学校での発生が多く、発生数は減少傾向にあるとしている。中学1年生から増加し、高校1年生で最も多く発生しており、要因として生徒の体力や運動量、暑熱環境への適応などが関係していると指摘している。

第14講（→204ページ）

①
解答　①卵　②小麦　③乳　④そば　⑤ピーナツ（落花生）
解説　学校給食は食物アレルギーを有する児童生徒にも提供するため、安全性を最優先すること、安全性の確保のため原因食物の完全除去対応（提供するかしないか）を原則とする。特に重篤度の高い原因食物である、そば、ピーナツ（落花生）と、特に発生数の多い原因食物である卵、乳、小麦、えび、かにについては、使用する頻度を検討する必要がある食品とされている。

②
解答　①アドレナリン自己注射（エピペン）　②AED　③救急車　④管理職
　　　⑤保護者　⑥観察　⑦アドレナリン自己注射（エピペン）　⑧症状
解説　食物アレルギーを持つ児童生徒に対しては、学校ではその児童生徒の情報をしっかり収集し、万が一の時に全ての教職員が理解し対応できる体制を取る必要がある。アレルギー疾患（食物アレルギー・気管支喘息・アトピー性皮膚炎）は頻出である。特に『学校のアレルギー疾患に対する取り組みガイドライン』や要約版からの出題が多くみられるので、しっかり把握しておきたい。

③
解答　①給食　②組織的　③生活管理指導表　④完全除去
解説　「学校給食におけるアレルギー対応指針」（文部科学省、平成27年3月）等を確認しておきたい。

第15講（→217ページ）

解答　3
解説　いわゆる「児童虐待防止法」の条文は頻出であり、把握しておく必要がある。2017年度の児童相談所における児童虐待相談対応件数（速報値）によると、心理的虐待（54%）が最も多く、以下、身体的虐待（24.8%）、ネグレクト（20%）、性的虐待（1.2%）の順であった。相談経路としては警察等（49%）、近隣知人（13%）、家族等（7%）からの通告が多くなっており、その他（11%）、学校は9281件（7%）と報告されている。

巻末資料1　関連法規

■学校保健安全法（昭和三十三年法律第五十六号）最終改正　平成二十八年四月一日施行

第一章　総則
（目的）
第一条　この法律は、学校における児童生徒等及び職員の健康の保持増進を図るため、学校における保健管理に関し必要な事項を定めるとともに、学校における教育活動が安全な環境において実施され、児童生徒等の安全の確保が図られるよう、学校における安全管理に関し必要な事項を定め、もつて学校教育の円滑な実施とその成果の確保に資することを目的とする。
（定義）
第二条　この法律において「学校」とは、学校教育法（昭和二十二年法律第二十六号）第一条に規定する学校をいう。
2　この法律において「児童生徒等」とは、学校に在学する幼児、児童、生徒又は学生をいう。
（国及び地方公共団体の責務）
第三条　国及び地方公共団体は、相互に連携を図り、各学校において保健及び安全に係る取組が確実かつ効果的に実施されるようにするため、学校における保健及び安全に関する最新の知見及び事例を踏まえつつ、財政上の措置その他の必要な施策を講ずるものとする。
2　国は、各学校における安全に係る取組を総合的かつ効果的に推進するため、学校安全の推進に関する計画の策定その他所要の措置を講ずるものとする。
3　地方公共団体は、国が講ずる前項の措置に準じた措置を講ずるように努めなければならない。

第二章　学校保健
第一節　学校の管理運営等
（学校保健に関する学校の設置者の責務）
第四条　学校の設置者は、その設置する学校の児童生徒等及び職員の心身の健康の保持増進を図るため、当該学校の施設及び設備並びに管理運営体制の整備充実その他の必要な措置を講ずるよう努めるものとする。
（学校保健計画の策定等）
第五条　学校においては、児童生徒等及び職員の心身の健康の保持増進を図るため、児童生徒等及び職員の健康診断、環境衛生検査、児童生徒等に対する指導その他保健に関する事項について計画を策定し、これを実施しなければならない。
（学校環境衛生基準）
第六条　文部科学大臣は、学校における換気、採光、照明、保温、清潔保持その他環境衛生に係る事項（学校給食法（昭和二十九年法律第百六十号）第九条第一項（夜間課程を置く高等学校における学校給食に関する法律（昭和三十一年法律第百五十七号）第七条及び特別支援学校の幼稚部及び高等部における学校給食に関する法律（昭和三十二年法律第百六十八号）第六条において準用する場合を含む。）に規定する事項を除く。）について、児童生徒等及び職員の健康を保護する上で維持されることが望ましい基準（以下この条において「学校環境衛生基準」という。）を定めるものとする。
2　学校の設置者は、学校環境衛生基準に照らしてその設置する学校の適切な環境の維持に努めなければならない。
3　校長は、学校環境衛生基準に照らし、学校の環境衛生に関し適正を欠く事項があると認めた場合には、遅滞なく、その改善のために必要な措置を講じ、又は当該措置を講ずることができないときは、当該学校の設置者に対し、その旨を申し出るものとする。

（保健室）
第七条　学校には、健康診断、健康相談、保健指導、救急処置その他の保健に関する措置を行うため、保健室を設けるものとする。
第二節　健康相談等
（健康相談）
第八条　学校においては、児童生徒等の心身の健康に関し、健康相談を行うものとする。
（保健指導）
第九条　養護教諭その他の職員は、相互に連携して、健康相談又は児童生徒等の健康状態の日常的な観察により、児童生徒等の心身の状況を把握し、健康上の問題があると認めるときは、遅滞なく、当該児童生徒等に対して必要な指導を行うとともに、必要に応じ、その保護者（学校教育法第十六条に規定する保護者をいう。第二十四条及び第三十条において同じ。）に対して必要な助言を行うものとする。
（地域の医療機関等との連携）
第十条　学校においては、救急処置、健康相談又は保健指導を行うに当たつては、必要に応じ、当該学校の所在する地域の医療機関その他の関係機関との連携を図るよう努めるものとする。
第三節　健康診断
（就学時の健康診断）
第十一条　市（特別区を含む。以下同じ。）町村の教育委員会は、学校教育法第十七条第一項の規定により翌学年の初めから同項に規定する学校に就学させるべき者で、当該市町村の区域内に住所を有するものの就学に当たつて、その健康診断を行わなければならない。
第十二条　市町村の教育委員会は、前条の健康診断の結果に基づき、治療を勧告し、保健上必要な助言を行い、及び学校教育法第十七条第一項に規定する義務の猶予若しくは免除又は特別支援学校への就学に関し指導を行う等適切な措置をとらなければならない。
（児童生徒等の健康診断）
第十三条　学校においては、毎学年定期に、児童生徒等（通信による教育を受ける学生を除く。）の健康診断を行わなければならない。
2　学校においては、必要があるときは、臨時に、児童生徒等の健康診断を行うものとする。
第十四条　学校においては、前条の健康診断の結果に基づき、疾病の予防処置を行い、又は治療を指示し、並びに運動及び作業を軽減する等適切な措置をとらなければならない。
（職員の健康診断）
第十五条　学校の設置者は、毎学年定期に、学校の職員の健康診断を行わなければならない。
2　学校の設置者は、必要があるときは、臨時に、学校の職員の健康診断を行うものとする。
第十六条　学校の設置者は、前条の健康診断の結果に基づき、治療を指示し、及び勤務を軽減する等適切な措置をとらなければならない。
（健康診断の方法及び技術的基準等）
第十七条　健康診断の方法及び技術的基準については、文部科学省令で定める。
2　第十一条から前条までに定めるもののほか、健康診断の時期及び検査の項目その他健康診断に関し必要な事項は、前項に規定するものを除き、第十一条の健康診断に関するものについては政令で、第十三条及び第十五条の健康診断に関するものについては文部科学省令で定める。
3　前二項の文部科学省令は、健康増進法（平成十四年法律第百三号）第九条第一項に規定する健康診査等指針と調和が保たれたものでなければならない。

(保健所との連絡)
第十八条　学校の設置者は、この法律の規定による健康診断を行おうとする場合その他政令で定める場合においては、保健所と連絡するものとする。
第四節　感染症の予防
(出席停止)
第十九条　校長は、感染症にかかつており、かかつている疑いがあり、又はかかるおそれのある児童生徒等があるときは、政令で定めるところにより、出席を停止させることができる。
(臨時休業)
第二十条　学校の設置者は、感染症の予防上必要があるときは、臨時に、学校の全部又は一部の休業を行うことができる。
(文部科学省令への委任)
第二十一条　前二条(第十九条の規定に基づく政令を含む。)及び感染症の予防及び感染症の患者に対する医療に関する法律(平成十年法律第百十四号)その他感染症の予防に関して規定する法律(これらの法律に基づく命令を含む。)に定めるもののほか、学校における感染症の予防に関し必要な事項は、文部科学省令で定める。
第五節　学校保健技師並びに学校医、学校歯科医及び学校薬剤師
(学校保健技師)
第二十二条　都道府県の教育委員会の事務局に、学校保健技師を置くことができる。
2　学校保健技師は、学校における保健管理に関する専門的事項について学識経験がある者でなければならない。
3　学校保健技師は、上司の命を受け、学校における保健管理に関し、専門的技術的指導及び技術に従事する。
(学校医、学校歯科医及び学校薬剤師)
第二十三条　学校には、学校医を置くものとする。
2　大学以外の学校には、学校歯科医及び学校薬剤師を置くものとする。
3　学校医、学校歯科医及び学校薬剤師は、それぞれ医師、歯科医師又は薬剤師のうちから、任命し、又は委嘱する。
4　学校医、学校歯科医及び学校薬剤師は、学校における保健管理に関する専門的事項に関し、技術及び指導に従事する。
5　学校医、学校歯科医及び学校薬剤師の職務執行の準則は、文部科学省令で定める。
第六節　地方公共団体の援助及び国の補助
(地方公共団体の援助)
第二十四条　地方公共団体は、その設置する小学校、中学校、義務教育学校、中等教育学校の前期課程又は特別支援学校の小学部若しくは中学部の児童又は生徒が、感染性又は学習に支障を生ずるおそれのある疾病で政令で定めるものにかかり、学校において治療の指示を受けたときは、当該児童又は生徒の保護者で次の各号のいずれかに該当するものに対して、その疾病の治療のための医療に要する費用について必要な援助を行うものとする。
一　生活保護法(昭和二十五年法律第百四十四号)第六条第二項に規定する要保護者
二　生活保護法第六条第二項に規定する要保護者に準ずる程度に困窮している者で政令で定めるもの
(国の補助)
第二十五条　国は、地方公共団体が前条の規定により同条第一号に掲げる者に対して援助を行う場合には、予算の範囲内において、その援助に要する経費の一部を補助することができる。
2　前項の規定により国が補助を行う場合の補助の基準については、政令で定める。

第三章　学校安全
(学校安全に関する学校の設置者の責務)
第二十六条　学校の設置者は、児童生徒等の安全の確保を図るため、その設置する学校において、事故、加害行為、災害等(以下この条及び第二十九条第三項において「事故等」という。)により児童生徒等に生ずる危険を防止し、及び事故等により児童生徒等に危険又は危害が現に生じた場合(同条第一項及び第二項において「危険等発生時」という。)において適切に対処することができるよう、当該学校の施設及び設備並びに管理運営体制の整備充実その他の必要な措置を講ずるよう努めるものとする。
(学校安全計画の策定等)
第二十七条　学校においては、児童生徒等の安全の確保を図るため、当該学校の施設及び設備の安全点検、児童生徒等に対する通学を含めた学校生活その他の日常生活における安全に関する指導、職員の研修その他学校における安全に関する事項について計画を策定し、これを実施しなければならない。
(学校環境の安全の確保)
第二十八条　校長は、当該学校の施設又は設備について、児童生徒等の安全の確保を図る上で支障となる事項があると認めた場合には、遅滞なく、その改善を図るために必要な措置を講じ、又は当該措置を講ずることができないときは、当該学校の設置者に対し、その旨を申し出るものとする。
(危険等発生時対処要領の作成等)
第二十九条　学校においては、児童生徒等の安全の確保を図るため、当該学校の実情に応じて、危険等発生時において当該学校の職員がとるべき措置の具体的内容及び手順を定めた対処要領(次項において「危険等発生時対処要領」という。)を作成するものとする。
2　校長は、危険等発生時対処要領の職員に対する周知、訓練の実施その他の危険等発生時において職員が適切に対処するために必要な措置を講ずるものとする。
3　学校においては、事故等により児童生徒等に危害が生じた場合において、当該児童生徒等及び当該事故等により心理的外傷その他の心身の健康に対する影響を受けた児童生徒等その他の関係者の心身の健康を回復させるため、これらの者に対して必要な支援を行うものとする。この場合においては、第十条の規定を準用する。
(地域の関係機関等との連携)
第三十条　学校においては、児童生徒等の安全の確保を図るため、児童生徒等の保護者との連携を図るとともに、当該学校が所在する地域の実情に応じて、当該地域を管轄する警察署その他の関係機関、地域の安全を確保するための活動を行う団体その他の関係団体、当該地域の住民その他の関係者との連携を図るよう努めるものとする。

第四章　雑則
(学校の設置者の事務の委任)
第三十一条　学校の設置者は、他の法律に特別の定めがある場合のほか、この法律に基づき処理すべき事務を校長に委任することができる。
(専修学校の保健管理等)
第三十二条　専修学校には、保健管理に関する専門的事項に関し、技術及び指導を行う医師を置くように努めなければならない。
2　専修学校には、健康診断、健康相談、保健指導、救急処置等を行うため、保健室を設けるように努めなければならない。
3　第三条から第六条まで、第八条から第十条まで、第

十三条から第二十一条まで及び第二十六条から前条までの規定は、専修学校に準用する。
附　則（略）

■学校保健安全法施行令（昭和三十三年政令第百七十四号）
最終改正　平成二十八年四月一日施行
内閣は、学校保健法（昭和三十三年法律第五十六号）第十条第二項、第十二条、第十七条、第十八条第三項及び第二十条の規定に基き、この政令を制定する。

（就学時の健康診断の時期）
第一条　学校保健安全法（昭和三十三年法律第五十六号。以下「法」という。）第十一条の健康診断（以下「就学時の健康診断」という。）は、学校教育法施行令（昭和二十八年政令第三百四十号）第二条の規定により学齢簿が作成された後翌学年の初めから四月前（同令第五条、第七条、第十一条、第十四条、第十五条及び第十八条の二に規定する就学に関する手続の実施に支障がない場合にあつては、三月前）までの間に行うものとする。
2　前項の規定にかかわらず、市町村の教育委員会は、同項の規定により定めた就学時の健康診断の実施日の翌日以後に当該市町村の教育委員会が作成した学齢簿に新たに就学予定者（学校教育法施行令第五条第一項に規定する就学予定者をいう。以下この項において同じ。）が記載された場合において、当該就学予定者が他の市町村の教育委員会が行う就学時の健康診断を受けていないときは、当該就学予定者について、速やかに就学時の健康診断を行うものとする。

（検査の項目）
第二条　就学時の健康診断における検査の項目は、次のとおりとする。
一　栄養状態
二　脊柱及び胸郭の疾病及び異常の有無
三　視力及び聴力
四　眼の疾病及び異常の有無
五　耳鼻咽頭疾患及び皮膚疾患の有無
六　歯及び口腔の疾病及び異常の有無
七　その他の疾病及び異常の有無

（保護者への通知）
第三条　市（特別区を含む。以下同じ。）町村の教育委員会は、就学時の健康診断を行うに当たつて、あらかじめ、その日時、場所及び実施の要領等を法第十一条に規定する者の学校教育法（昭和二十二年法律第二十六号）第十六条に規定する保護者（以下「保護者」という。）に通知しなければならない。

（就学時健康診断票）
第四条　市町村の教育委員会は、就学時の健康診断を行つたときは、文部科学省令で定める様式により、就学時健康診断票を作成しなければならない。
2　市町村の教育委員会は、翌学年の初めから十五日前までに、就学時健康診断票を就学時の健康診断を受けた者の入学する学校の校長に送付しなければならない。

（保健所と連絡すべき場合）
第五条　法第十八条の政令で定める場合は、次に掲げる場合とする。
一　法第十九条の規定による出席停止が行われた場合
二　法第二十条の規定による学校の休業を行つた場合

（出席停止の指示）
第六条　校長は、法第十九条の規定により出席を停止させようとするときは、その理由及び期間を明らかにして、幼児、児童又は生徒（高等学校（中等教育学校の後期課程及び特別支援学校の高等部を含む。以下同じ。）の生徒を除く。）にあつてはその保護者に、高等学校の生徒又は学生にあつては当該生徒又は学生にこれを指示しなければならない。
2　出席停止の期間は、感染症の種類等に応じて、文部科学省令で定める基準による。

（出席停止の報告）
第七条　校長は、前条第一項の規定による指示をしたときは、文部科学省令で定めるところにより、その旨を学校の設置者に報告しなければならない。

（感染性又は学習に支障を生ずるおそれのある疾病）
第八条　法第二十四条の政令で定める疾病は、次に掲げるものとする。
一　トラコーマ及び結膜炎
二　白癬、疥癬及び膿痂疹
三　中耳炎
四　慢性副鼻腔炎及びアデノイド
五　齲歯
六　寄生虫病（虫卵保有を含む。）

（要保護者に準ずる程度に困窮している者）
第九条　法第二十四条第二号の政令で定める者は、当該義務教育諸学校（小学校、中学校、義務教育学校、中等教育学校の前期課程又は特別支援学校の小学部若しくは中学部をいう。）を設置する地方公共団体の教育委員会が、生活保護法（昭和二十五年法律第百四十四号）第六条第二項に規定する要保護者（以下「要保護者」という。）に準ずる程度に困窮していると認める者とする。
2　教育委員会は、前項に規定する認定を行うため必要があるときは、社会福祉法（昭和二十六年法律第四十五号）に定める福祉に関する事務所の長及び民生委員法（昭和二十三年法律第百九十八号）に定める民生委員に対して、助言を求めることができる。

（補助の基準）
第十条　法第二十五条第一項の規定による国の補助は、法第二十四条の規定による同条第一号に掲げる者に対する援助に要する経費の額の二分の一について行うものとする。ただし、小学校、中学校及び義務教育学校並びに中等教育学校の前期課程又は特別支援学校の小学部及び中学部の別により、文部科学大臣が毎年度定める児童及び生徒一人一疾病当たりの医療費の平均額に、都道府県に係る場合にあつては次項の規定により文部科学大臣が当該都道府県に配分した児童及び生徒の被患者の延数をそれぞれ乗じて得た額、市町村に係る場合にあつては第三項の規定により都道府県の教育委員会が当該市町村に配分した児童及び生徒の被患者の延数をそれぞれ乗じて得た額の二分の一を限度とする。
2　文部科学大臣は、毎年度、別表イに掲げる算式により算定した小学校、中学校及び義務教育学校並びに中等教育学校の前期課程又は特別支援学校の小学部及び中学部の児童及び生徒の被患者の延数を各都道府県に配分し、その配分した数を各都道府県の教育委員会に通知しなければならない。
3　都道府県の教育委員会は、文部科学省令で定めるところにより、毎年度、文部科学大臣が、別表ロに掲げる算式により算定した小学校、中学校及び義務教育学校並びに中等教育学校の前期課程又は特別支援学校の小学部及び中学部の児童及び生徒の被患者の延数を基準として各都道府県ごとに定めた児童及び生徒の被患者の延数を、各市町村立の小学校、中学校及び義務教育学校並びに中等教育学校の前期課程又は特別支援学校の小学部及び中学部の児童及び生徒のうち教育扶助を受けている者の数を勘案して、各市町村に配分し、その配分した数を文部科学大臣及び各市町村の教育委員会に通知しなければならない。
4　前項の規定により都道府県が処理することとされている事務は、地方自治法（昭和二十二年法律第六十七号）第二

条第九項第一号に規定する第一号法定受託事務とする。
（専修学校への準用）
第十一条　第五条から第七条までの規定は、法第三十二条第三項において法第十八条及び第十九条の規定を専修学校に準用する場合について準用する。この場合において、第五条第二号中「法第二十条」とあるのは「法第三十二条第三項において準用する法第二十条」と、第六条第一項中「幼児、児童又は生徒（高等学校（中等教育学校の後期課程及び特別支援学校の高等部を含む。以下同じ。）の生徒を除く。）にあつてはその保護者に、高等学校の生徒又は学生にあつては当該生徒又は学生」とあるのは「生徒」と読み替えるものとする。

■学校保健安全法施行規則（昭和三十三年文部省令第十八号）最終改正　平成二十八年四月一日施行
第一章　環境衛生検査等
（環境衛生検査）
第一条　学校保健安全法（昭和三十三年法律第五十六号。以下「法」という。）第五条の環境衛生検査は、他の法令に基づくもののほか、毎学年定期に、法第六条に規定する学校環境衛生基準に基づき行わなければならない。
2　学校においては、必要があるときは、臨時に、環境衛生検査を行うものとする。
（日常における環境衛生）
第二条　学校においては、前条の環境衛生検査のほか、日常的な点検を行い、環境衛生の維持又は改善を図らなければならない。

第二章　健康診断
第一節　就学時の健康診断
（方法及び技術的基準）
第三条　法第十一条の健康診断の方法及び技術的基準は、次の各号に掲げる検査の項目につき、当該各号に定めるとおりとする。
一　栄養状態は、皮膚の色沢、皮下脂肪の充実、筋骨の発達、貧血の有無等について検査し、栄養不良又は肥満傾向で特に注意を要する者の発見につとめる。
二　脊柱の疾病及び異常の有無は、形態等について検査し、側わん症等に注意する。
三　胸郭の異常の有無は、形態及び発育について検査する。
四　視力は、国際標準に準拠した視力表を用いて左右各別に裸眼視力を検査し、眼鏡を使用している者については、当該眼鏡を使用している場合の矯正視力についても検査する。
五　聴力は、オージオメータを用いて検査し、左右各別に聴力障害の有無を明らかにする。
六　眼の疾病及び異常の有無は、感染性眼疾患その他の外眼部疾患及び眼位の異常等に注意する。
七　耳鼻咽頭疾患の有無は、耳疾患、鼻・副鼻腔疾患、口腔咽喉頭疾患及び音声言語異常等に注意する。
八　皮膚疾患の有無は、感染性皮膚疾患、アレルギー疾患等による皮膚の状態に注意する。
九　歯及び口腔の疾病及び異常の有無は、齲歯、歯周疾患、不正咬合その他の疾病及び異常について検査する。
十　その他の疾病及び異常の有無は、知能及び呼吸器、循環器、消化器、神経系等について検査するものとし、知能については適切な検査によつて知的障害の発見につとめ、呼吸器、循環器、消化器、神経系等については臨床医学的検査その他の検査によつて結核疾患、心臓疾患、腎臓疾患、ヘルニア、言語障害、精神神経症その他の精神障害、骨、関節の異常及び四肢運動障害等の発見につとめる。
（就学時健康診断票）

第四条　学校保健安全法施行令（昭和三十三年政令第百七十四号。以下「令」という。）第四条第一項に規定する就学時健康診断票の様式は、第一号様式とする。
第二節　児童生徒等の健康診断
（時期）
第五条　法第十三条第一項の健康診断は、毎学年、六月三十日までに行うものとする。ただし、疾病その他やむを得ない事由によつて当該期日に健康診断を受けることのできなかつた者に対しては、その事由のなくなつた後すみやかに健康診断を行うものとする。
2　第一項の健康診断における結核の有無の検査において結核発病のおそれがあると診断された者（第六条第三項第四号に該当する者に限る。）については、おおむね六か月の後に再度結核の有無の検査を行うものとする。
（検査の項目）
第六条　法第十三条第一項の健康診断における検査の項目は、次のとおりとする。
一　身長及び体重
二　栄養状態
三　脊柱及び胸郭の疾病及び異常の有無並びに四肢の状態
四　視力及び聴力
五　眼の疾病及び異常の有無
六　耳鼻咽頭疾患及び皮膚疾患の有無
七　歯及び口腔の疾病及び異常の有無
八　結核の有無
九　心臓の疾病及び異常の有無
十　尿
十一　その他の疾病及び異常の有無
2　前項各号に掲げるもののほか、胸囲及び肺活量、背筋力、握力等の機能を、検査の項目に加えることができる。
3　第一項第八号に掲げるものの検査は、次の各号に掲げる学年において行うものとする。
一　小学校（義務教育学校の前期課程及び特別支援学校の小学部を含む。以下この条、第七条第六項及び第十一条において同じ。）の全学年
二　中学校（義務教育学校の後期課程、中等教育学校の前期課程及び特別支援学校の中学部を含む。以下この条、第七条第六項及び第十一条において同じ。）の全学年
三　高等学校（中等教育学校の後期課程及び特別支援学校の高等部を含む。以下この条、第七条第六項及び第十一条において同じ。）及び高等専門学校の第一学年
四　大学の第一学年
4　第一項各号に掲げる検査の項目のうち、小学校の第四学年及び第六学年、中学校及び高等学校の第二学年並びに高等専門学校の第二学年及び第四学年においては第四号に掲げるもののうち聴力を、大学においては第三号、第四号、第七号及び第十号に掲げるものを、それぞれ検査の項目から除くことができる。
（方法及び技術的基準）
第七条　法第十三条第一項の健康診断の方法及び技術的基準については、次項から第九項までに定めるもののほか、第三条の規定（同条第十号中知能に関する部分を除く。）を準用する。この場合において、同条第四号中「検査する。」とあるのは「検査する。ただし、眼鏡を使用している者の裸眼視力の検査はこれを除くことができる。」と読み替えるものとする。
2　前条第一項第一号の身長は、靴下等を脱ぎ、両かかとを密接し、背、臀部及びかかとを身長計の尺柱に接して直立し、両上肢を体側に垂れ、頭部を正位に保たせて測定する。
3　前条第一項第一号の体重は、衣服を脱ぎ、体重計のはかり台の中央に静止させて測定する。ただし、衣服を着た

まま測定したときは、その衣服の重量を控除する。
4　前条第一項第三号の四肢の状態は、四肢の形態及び発育並びに運動器の機能の状態に注意する。
5　前条第一項第八号の結核の有無は、問診、胸部エツクス線検査、喀痰検査、聴診、打診その他必要な検査によつて検査するものとし、その技術的基準は、次の各号に定めるとおりとする。
一　前条第三項第一号又は第二号に該当する者に対しては、問診を行うものとする。
二　前条第三項第三号又は第四号に該当する者（結核患者及び結核発病のおそれがあると診断されている者を除く。）に対しては、胸部エツクス線検査を行うものとする。
三　第一号の問診を踏まえて学校医その他の担当の医師において必要と認める者であつて、当該者の在学する学校の設置者において必要と認めるものに対しては、胸部エツクス線検査、喀痰検査その他の必要な検査を行うものとする。
四　第二号の胸部エツクス線検査によって病変の発見された者及びその疑いのある者、結核患者並びに結核発病のおそれがあると診断されている者に対しては、胸部エツクス線検査及び喀痰検査を行い、更に必要に応じ聴診、打診その他必要な検査を行う。
6　前条第一項第九号の心臓の疾病及び異常の有無は、心電図検査その他の臨床医学的検査によつて検査するものとする。ただし、幼稚園（特別支援学校の幼稚部を含む。以下この条及び第十一条において同じ。）の全幼児、小学校の第二学年以上の児童、中学校及び高等学校の第二学年以上の生徒、高等専門学校の第二学年以上の学生並びに大学の全学生については、心電図検査を除くことができる。
7　前条第一項第十号の尿は、尿中の蛋白、糖等について試験紙法により検査する。ただし、幼稚園においては、糖の検査を除くことができる。
8　身体計測、視力及び聴力の検査、問診、胸部エツクス線検査、尿の検査その他の予診的事項に属する検査は、学校医又は学校歯科医による診断の前に実施するものとし、学校医又は学校歯科医は、それらの検査の結果及び第十一条の保健調査を活用して診断に当たるものとする。

（健康診断票）
第八条　学校においては、法第十三条第一項の健康診断を行つたときは、児童生徒等の健康診断票を作成しなければならない。
2　校長は、児童又は生徒が進学した場合においては、その作成に係る当該児童又は生徒の健康診断票を進学先の校長に送付しなければならない。
3　校長は、児童生徒等が転学した場合においては、その作成に係る当該児童生徒等の健康診断票を転学先の校長、保育所の長又は認定こども園の長に送付しなければならない。
4　児童生徒等の健康診断票は、五年間保存しなければならない。ただし、第二項の規定により送付を受けた児童又は生徒の健康診断票は、当該健康診断票に係る児童又は生徒が進学前の学校を卒業した日から五年間とする。

（事後措置）
第九条　学校においては、法第十三条第一項の健康診断を行つたときは、二十一日以内にその結果を幼児、児童又は生徒にあつては当該幼児、児童又は生徒及びその保護者（学校教育法（昭和二十二年法律第二十六号）第十六条に規定する保護者をいう。）に、学生にあつては当該学生に通知するとともに、次の各号に定める基準により、法第十四条の措置をとらなければならない。
一　疾病の予防処置を行うこと。
二　必要な医療を受けるよう指示すること。
三　必要な検査、予防接種等を受けるよう指示すること。
四　療養のため必要な期間学校において学習しないよう指導すること。
五　特別支援学級への編入について指導及び助言を行うこと。
六　学習又は運動・作業の軽減、停止、変更等を行うこと。
七　修学旅行、対外運動競技等への参加を制限すること。
八　机又は腰掛の調整、座席の変更及び学級の編制の適正を図ること。
九　その他発育、健康状態等に応じて適当な保健指導を行うこと。
2　前項の場合において、結核の有無の検査の結果に基づく措置については、当該健康診断に当たつた学校医その他の医師が別表第一に定める生活規正の面及び医療の面の区分を組み合わせて決定する指導区分に基づいて、とるものとする。

（臨時の健康診断）
第十条　法第十三条第二項の健康診断は、次に掲げるような場合で必要があるときに、必要な検査の項目について行うものとする。
一　感染症又は食中毒の発生したとき。
二　風水害等により感染症の発生のおそれのあるとき。
三　夏季における休業日の直前又は直後
四　結核、寄生虫病その他の疾病の有無について検査を行う必要のあるとき。
五　卒業のとき。

（保健調査）
第十一条　法第十三条の健康診断を的確かつ円滑に実施するため、当該健康診断を行うに当たつては、小学校、中学校、高等学校及び高等専門学校においては全学年において、幼稚園及び大学においては必要と認めるときに、あらかじめ児童生徒等の発育、健康状態等に関する調査を行うものとする。

第三節　職員の健康診断
（時期）
第十二条　法第十五条第一項の健康診断の時期については、第五条の規定を準用する。この場合において、同条第一項中「六月三十日までに」とあるのは、「学校の設置者が定める適切な時期に」と読み替えるものとする。

（検査の項目）
第十三条　法第十五条第一項の健康診断における検査の項目は、次のとおりとする。
一　身長、体重及び腹囲
二　視力及び聴力
三　結核の有無
四　血圧
五　尿
六　胃の疾病及び異常の有無
七　貧血検査
八　肝機能検査
九　血中脂質検査
十　血糖検査
十一　心電図検査
十二　その他の疾病及び異常の有無
2　妊娠中の女性職員においては、前項第六号に掲げる検査の項目を除くものとする。
3　第一項各号に掲げる検査の項目のうち、二十歳以上の職員においては第一号の身長を、三十五歳未満の職員及び三十六歳以上四十歳未満の職員、妊娠中の女性職員その他の職員であつて腹囲が内臓脂肪の蓄積を反映していないと診断されたもの、ＢＭＩ（次の算式により算出した値をいう。以下同じ。）が二十未満である職員並びに自ら腹囲を測定し、その値を申告した職員（ＢＭＩが二十二未満であ

る職員に限る。）においては第一号の腹囲を、二十歳未満の職員、二十一歳以上二十五歳未満の職員、二十六歳以上三十歳未満の職員、三十一歳以上三十五歳未満の職員又は三十六歳以上四十歳未満の職員であつて感染症の予防及び感染症の患者に対する医療に関する法律施行令（平成十年政令第四百二十号）第十二条第一項第一号又はじん肺法（昭和三十五年法律第三十号）第八条第一項第一号若しくは第三号に掲げる者に該当しないものにおいては第三号に掲げるものを、四十歳未満の職員においては第六号に掲げるものを、三十五歳未満の職員及び三十六歳以上四十歳未満の職員においては第七号から第十一号に掲げるものを、それぞれ検査の項目から除くことができる。
BMI＝体重(kg)／身長(m)^2

（方法及び技術的基準）
第十四条 法第十五条第一項の健康診断の方法及び技術的基準については、次項から第九項までに定めるもののほか、第三条（同条第十号中知能に関する部分を除く。）の規定を準用する。
2 前条第一項第二号の聴力は、千ヘルツ及び四千ヘルツの音に係る検査を行う。ただし、四十五歳未満の職員（三十五歳及び四十歳の職員を除く。）においては、医師が適当と認める方法によって行うことができる。
3 前条第一項第三号の結核の有無は、胸部エツクス線検査により検査するものとし、胸部エツクス線検査によつて病変の発見された者及びその疑いのある者、結核患者並びに結核発病のおそれがあると診断されている者に対しては、胸部エツクス線検査及び喀痰検査を行い、更に必要に応じ聴診、打診その他必要な検査を行う。
4 前条第一項第四号の血圧は、血圧計を用いて測定するものとする。
5 前条第一項第五号の尿は、尿中の蛋白及び糖について試験紙法により検査する。
6 前条第一項第六号の胃の疾病及び異常の有無は、胃部エツクス線検査その他の医師が適当と認める方法により検査するものとし、癌その他の疾病及び異常の発見に努める。
7 前条第一項第七号の貧血検査は、血色素量及び赤血球数の検査を行う。
8 前条第一項第八号の肝機能検査は、血清グルタミックオキサロアセチックトランスアミナーゼ（ＧＯＴ）、血清グルタミックピルビックトランスアミナーゼ（ＧＰＴ）及びガンマーグルタミルトランスペプチダーゼ（γ－ＧＴＰ）の検査を行う。
9 前条第一項第九号の血中脂質検査は、低比重リポ蛋白コレステロール（ＬＤＬコレステロール）、高比重リポ蛋白コレステロール（ＨＤＬコレステロール）及び血清トリグリセライドの量の検査を行う。

（健康診断票）
第十五条 学校の設置者は、法第十五条第一項の健康診断を行つたときは、第二号様式によつて、職員健康診断票を作成しなければならない。
2 学校の設置者は、当該学校の職員がその管理する学校から他の学校又は幼保連携型認定こども園へ移つた場合においては、その作成に係る当該職員の健康診断票を異動後の学校又は幼保連携型認定こども園の設置者へ送付しなければならない。
3 職員健康診断票は、五年間保存しなければならない。

（事後措置）
第十六条 法第十五条第一項の健康診断に当たつた医師は、健康に異常があると認めた職員については、検査の結果を総合し、かつ、その職員の職務内容及び勤務の強度を考慮して、別表第二に定める生活規正の面及び医療の面の区分を組み合わせて指導区分を決定するものとする。

2 学校の設置者は、前項の規定により医師が行つた指導区分に基づき、次の基準により、法第十六条の措置をとらなければならない。
「Ａ」 休暇又は休職等の方法で療養のため必要な期間勤務させないこと。
「Ｂ」 勤務場所又は職務の変更、休暇による勤務時間の短縮等の方法で勤務を軽減し、かつ、深夜勤務、超過勤務、休日勤務及び宿日直勤務をさせないこと。
「Ｃ」 超過勤務、休日勤務及び宿日直勤務をさせないか又はこれらの勤務を制限すること。
「Ｄ」 勤務に制限を加えないこと。
「１」 必要な医療を受けるよう指示すること。
「２」 必要な検査、予防接種等を受けるよう指示すること。
「３」 医療又は検査等の措置を必要としないこと。

（臨時の健康診断）
第十七条 法第十五条第二項の健康診断については、第十条の規定を準用する。

第三章　感染症の予防
（感染症の種類）
第十八条 学校において予防すべき感染症の種類は、次のとおりとする。
一 第一種 エボラ出血熱、クリミア・コンゴ出血熱、痘そう、南米出血熱、ペスト、マールブルグ病、ラッサ熱、急性灰白髄炎、ジフテリア、重症急性呼吸器症候群（病原体がベータコロナウイルス属ＳＡＲＳコロナウイルスであるものに限る。）、中東呼吸器症候群（病原体がベータコロナウイルス属ＭＥＲＳコロナウイルスであるものに限る。）及び特定鳥インフルエンザ（感染症の予防及び感染症の患者に対する医療に関する法律（平成十年法律第百十四号）第六条第三項第六号に規定する特定鳥インフルエンザをいう。次号及び第十九条第二号イにおいて同じ。）
二 第二種 インフルエンザ（特定鳥インフルエンザを除く。）、百日咳、麻しん、流行性耳下腺炎、風しん、水痘、咽頭結膜熱、結核及び髄膜炎菌性髄膜炎
三 第三種 コレラ、細菌性赤痢、腸管出血性大腸菌感染症、腸チフス、パラチフス、流行性角結膜炎、急性出血性結膜炎その他の感染症
2 感染症の予防及び感染症の患者に対する医療に関する法律第六条第七項から第九項までに規定する新型インフルエンザ等感染症、指定感染症及び新感染症は、前項の規定にかかわらず、第一種の感染症とみなす。

（出席停止の期間の基準）
第十九条 令第六条第二項の出席停止の期間の基準は、前条の感染症の種類に従い、次のとおりとする。
一 第一種の感染症にかかつた者については、治癒するまで。
二 第二種の感染症（結核及び髄膜炎菌性髄膜炎を除く。）にかかつた者については、次の期間。ただし、病状により学校医その他の医師において感染のおそれがないと認めたときは、この限りでない。
イ インフルエンザ（特定鳥インフルエンザ及び新型インフルエンザ等感染症を除く。）にあつては、発症した後五日を経過し、かつ、解熱した後二日（幼児にあつては、三日）を経過するまで。
ロ 百日咳にあつては、特有の咳が消失するまで又は五日間の適正な抗菌性物質製剤による治療が終了するまで。
ハ 麻しんにあつては、解熱した後三日を経過するまで。
ニ 流行性耳下腺炎にあつては、耳下腺、顎下腺又は舌下腺の腫脹が発現した後五日を経過し、かつ、全身状態が良好になるまで。
ホ 風しんにあつては、発しんが消失するまで。

ヘ　水痘にあつては、すべての発しんが痂皮化するまで。
ト　咽頭結膜熱にあつては、主要症状が消退した後二日を経過するまで。
三　結核、髄膜炎菌性髄膜炎及び第三種の感染症にかかつた者については、病状により学校医その他の医師において感染のおそれがないと認めるまで。
四　第一種若しくは第二種の感染症患者のある家に居住する者又はこれらの感染症にかかつている疑いがある者については、予防処置の施行の状況その他の事情により学校医その他の医師において感染のおそれがないと認めるまで。
五　第一種又は第二種の感染症が発生した地域から通学する者については、その発生状況により必要と認めたとき、学校医の意見を聞いて適当と認める期間。
六　第一種又は第二種の感染症の流行地を旅行した者については、その状況により必要と認めたとき、学校医の意見を聞いて適当と認める期間。
（出席停止の報告事項）
第二十条　令第七条の規定による報告は、次の事項を記載した書面をもつてするものとする。
一　学校の名称
二　出席を停止させた理由及び期間
三　出席停止を指示した年月日
四　出席を停止させた児童生徒等の学年別人員数
五　その他参考となる事項
（感染症の予防に関する細目）
第二十一条　校長は、学校内において、感染症にかかつており、又はかかつている疑いがある児童生徒等を発見した場合において、必要と認めるときは、学校医に診断させ、法第十九条の規定による出席停止の指示をするほか、消毒その他適当な処置をするものとする。
２　校長は、学校内に、感染症の病毒に汚染し、又は汚染した疑いがある物件があるときは、消毒その他適当な処置をするものとする。
３　学校においては、その附近において、第一種又は第二種の感染症が発生したときは、その状況により適当な清潔方法を行うものとする。

第四章　学校医、学校歯科医及び学校薬剤師の職務執行の準則
（学校医の職務執行の準則）
第二十二条　学校医の職務執行の準則は、次の各号に掲げるとおりとする。
一　学校保健計画及び学校安全計画の立案に参与すること。
二　学校の環境衛生の維持及び改善に関し、学校薬剤師と協力して、必要な指導及び助言を行うこと。
三　法第八条の健康相談に従事すること。
四　法第九条の保健指導に従事すること。
五　法第十三条の健康診断に従事すること。
六　法第十四条の疾病の予防処置に従事すること。
七　法第二章第四節の感染症の予防に関し必要な指導及び助言を行い、並びに学校における感染症及び食中毒の予防処置に従事すること。
八　校長の求めにより、救急処置に従事すること。
九　市町村の教育委員会又は学校の設置者の求めにより、法第十一条の健康診断又は法第十五条第一項の健康診断に従事すること。
十　前各号に掲げるもののほか、必要に応じ、学校における保健管理に関する専門的事項に関する指導に従事すること。
２　学校医は、前項の職務に従事したときは、その状況の概要を学校医執務記録簿に記入して校長に提出するものとする。
（学校歯科医の職務執行の準則）
第二十三条　学校歯科医の職務執行の準則は、次の各号に掲げるとおりとする。
一　学校保健計画及び学校安全計画の立案に参与すること。
二　法第八条の健康相談に従事すること。
三　法第九条の保健指導に従事すること。
四　法第十三条の健康診断のうち歯の検査に従事すること。
五　法第十四条の疾病の予防処置のうち齲歯その他の歯疾の予防処置に従事すること。
六　市町村の教育委員会の求めにより、法第十一条の健康診断のうち歯の検査に従事すること。
七　前各号に掲げるもののほか、必要に応じ、学校における保健管理に関する専門的事項に関する指導に従事すること。
２　学校歯科医は、前項の職務に従事したときは、その状況の概要を学校歯科医執務記録簿に記入して校長に提出するものとする。
（学校薬剤師の職務執行の準則）
第二十四条　学校薬剤師の職務執行の準則は、次の各号に掲げるとおりとする。
一　学校保健計画及び学校安全計画の立案に参与すること。
二　第一条の環境衛生検査に従事すること。
三　学校の環境衛生の維持及び改善に関し、必要な指導及び助言を行うこと。
四　法第八条の健康相談に従事すること。
五　法第九条の保健指導に従事すること。
六　学校において使用する医薬品、毒物、劇物並びに保健管理に必要な用具及び材料の管理に関し必要な指導及び助言を行い、及びこれらのものについて必要に応じ試験、検査又は鑑定を行うこと。
七　前各号に掲げるもののほか、必要に応じ、学校における保健管理に関する専門的事項に関する技術及び指導に従事すること。
２　学校薬剤師は、前項の職務に従事したときは、その状況の概要を学校薬剤師執務記録簿に記入して校長に提出するものとする。

第五章　国の補助
（児童生徒数の配分の基礎となる資料の提出）
第二十五条　都道府県の教育委員会は、毎年度、七月一日現在において当該都道府県立の小学校、中学校及び義務教育学校並びに中等教育学校の前期課程又は特別支援学校の小学部及び中学部の児童及び生徒のうち教育扶助（生活保護法（昭和二十五年法律第百四十四号）に規定する教育扶助をいう。以下同じ。）を受けている者の総数を、第三号様式により一月十日までに文部科学大臣に報告しなければならない。
２　市町村の教育委員会は、毎年度、七月一日現在において当該市町村立の小学校、中学校及び義務教育学校並びに中等教育学校の前期課程又は特別支援学校の小学部及び中学部の児童及び生徒のうち教育扶助を受けている者の総数を、第四号様式により十二月二十日までに都道府県の教育委員会に報告しなければならない。
３　都道府県の教育委員会は、前項の規定により市町村の教育委員会から報告を受けたときは、これを第五号様式により一月十日までに文部科学大臣に報告しなければならない。
（児童生徒数の配分方法）

第二十六条　令第十条第三項の規定により都道府県の教育委員会が行う配分は、付録の算式により算定した数を基準として行うものとする。
（配分した児童生徒数の通知）
第二十七条　都道府県の教育委員会は、令第十条第三項及び前条の規定により各市町村ごとの小学校、中学校及び義務教育学校並びに中等教育学校の前期課程又は特別支援学校の小学部及び中学部の児童及び生徒の被患者の延数の配分を行つたときは、文部科学大臣に対しては第六号様式により、各市町村の教育委員会に対しては第七号様式によりすみやかにこれを通知しなければならない。

第六章　安全点検等
（安全点検）
第二十八条　法第二十七条の安全点検は、他の法令に基づくもののほか、毎学期一回以上、児童生徒等が通常使用する施設及び設備の異常の有無について系統的に行わなければならない。
2　学校においては、必要があるときは、臨時に、安全点検を行うものとする。
（日常における環境の安全）
第二十九条　学校においては、前条の安全点検のほか、設備等について日常的な点検を行い、環境の安全の確保を図らなければならない。

第七章　雑則
（専修学校）
第三十条　第一条、第二条、第五条、第六条（同条第三項及び第四項については、大学に関する部分に限る。）、第七条（同条第六項については、大学に関する部分に限る。）、第八条、第九条（同条第一項については、学生に関する部分に限る。）、第十条、第十一条（大学に関する部分に限る。）、第十二条から第二十一条まで、第二十八条及び前条の規定は、専修学校に準用する。この場合において、第五条第一項中「六月三十日までに」とあるのは「当該学年の始期から起算して三月以内に」と、第七条第八項中「学校医又は学校歯科医」とあるのは「医師」と、第九条第二項中「学校医その他の医師」とあるのは「医師」と、第十二条中「第五条」とあるのは「第三十条において準用する第五条」と、第十九条第二号、第三号及び第四号中「学校医その他の医師」とあるのは「医師」と、第十九条第五号及び第六号並びに第二十一条第一項中「学校医」とあるのは「医師」とそれぞれ読み替えるものとする。
2　第二十二条の規定は、専修学校の医師の職務執行の準則について準用する。

附則（略）

別表第一

区分		内容
生活規正の面	A（要休業）	授業を休む必要のあるもの
	B（要軽業）	授業に制限を加える必要のあるもの
	C（要注意）	授業をほぼ平常に行つてよいもの
	D（健康）	全く平常の生活でよいもの
医療の面	1（要医療）	医師による直接の医療行為を必要とするもの
	2（要観察）	医師による直接の医療行為を必要としないが、定期的に医師の観察指導を必要とするもの
	3（健康）	医師による直接、間接の医療行為を全く必要としないもの

別表第二

区分		内容
生活規正の面	A（要休業）	勤務を休む必要のあるもの
	B（要軽業）	勤務に制限を加える必要のあるもの
	C（要注意）	勤務をほぼ平常に行つてよいもの
	D（健康）	全く平常の生活でよいもの
医療の面	1（要医療）	医師による直接の医療行為を必要とするもの
	2（要観察）	医師による直接の医療行為を必要としないが、定期的に医師の観察指導を必要とするもの
	3（健康）	医師による直接、間接の医療行為を全く必要としないもの

付録（略）

巻末資料2　現行・新学習指導要領新旧対照表

小学校体育（保健）（抜粋）

現行学習指導要領	新学習指導要領	備考
第1　目標 　心と体を一体としてとらえ、適切な運動の経験と健康・安全についての理解を通して、生涯にわたって運動に親しむ資質や能力の基礎を育てるとともに健康の保持増進と体力の向上を図り、楽しく明るい生活を営む態度を育てる。	第1　目標 　体育や保健の見方・考え方を働かせ、課題を見付け、その解決に向けた学習過程を通して、心と体を一体として捉え、生涯にわたって心身の健康を保持増進し豊かなスポーツライフを実現するための資質・能力を次のとおり育成することを目指す。 (1)　その特性に応じた各種の運動の行い方及び身近な生活における健康・安全について理解するとともに、基本的な動きや技能を身に付けるようにする。 (2)　運動や健康についての自己の課題を見付け、その解決に向けて思考し判断するとともに、他者に伝える力を養う。 (3)　運動に親しむとともに健康の保持増進と体力の向上を目指し、楽しく明るい生活を営む態度を養う。	【変更】 教科の目標の示し方が変更。 前文と資質・能力の3つの観点（「知識及び技能」、「思考力、判断力、表現力等」、「学びに向かう力、人間性等」）に合わせ、それぞれの具体目標を記載。
第2　各学年の目標及び内容 〔第3学年及び第4学年〕 1　目標 (1)　活動を工夫して各種の運動を楽しくできるようにするとともに、その基本的な動きや技能を身に付け、体力を養う。 (3)　健康な生活及び体の発育・発達について理解できるようにし、身近な生活において健康で安全な生活を営む資質や能力を育てる。 (2)　協力、公正などの態度を育てるとともに、健康・安全に留意し、最後まで努力して運動をする態度を育てる。	第2　各学年の目標及び内容 〔第3学年及び第4学年〕 1　目標 (1)　各種の運動の楽しさや喜びに触れ、その行い方及び健康で安全な生活や体の発育・発達について理解するとともに、基本的な動きや技能を身に付けるようにする。 (2)　自己の運動や身近な生活における健康の課題を見付け、その解決のための方法や活動を工夫するとともに、考えたことを他者に伝える力を養う。 (3)　各種の運動に進んで取り組み、きまりを守り誰とでも仲よく運動をしたり、友達の考えを認めたり、場や用具の安全に留意したりし、最後まで努力して運動をする態度を養う。また、健康の大切さに気付き、自己の健康の保持増進に進んで取り組む態度を養う。	【変更】 目標の示し方が変更。 (1)「知識及び技能」、(2)「思考力、判断力、表現力等」、(3)「学びに向かう力、人間性等」で構成。
2　内容 G　保健 (1)　健康の大切さを認識するとともに、健康によい生活について理解できるようにする。 　　ア　心や体の調子がよいなどの健康の状態は、主体の要因や周囲の環境の要因がかかわっていること。 　　イ　毎日を健康に過ごすには、食事、運動、休養及び睡眠の調和のとれた生活を続けること、また、体の清潔を保つことなどが必要であること。 　　ウ　毎日を健康に過ごすには、明るさの調節、換気などの生活環境を整えることなどが必要であること。	2　内容 G　保健 (1)　健康な生活について、課題を見付け、その解決を目指した活動を通して、次の事項を身に付けることができるよう指導する。 　　ア　健康な生活について理解すること。 　　（ア）心や体の調子がよいなどの健康の状態は、主体の要因や周囲の環境の要因が関わっていること。 　　（イ）毎日を健康に過ごすには、運動、食事、休養及び睡眠の調和のとれた生活を続けること、また、体の清潔を保つことなどが必要であること。 　　（ウ）毎日を健康に過ごすには、明るさの調節、換気などの生活環境を整えることなどが必要であること。 　　イ　健康な生活について課題を見付け、その解決に向けて考え、それを表現すること。	【変更】 項目の示し方が変更。 前文とア「知識及び技能」、イ「思考力、判断力、表現力等」で構成。
(2)　体の発育・発達について理解できるようにする。 　　ア　体は、年齢に伴って変化すること。また、体の発育・発達には、個人差があるこ	(2)　体の発育・発達について、課題を見付け、その解決を目指した活動を通して、次の事項を身に付けることができるよう指導する。	

と。 イ 体は、思春期になると次第に大人の体に近づき、体つきが変わったり、初経、精通などが起こったりすること。また、異性への関心が芽生えること。 ウ 体をよりよく発育・発達させるには、調和のとれた食事、適切な運動、休養及び睡眠が必要であること。	ア 体の発育・発達について理解すること。 (ア)体は、年齢に伴って変化すること。また、体の発育・発達には、個人差があること。 (イ)体は、思春期になると次第に大人の体に近づき、体つきが変わったり、初経、精通などが起こったりすること。また、異性への関心が芽生えること。 (ウ)体をよりよく発育・発達させるには、<u>適切な運動、食事、休養及び睡眠が必要であること。</u> イ 体がよりよく発育・発達するために、課題を見付け、その解決に向けて考え、それを表現すること。	
〔第5学年及び第6学年〕 1 目標 (1) 活動を工夫して各種の運動の楽しさや喜びを味わうことができるようにするとともに、その特性に応じた基本的な技能を身に付け、体力を高める。 (3) 心の健康、けがの防止及び病気の予防について理解できるようにし、健康で安全な生活を営む資質や能力を育てる。 (2) 協力、公正などの態度を育てるとともに、健康・安全に留意し、自己の最善を尽くして運動をする態度を育てる。	〔第5学年及び第6学年〕 1 目標 (1) 各種の運動の楽しさや喜びを味わい、その行い方及び心の健康やけがの防止、病気の予防について理解するとともに、各種の運動の特性に応じた基本的な技能及び健康で安全な生活を営むための技能を身に付けるようにする。 (2) 自己やグループの運動の課題や身近な健康に関わる課題を見付け、その解決のための方法や活動を工夫するとともに、自己や仲間の考えたことを他者に伝える力を養う。 (3) 各種の運動に積極的に取り組み、約束を守り助け合って運動をしたり、仲間の考えや取組を認めたり、場や用具の安全に留意したりし、自己の最善を尽くして運動をする態度を養う。また、健康・安全の大切さに気付き、自己の健康の保持増進や回復に進んで取り組む態度を養う。	【変更】 目標の示し方が変更。 (1)「知識及び技能」、(2)「思考力、判断力、表現力等」、(3)「学びに向かう力、人間性等」で構成。
2 内容 G 保健 (1) 心の発達及び不安、悩みへの対処について理解できるようにする。 ア 心は、いろいろな生活経験を通して、年齢に伴って発達すること。 イ 心と体は、相互に影響し合うこと。 ウ 不安や悩みへの対処には、大人や友達に相談する、仲間と遊ぶ、運動をするなどいろいろな方法があること。	2 内容 G 保健 (1) 心の健康について、課題を見付け、その解決を目指した活動を通して、次の事項を身に付けることができるよう指導する。 ア 心の発達及び不安や悩みへの対処について理解するとともに、<u>簡単な対処をすること。</u> (ア)心は、いろいろな生活経験を通して、年齢に伴って発達すること。 (イ)心と体には、<u>密接な関係があること。</u> (ウ)不安や悩みへの対処には、大人や友達に相談する、仲間と遊ぶ、運動をするなどいろいろな方法があること。 イ 心の健康について、課題を見付け、その解決に向けて思考し判断するとともに、それらを表現すること。	【変更】 項目の示し方が変更。 前文とア「知識及び技能」、イ「思考力、判断力、表現力等」で構成。
(2) けがの防止について理解するとともに、けがなどの簡単な手当ができるようにする。 ア 交通事故や身の回りの生活の危険が原因となって起こるけがの防止には、周囲の危険に気付くこと、的確な判断の下に安全に行動すること、環境を安全に整えることが必要であること。 イ けがの簡単な手当は、速やかに行う必要があること。	(2) けがの防止について、課題を見付け、その解決を目指した活動を通して、次の事項を身に付けることができるよう指導する。 ア けがの防止に<u>関する次の事項</u>を理解するとともに、けがなどの簡単な<u>手当をすること。</u> (ア)交通事故や身の回りの生活の危険が原因となって起こるけがの防止には、周囲の危険に気付くこと、的確な判断の下に安全に行動すること、環境を安全に整えることが必要であること。	

現行学習指導要領	新学習指導要領	備考
(3) 病気の予防について理解できるようにする。 　ア　病気は、病原体、体の抵抗力、生活行動、環境がかかわり合って起こること。 　イ　病原体が主な要因となって起こる病気の予防には、病原体が体に入るのを防ぐことや病原体に対する体の抵抗力を高めることが必要であること。 　ウ　生活習慣病など生活行動が主な要因となって起こる病気の予防には、栄養の偏りのない食事をとること、口腔の衛生を保つことなど、望ましい生活習慣を身に付ける必要があること。 　エ　喫煙、飲酒、薬物乱用などの行為は、健康を損なう原因となること。 　オ　地域では、保健にかかわる様々な活動が行われていること。	（イ）けがなどの簡単な手当は、速やかに行う必要があること。 　イ　けがを防止するために、危険の予測や回避の方法を考え、それらを表現すること。 (3) 病気の予防について、課題を見付け、その解決を目指した活動を通して、次の事項を身に付けることができるよう指導する。 　ア　病気の予防について理解すること。 　（ア）病気は、病原体、体の抵抗力、生活行動、環境が関わりあって起こること。 　（イ）病原体が主な要因となって起こる病気の予防には、病原体が体に入るのを防ぐことや病原体に対する体の抵抗力を高めることが必要であること。 　（ウ）生活習慣病など生活行動が主な要因となって起こる病気の予防には、適切な運動、栄養の偏りのない食事をとること、口腔の衛生を保つことなど、望ましい生活習慣を身に付ける必要があること。 　（エ）喫煙、飲酒、薬物乱用などの行為は、健康を損なう原因となること。 　（オ）地域では、保健に関わる様々な活動が行われていること。 　イ　病気を予防するために、課題を見付け、その解決に向けて思考し判断するとともに、それらを表現すること。	

大日本図書「小学校体育現行・新学習指導要領新旧対照表」をもとに作成

中学校保健体育

現行学習指導要領	新学習指導要領	備考
第1　目標 　心と体を一体としてとらえ、運動や健康・安全についての理解と運動の合理的な実践を通して、生涯にわたって運動に親しむ資質や能力を育てるとともに健康の保持増進のための実践力の育成と体力の向上を図り、明るく豊かな生活を営む態度を育てる。	**第1　目標** 　体育や保健の見方・考え方を働かせ、課題を発見し、合理的な解決に向けた学習過程を通して、心と体を一体として捉え、生涯にわたって心身の健康を保持増進し豊かなスポーツライフを実現するための資質・能力を次のとおり育成することを目指す。 (1)　各種の運動の特性に応じた技能等及び個人生活における健康・安全について理解するとともに、基本的な技能を身に付けるようにする。 (2)　運動や健康についての自他の課題を発見し、合理的な解決に向けて思考し判断するとともに、他者に伝える力を養う。 (3)　生涯にわたって運動に親しむとともに健康の保持増進と体力の向上を目指し、明るく豊かな生活を営む態度を養う。	【変更】 教科の目標の示し方が変更。 前文と資質・能力の3つの観点（「知識及び技能」、「思考力、判断力、表現力等」、「学びに向かう力、人間性等」）に合わせ、それぞれの具体目標を記載。
第2　各分野の目標及び内容 〔保健分野〕 1　目標 　個人生活における健康・安全に関する理解を通して、生涯を通じて自らの健康を適切に管理し、改善していく資質や能力を育てる。	**第2　各学年の目標及び内容** 〔保健分野〕 1　目標 (1)　個人生活における健康・安全について理解するとともに、基本的な技能を身に付けるようにする。 (2)　健康についての自他の課題を発見し、よりよい解決に向けて思考し判断するとともに、他者に伝える力を養う。 (3)　生涯を通じて心身の健康の保持増進を目指し、明るく豊かな生活を営む態度を養う。	【変更】 目標の示し方が変更。 (1)「知識及び技能」、(2)「思考力、判断力、表現力等」、(3)「学びに向かう力、人間性等」で構成。

2 内容 (4) 健康な生活と疾病の予防について理解を深めることができるようにする。 ア　健康は、主体と環境の相互作用の下に成り立っていること。また、疾病は、主体の要因と環境の要因がかかわり合って発生すること。 イ　健康の保持増進には、年齢、生活環境等に応じた食事、運動、休養及び睡眠の調和のとれた生活を続ける必要があること。また、食事の量や質の偏り、運動不足、休養や睡眠の不足などの生活習慣の乱れは、生活習慣病などの要因となること。 ウ　喫煙、飲酒、薬物乱用などの行為は、心身に様々な影響を与え、健康を損なう原因となること。また、これらの行為には、個人の心理状態や人間関係、社会環境が影響することから、それぞれの要因に適切に対処する必要があること。 エ　感染症は、病原体が主な要因となって発生すること。また、感染症の多くは、発生源をなくすこと、感染経路を遮断すること、主体の抵抗力を高めることによって予防できること。 オ　健康の保持増進や疾病の予防には、保健・医療機関を有効に利用することがあること。また、医薬品は、正しく使用すること。 カ　個人の健康は、健康を保持増進するための社会の取組と密接なかかわりがあること。	2 内容 (1) 健康な生活と疾病の予防について、課題を発見し、その解決を目指した活動を通して、次の事項を身に付けることができるよう指導する。 ア　健康な生活と疾病の予防について理解を深めること。 (ア)健康は、主体と環境の相互作用の下に成り立っていること。また、疾病は、主体の要因と環境の要因が関わり合って発生すること。 (イ)健康の保持増進には、年齢、生活環境等に応じた運動、食事、休養及び睡眠の調和のとれた生活を続ける必要があること。 (ウ)<u>生活習慣病などは、運動不足、食事の量や質の偏り、休養や睡眠の不足などの生活習慣の乱れが主な要因となって起こること。また、生活習慣病などの多くは、適切な運動、食事、休養及び睡眠の調和のとれた生活を実践することによって予防できること。</u> (エ)喫煙、飲酒、薬物乱用などの行為は、心身に様々な影響を与え、健康を損なう原因となること。また、これらの行為には、個人の心理状態や人間関係、社会環境が影響することから、それぞれの要因に適切に対処する必要があること。 (オ)感染症は、病原体が主な要因となって発生すること。また、感染症の多くは、発生源をなくすこと、感染経路を遮断すること、主体の抵抗力を高めることによって予防できること。 (カ)<u>健康の保持増進や疾病の予防のためには、個人や社会の取組が重要であり、保健・医療機関を有効に利用することが必要であること。</u>また、医薬品は、正しく使用すること。 イ　健康な生活と疾病の予防について、課題を発見し、その解決に向けて思考し判断するとともに、それらを表現すること。	【変更】 項目の示し方が変更。前文とア「知識及び技能」、イ「思考力、判断力、表現力等」で構成。 【変更】 現行(4)イは、ア(イ)(ウ)に分割。ア(カ)は、現行(4)オ、カを統合。
(1) 心身の機能の発達と心の健康について理解できるようにする。 ア　身体には、多くの器官が発育し、それに伴い、様々な機能が発達する時期があること。また、発育・発達の時期やその程度には、個人差があること。 イ　思春期には、内分泌の働きによって生殖にかかわる機能が成熟すること。また、成熟に伴う変化に対応した適切な行動が必要となること。 ウ　知的機能、情意機能、社会性などの精神機能は、生活経験などの影響を受けて発達すること。また、思春期においては、自己の認識が深まり、自己形成がなされること。 エ　精神と身体は、相互に影響を与え、かかわっていること。欲求やストレスは、心身に影響を与えることがあること。また、心の健康を保つには、欲求やストレスに適切に対処する必要があること。	(2) 心身の機能の発達と心の健康について、課題を発見し、その解決を目指した活動を通して、次の事項を身に付けることができるよう指導する。 ア　心身の機能の発達と心の健康について<u>理解を深めるとともに、ストレスへの対処をすること。</u> (ア)身体には、多くの器官が発育し、それに伴い、様々な機能が発達する時期があること。また、発育・発達の時期やその程度には、個人差があること。 (イ)思春期には、内分泌の働きによって生殖に関わる機能が成熟すること。また、成熟に伴う変化に対応した適切な行動が必要となること。 (ウ)知的機能、情意機能、社会性などの精神機能は、生活経験などの影響を受けて発達すること。また、思春期においては、自己の認識が深まり、自己形成がなされること。	

(3) 傷害の防止について理解を深めることができるようにする。 　ア　交通事故や自然災害などによる傷害は、人的要因や環境要因などがかかわって発生すること。 　イ　交通事故などによる傷害の多くは、安全な行動、環境の改善によって防止できること。 　ウ　自然災害による傷害は、災害発生時だけでなく、二次災害によっても生じること。また、自然災害による傷害の多くは、災害に備えておくこと、安全に避難することによって防止できること。 　エ　応急手当を適切に行うことによって、傷害の悪化を防止することができること。また、応急手当には、心肺蘇生等があること。	（エ）精神と身体は、相互に影響を与え、関わっていること。欲求やストレスは、心身に影響を与えることがあること。また、心の健康を保つには、欲求やストレスに適切に対処する必要があること。 　イ　心身の機能の発達と心の健康について、課題を発見し、その解決に向けて思考し判断するとともに、それらを表現すること。 (3) 傷害の防止について、課題を発見し、その解決を目指した活動を通して、次の事項を身に付けることができるよう指導する。 　ア　傷害の防止について理解を深めるとともに、応急手当をすること。 （ア）交通事故や自然災害などによる傷害は、人的要因や環境要因などが関わって発生すること。 （イ）交通事故などによる傷害の多くは、安全な行動、環境の改善によって防止できること。 （ウ）自然災害による傷害は、災害発生時だけでなく、二次災害によっても生じること。また、自然災害による傷害の多くは、災害に備えておくこと、安全に避難することによって防止できること。 （エ）応急手当を適切に行うことによって、傷害の悪化を防止することができること。また、心肺蘇生法などを行うこと。 　イ　傷害の防止について、危険の予測やその回避の方法を考え、それらを表現すること。	
(2) 健康と環境について理解できるようにする。 　ア　身体には、環境に対してある程度まで適応能力があること。身体の適応能力を超えた環境は、健康に影響を及ぼすことがあること。また、快適で能率のよい生活を送るための温度、湿度や明るさには一定の範囲があること。 　イ　飲料水や空気は、健康と密接なかかわりがあること。また、飲料水や空気を衛生的に保つには、基準に適合するよう管理する必要があること。 　ウ　人間の生活によって生じた廃棄物は、環境の保全に十分配慮し、環境を汚染しないように衛生的に処理する必要があること。	(4) 健康と環境について、課題を発見し、その解決を目指した活動を通して、次の事項を身に付けることができるよう指導する。 　ア　健康と環境について理解を深めること。 （ア）身体には、環境に対してある程度まで適応能力があること。身体の適応能力を超えた環境は、健康に影響を及ぼすことがあること。また、快適で能率のよい生活を送るための温度、湿度や明るさには一定の範囲があること。 （イ）飲料水や空気は、健康と密接な関わりがあること。また、飲料水や空気を衛生的に保つには、基準に適合するよう管理する必要があること。 （ウ）人間の生活によって生じた廃棄物は、環境の保全に十分配慮し、環境を汚染しないように衛生的に処理する必要があること。 　イ　健康と環境に関する情報から課題を発見し、その解決に向けて思考し判断するとともに、それらを表現すること。	

下線部は対照する現行の内容との主な変更箇所を示しています。

索引

和文

■あ
アスペルガー症候群…………………152
アデノイド……………………………126
アトピー性皮膚炎……………………122
アトピー素因…………………………122
アナフィラキシーショック
　………………………………86, 193
アレルギー性結膜炎…………………124
アレルギー性鼻炎……………………124
アレルゲン……………………………122
安全管理…………………………174, 176
安全教育…………………………174, 175

■い
生きる力…………………………………44
いじめ…………………………………137
いじめ防止対策推進法………………137
一次予防…………………………………24
医薬品……………………………………51
インクルーシブ教育…………………207

■う
ウインスロー……………………………21
うつ病…………………………………134

■え
栄養教諭………………………………197

■か
学習指導要領…47, 48, 50, 51, 54
学習障害(LD)………………………152
学童期…………………………………190
学校………………………………………9
学校安全………………………………174
学校安全計画………………31, 34, 175
学校衛生…………………………………14
学校環境衛生…………………………162
学校環境衛生管理マニュアル………165
学校環境衛生基準……………………169
学校看護婦………………………………15
学校管理下における児童・生徒等
　の災害……………………………180
学校給食………………………………193
学校教育法…………………………7, 8, 163
学校教育法施行規則……………………33
学校教育法施行令………………………8
学校経営…………………………30, 34
学校三師…………………………………12
学校生活管理指導表…………………115
学校内組織………………………………89
学校の設置者…………………………164
学校保健…………………………………6, 12
学校保健安全法
　………9, 10, 22, 32, 58, 84, 163
学校保健安全法施行規則
　………………9, 72, 73, 75, 76, 77, 85
学校保健委員会…………………………26
学校保健計画……………………31, 34
学校保健組織活動………………………25
学校保健統計調査………………………96
川崎病…………………………………116
環境問題………………………………162
感染症…………………………………104

■き
危機管理マニュアル…………………178
救急処置………………………………180
急性陰嚢症……………………………121
急性腎炎症候群………………………120
救命の連鎖……………………………183
教育機会確保法………………………137
教育基本法……………………………7, 8
共生社会………………………………207
起立性低血圧…………………………118

■け
けいれん性疾患………………………124
ゲストティーチャー(GT)………55
健康観察………………………70, 106, 140
健康教育…………………………………44
健康診断………………72, 75, 79, 80
健康診断実施計画………………………75
健康相談…………………………………84
健康日本21……………………………24

■こ
公衆衛生行政(保健行政)……………21
甲状腺疾患……………………………119
広汎性発達障害………………………151
合理的配慮……………………………154
こころの健康………………132, 138
個人情報………………………………211
個別の保健指導…………………………60

■し
支援検討会議……………………………90
自殺総合対策大綱……………………210
思春期早発症…………………………120
児童虐待の防止等に関する法律
　………………………………23, 208
児童の権利に関する条約……………206
自閉症…………………………………151
就学指導………………………………150
集団の保健指導…………………………61
主体的・対話的で深い学び(アク
　ティブラーニング)………………54
守秘義務…………………………………92
小学校令………………………………162
小児がん………………………………126
小児メタボリックシンドローム
　………………………………120, 192
食育……………………………………198
食事バランスガイド…………………198
食物アレルギー………………122, 193, 198
自立活動………………………………157
視力低下………………………………126
心筋疾患………………………………117
神経性食欲不振症……………………192
心身症…………………………………136
心的外傷後ストレス障害(PTSD)
　………………………………86, 136, 185
じんましん……………………………124

■す
スクールカウンセラー…………………90
スクールソーシャルワーカー…………90
健やか親子21……………………21, 24
スタンダード・プリコーション
　………………………………………107
ストレス………………………………133
ストレッサー…………………………133

■せ
整形外科疾患…………………………127
精神疾患………………………86, 132, 134
成長曲線………………………………100
性的マイノリティー…………………210
生徒指導提要…………………………140
咳エチケット…………………………106
摂食障害………………………………135
全国体力・運動能力、運動習慣等調
　査………………………………………98
ぜんそく………………………………122
先天性心疾患…………………………116

■そ
鼠径ヘルニア…………………………115

■た
第二次発育急進期……………………190

■ち
チームとしての学校………141, 212
知的障害………………………………125
注意欠陥多動性障害(ADHD)……152
中耳炎…………………………………126
虫垂炎…………………………………115
腸炎……………………………………114
超スマート社会(Society5.0)……215

■て
デジタル教科書………………………208
てんかん………………………………125
伝染病……………………………………14

■と
統合失調症……………………………135
糖尿病…………………………………118
特別支援学級…………………………150
特別支援学校…………………………147
特別支援教育………………146, 153
特別支援教育コーディネーター……153
トラウマ………………………………185

■ に
日本国憲法 ……………………… 7
日本語指導が必要な児童・生徒
……………………………… 210
尿路感染症 …………………… 121
■ ね
熱性けいれん ………………… 124
ネフローゼ症候群 …………… 121
■ は
発育 …………………………… 96
白血病 ………………………… 125
発達 …………………………… 96
発達障害 ……………………… 151
■ ひ
避難訓練 ……………………… 176
肥満症 ………………………… 120
肥満度曲線 …………………… 100
評価規準 ……………………… 54
貧血 …………………………… 125
■ ふ
不整脈 ………………………… 117
不登校 ………………………… 136
■ へ
米国教育使節団報告書 ……… 15
ヘルスプロモーション ……… 23
ヘルスリテラシー …………… 55
扁桃肥大 ……………………… 126
便秘 …………………………… 114
■ ほ
保健学習 ………………… 11, 47
保健管理 ……………………… 10
保健教育 ………………… 10, 108
保健行政 ……………………… 20
保健室経営計画 ……………… 34
保健指導 ……………… 11, 58, 78
保健主事 ………………… 12, 31
保健調査 ……………………… 73
■ み
三島通良 ……………………… 14
■ む
むし歯 ………………………… 127
■ よ
予防接種 ……………………… 108
■ ろ
ローレル指数 ………………… 192

欧文

■ A
AED …………………………… 183
■ I
ICT …………………………… 55
IEC …………………………… 59

■ L
LGBT ………………………… 209
■ P
PDCAサイクル ……………… 31
■ Q
QOL …………………………… 23
■ T
TALKの原則 ………………… 92
■ W
well-being …………………… 20

参考・引用文献

第1講
采女智津江『新養護概説　第10版』少年写真新聞社、2018年
教員養成系大学保健協議会（編）『学校保健ハンドブック　第6次改訂』ぎょうせい2016年
中央教育審議会「子どもの心身の健康を守り、安全・安心を確保するために学校全体としての取組を進めるための方策について（答申）」2008年1月17日
東京教友会（編著）『教職教養ランナー』一ッ橋書店、2018年
徳山美智子ほか（編著）『改訂　学校保健』東山書房、2009年
日本学校保健会『学校保健の動向　平成29年度版』2017年
文部科学省『保健主事のための実務ハンドブック』2010年
文部省（監修）・日本学校保健会（編）『学校保健百年史』第一法規出版、1973年

第2講
学校保健・安全実務研究会（編）『学校保健実務必携　第4次改訂版』第一法規、2017年
島内憲夫「ヘルスプロモーションを支える理念・理論・戦略」『日本健康教育学会誌』26号、日本健康教育学会、2018年
鈴木庄亮（監修）『シンプル公衆衛生学』南江堂、2017年
徳山美智子ほか（編著）『改訂　学校保健』東山書房、2009年
日本学校保健会『学校保健委員会マニュアル』2000年
松浦賢長ほか（編）『コンパクト公衆衛生学　第5版』朝倉書店、2013年

第3講
学校保健・安全実務研究会（編）『学校保健実務必携　第4次改訂』第一法規、2017年
川原慎也『これだけ！PDCA』すばる舎リンケージ、2012年
日本学校保健会『保健室経営計画作成の手引　平成26年度改定版』2015年
浜田博文「学校教育の中での『経営』の意味　教育実践に収束する多方向コミュニケーション」『保健室経営アイディアノート』東山書房、2008年
マネジメント研修カリキュラム等開発会議『学校組織マネジメント研修テキスト』2004年
文部科学省「学校保健法等の一部を改正する法律の公布について（通知）」2008年7月9日
文部科学省『「生きる力」をはぐくむ学校での安全教育』文部科学省、2010年
文部科学省『保健主事のための実務ハンドブック』2010年
平成29年度学校保健全国連絡協議会配布資料、2018年2月2日

第4講
中央教育審議会「幼稚園、小学校、中学校、高等学校及び特別支援学校の学習指導要領等の改善及び必要な方策等について（答申）」2016年12月21日
日本保健科教育学会『保健科教育法入門』大修館書店、2017年
森良一『中学校・高等学校保健教育法』東洋館出版社、2016年
文部科学省『生きる力を育む小学校保健教育の手引き』2013年
文部科学省『小学校学習指導要領』東京書籍、2018年
文部科学省『中学校学習指導要領』東山書房、2018年
文部科学省『高等学校学習指導要領』東山書房、2018年

第5講
衛藤隆・岡田加奈子（編）『学校保健マニュアル　改訂9版』南山堂、2017年
学校保健・安全実務研究会（編）『学校保健実務必携　第4次改訂版』第一法規、2017年
地域医療振興協会ヘルスプロモーション研究センター『ポピュレーションアプローチとハイリスクアプローチの効果的な融合に向けて』2007年
徳山美智子ほか（編著）『改訂　学校保健』東山書房、2009年
文部科学省『教職員のための児童生徒の健康相談及び保健指導の手引き』日本学校保健会、2011年

第6講
学校保健・安全実務研究会（編）『学校保健実務必携　第4次改訂版』第一法規、2017年
文部科学省『教職員のための子どもの健康観察の方法と問題への対応』少年写真新聞社、2009年
文部科学省スポーツ・青少年局学校健康教育課（監修）『児童生徒等の健康診断マニュアル　平成27年度改訂』日本学校保健会、2015年

第7講
日本学校保健会『学校保健の動向　平成29年度版』
文部科学省『教師が知っておきたい子どもの自殺予防』2009年
文部科学省『教職員のための児童生徒の健康相談及び保健指導の手引き』日本学校保健会、2011年

第8講
学校保健・安全実務研究会（編）『学校保健実務必携　第4次改訂版』第一法規、2017年
熊本市養護教諭会『平成28年度教育実践・活動のまとめ』
スポーツ庁「平成29年度体力・運動能力、運動習慣等調査　報告書」
内閣府「平成29年版子供・若者白書」

日本学校保健会「児童生徒健康診断マニュアル　改訂版」2010年
日本学校保健会『学校保健の動向　平成29年度版』
文部科学省「平成29年度学校保健統計調査」

第9講
出井美智子『養護教諭のための学校保健』少年写真新聞社、2016年
衛藤隆・岡田加奈子（編）『学校保健マニュアル　改訂9版』南山堂、2017年
教員養成系大学保健協議会（編）『学校保健ハンドブック　第6次改訂』ぎょうせい2016年
瀧澤利行（編著）『新版　基礎から学ぶ学校保健』建帛社、2014年
竹内義博・大矢紀昭（編）『よくわかる子どもの保健　第3版』ミネルヴァ書房、2015年
徳山美智子ほか（編著）『改訂　学校保健』東山書房、2009年
日本学校保健会『学校保健の動向　平成29年度版』
松本峰雄（監修）『よくわかる！保育士エクササイズ②　子どもの保健演習ブック』ミネルヴァ書房、2016年

第10講
Harrington, R. (1994). Affective disorders. In Rutter, M. & Taylor, E. (Eds). Child and Adolescent Psychiatry : Modern Approaches. Oxford, Blackwell Science.
教員養成系大学保健協議会（編）『学校保健ハンドブック　第6次改訂』ぎょうせい2016年
黒田祐二（編）『実践につながる教育相談』北樹出版　2014年
佐々木司「児童生徒のメンタルヘルス」日本学校保健会『学校保健の動向　平成29年度版』
下山晴彦・中嶋義文（編）『精神医療・臨床心理の知識と技法』医学書院、2016年
世界保健機関「メンタルヘルスアクションプラン2013-2020」2014年
日本精神神経学会（監修）『DSM-5　精神疾患の診断・統計マニュアル』医学書院、2014年
文部科学省『生徒指導提要』ぎょうせい　2010年
（コラム）
土井隆義『友だち地獄』筑摩書房、2008年

第11講
厚生労働省ホームページ「発達障害の理解のために」https://www.mhlw.go.jp/seisaku/17.html
国立特別支援教育総合研究所『「個別の教育支援計画」の策定に関する実際的研究』2006年
竹内まり子「特別支援教育をめぐる近年の動向　「障害者の権利に関する条約」締結に向けて」国立国会図書館ISSUE BRIEF NO.684、2010年
中央教育審議会「共生社会の形成に向けたインクルーシブ教育システム構築のための特別支援教育の推進（報告）」2012年7月23日
内閣府「全ての子供たちの能力を伸ばし可能性を開花させる教育へ（第9次提言）」2016年5月20日
日本精神神経学会精神病名検討連絡会「DSM-5病名・用語翻訳ガイドライン　初版」『精神神経学雑誌』第116巻6号、2014年
平井清・細井創「発達障害　自閉症スペクトラム障害と注意欠陥多動性障害を中心に」『京府医大誌』第119巻6号、2010年
文部科学省「特別支援教育の推進について（通知）」2007年4月1日
文部科学省「特別支援学校小学部・中学部学習指導要領」第7章、2009年
文部科学省「特別支援学校における医療的ケアの今後の対応について（通知）」2011年12月9日
文部科学省「特別支援教育の現状について」2013年
文部科学省「学校教育法施行令の一部改正について（通知）」2013年9月1日
文部科学省「特別支援教育資料（平成29年度）」
文部科学省『発達障害を含む障害のある児童生徒に対する教育支援体制整備ガイドライン』2017年
文部科学省「学校教育法施行規則の一部を改正する省令の制定並びに特別支援学校幼稚部教育要領の全部を改正する告示及び特別支援学校小学部・中学部学習指導要領の全部を改正する告示の公示について（通知）」2017年4月28日
文部科学省「平成29年度特別支援学校等の医療的ケアに関する調査結果について」2018年
文部科学省「教育と福祉の一層の連携等の推進について（通知）」2018年5月24日

第12講
衛藤隆・岡田加奈子（編）『学校保健マニュアル　改訂9版』南山堂、2017年
学校保健・安全実務研究会（編）『学校保健実務必携　第4次改訂版』第一法規、2017年
厚生労働統計協会『国民衛生の動向　2017/2018年』
文部科学省『学校環境衛生管理マニュアル　平成30年度改訂版』

第13講
学校保健・安全実務研究会（編）『学校保健実務必携　第4次改訂版』第一法規、2017年
厚生労働省『救急蘇生法の指針　2015』
反町吉秀「セーフティプロモーションの視点から見る若年層の自殺予防」『学校保健研究』55号、2014年
中央教育審議会「第2次学校安全の推進に関する計画の策定について（答申）」2017年2月3日
西岡伸紀「セーフティプロモーション　基本的な考え方及び多岐にわたる展開」『学校保健研究』55号、2014年
日本蘇生協議会『JRC蘇生ガイドライン2015』

文部科学省『学校の危機管理マニュアル』2002年
文部科学省『学校の安全管理に関する取組事例集』2003年
文部科学省『「生きる力」をはぐくむ学校での安全教育』2010年
文部科学省『「生きる力」を育む防災教育の展開』2013年
文部科学省「学校における子供の心のケア」2014年
文部科学省『学校事故対応に関する指針』2016年
渡邉正樹「セーフティプロモーションと学校安全」『安全教育学研究』第5巻1号、2005年
渡邉正樹『学校安全と危機管理　改訂版』大修館書店、2013年
平成29年度学校保健全国連絡協議会配布資料、2018年2月2日

第14講

『日本全国給食図鑑』フレーベル館、2014～2015年
大関武彦『小児期メタボリック症候群の概念・病態・診断基準の確立及び効果的介入に関するコホート研究』平成19年度総合研究報告書、2008年
鈴木和春（編著）『ライフステージ栄養学』光生館、2015年
内閣府「平成29年版子供・若者白書」
日本学校保健会「学校保健の動向　平成29年度版」
日本スポーツ振興センター『平成22年度　児童生徒の食生活実態調査　食生活実態調査編』
農林水産省「和食文化の継承の取組について」2017年
柳沢幸江・松井幾子（編著）『応用栄養学実習書』建帛社、2016年

第15講

衛藤隆・岡田加奈子（編）『学校保健マニュアル　改訂9版』南山堂、2017年
大久保圭作「学校保健経営と人権」徳山美智子ほか（編著）『改訂　学校保健　第6版』第1章4節、東山書房、2013年
鎌田尚子「子どもの権利条約と教師としての倫理」教員養成系大学保健協議会（編）『学校保健ハンドブック　第6次改訂』第15章第4節、ぎょうせい、2016年
日高庸晴代表「個別施策層のインターネットによるモニタリング調査と教育・検査・臨床現場における予防・支援に関する研究」2015年
法務省人権擁護局『平成30年度版　人権の擁護』
文部科学省「学校における生徒等に関する個人情報の適正な取扱いを確保するために事業者が講ずべき措置に関する指針」2008年
文部科学省「児童生徒が抱える問題に対しての教育相談の徹底について」2010年
文部科学省「文部科学省所轄事業分野における個人情報保護に関するガイドライン」2012年
文部科学省「性同一性障害に係る児童生徒に対するきめ細やかな対応について」2015年
文部科学省「チームとしての学校の在り方と今後の改善方策について（答申）」2015年12月21日
文部科学省「日本語指導が必要な児童生徒の受入れ状況等に関する調査（平成28年度）の結果について」
文部科学省「現代的健康課題を抱える子供たちへの支援　養護教諭の役割を中心として」2017年

監修者、執筆者紹介

●監修者

森田健宏（もりた たけひろ）
関西外国語大学　英語キャリア学部　教授
博士（人間科学）大阪大学

田爪宏二（たづめ ひろつぐ）
京都教育大学　教育学部　准教授
博士（心理学）広島大学

●編著者

柳園順子（やなぎぞの よりこ）
第1講、第4講、第11講コラム、第15講を執筆
姫路大学　教育学部　講師
『戦後改革期における『純潔教育』の成立』（単著・九州大学・2013年）

●執筆者（50音順）

阿部眞理子（あべ まりこ）
第2講、第5講、第12講を執筆
横浜創英大学　看護学部　教授
『いのちの教育　はじめる・深める授業のてびき』（共著・実業之日本社・2003年）

有松しづよ（ありまつ しづよ）
第11講を執筆
志學館大学　人間関係学部　准教授

石川満佐育（いしかわ まさやす）
第10講を執筆
聖徳大学　児童学部　准教授
博士（心理学）筑波大学
『実践につながる教育相談』（共著・北樹出版・2014年）

一期﨑直美（いちござき なおみ）
第6〜7講を執筆
西南女学院大学　保健福祉学部　講師

植村和代（うえむら かよ）
第9講を執筆
鹿児島大学病院

内田良（うちだ りょう）
第12講コラムを執筆
名古屋大学　大学院教育発達科学研究科　准教授
博士（教育学）名古屋大学
『ブラック部活動　子どもと先生の苦しみに向き合う』（単著・東洋館出版社・2017年）

小栁康子（こやなぎ やすこ）
第3講、第13講を執筆
福岡大学　医学部　准教授
博士（教育学）福岡大学
『学校管理下の災害』（共著・日本スポーツ振興センター・2018年）

鈴木翔（すずき しょう）
第10講ディスカッション、同コラムを執筆
秋田大学大学院　理工学研究科　講師
『教室内（スクール）カースト』（単著・光文社・2012年）

知念渉（ちねん あゆむ）
第6講コラム、第15講コラムを執筆
神田外語大学　国際コミュニケーション学科　講師
博士（人間科学）大阪大学
『〈ヤンチャな子ら〉のエスノグラフィ　ヤンキーの生活世界を描き出す』（単著・青弓社・2018年）

西丸月美（にしまる つきみ）
第8講を執筆
西南女学院大学　保健福祉学部　講師
「不登校・教室外登校の児童生徒に対する養護教諭による支援の方法」『熊本大学教育学部紀要　人文科学』59号（単著・熊本大学教育学部・2010年）

藤原志帆子（ふじわら しほこ）
第7講コラムを執筆
NPO法人人身取引被害者サポートセンター「ライトハウス」　代表
「子どもの人身売買・性的搾取をめぐる問題」『子どもの権利研究』第29号（単著・日本評論社・2018年）

松井幾子（まつい いくこ）
第14講を執筆
和洋女子大学　家政学部　准教授
博士（保健学）女子栄養大学
『応用栄養学実習書　第2版　PDCAサイクルによる栄養ケア』（共編著・建帛社・2016年）

編集協力：株式会社桂樹社グループ
イラスト：植木美江、寺平京子
本文フォーマットデザイン：中田聡美

よくわかる！教職エクササイズ⑧
学校保健

| 2019年5月10日　初版第1刷発行 | 〈検印省略〉 |

定価はカバーに
表示しています

監 修 者	森田健宏
	田爪宏二
編著者	柳園順子
発行者	杉田啓三
印刷者	藤森英夫

発行所　株式会社　ミネルヴァ書房
607-8494　京都市山科区日ノ岡堤谷町1
電話代表　(075) 581-5191
振替口座　01020-0-8076

Ⓒ柳園順子ほか，2019　　　　　亜細亜印刷

ISBN978-4-623-08183-7
Printed in Japan

森田健宏／田爪宏二 監修

よくわかる！教職エクササイズ

B5判／美装カバー

① 教育原理　　　　　　　島田和幸／髙宮正貴 編著　本体 2200 円

② 教育心理学　　　　　　田爪宏二 編著　本体 2200 円

③ 教育相談　　　　　　　森田健宏／吉田佐治子 編著　本体 2200 円

④ 生徒指導・進路指導　　森田健宏／安達未来 編著

⑤ 特別支援教育　　　　　石橋裕子／林 幸範 編著　本体 2200 円

⑥ 学校教育と情報機器　　堀田博史／森田健宏 編著　本体 2200 円

⑦ 教育法規　　　　　　　古田 薫 編著

⑧ 学校保健　　　　　　　柳園順子 編著　本体 2500 円

ミネルヴァ書房
http://www.minervashobo.co.jp/